本书系教育部人文社会科学研究项目“区域高等职业教育生态系统承载力研究
（项目批准号：21YJA880034）”资助成果

区域高等职业教育生态系统承载力研究

——以湖南省为例

刘剑群 ◎ 著

湖南大学出版社
·长沙·

图书在版编目（CIP）数据

区域高等职业教育生态系统承载力研究：以湖南省为例 / 刘剑群著. —长沙：湖南大学出版社，2025.8. -- ISBN 978-7-5667-4176-9

Ⅰ. G718.5

中国国家版本馆 CIP 数据核字第 2025TK8694 号

区域高等职业教育生态系统承载力研究
——以湖南省为例

QUYU GAODENG ZHIYE JIAOYU SHENGTAI XITONG CHENGZAILI YANJIU
——YI HUNAN SHENG WEI LI

著　　者：刘剑群
责任编辑：陈露露　向彩霞
印　　装：长沙创峰印务有限公司
开　　本：787 mm×1092 mm　1/16
印　　张：11.5
字　　数：256 千字
版　　次：2025 年 8 月第 1 版
印　　次：2025 年 8 月第 1 次印刷
书　　号：ISBN 978-7-5667-4176-9
定　　价：58.00 元

出 版 人：李文邦
出版发行：湖南大学出版社
社　　址：湖南·长沙·岳麓山
邮　　编：410082
电　　话：0731-88822559（营销部），88821593（编辑室），88821006（出版部）
传　　真：0731-88822264（总编室）
网　　址：http://press.hnu.edu.cn
电子邮箱：718907009@qq.com

前 言

面对高质量发展的经济新形势，高等职业教育在如何实现规模扩张和质量提升同步推进，进而实现自身可持续发展问题上面临新的机遇和新的挑战。本书以教育内外部关系规律理论、生态系统理论、可持续发展理论为框架，运用文献法、调查法、定量分析法等方法，将区域高等职业教育视作一个生态系统，对区域高等职业教育生态系统的承载力进行测量、评价并提出相关对策建议，为实现区域高等职业教育生态系统的可持续发展提供参考依据。本书在以下方面进行了一些创新性探讨。

一是理论视角的创新。以往对于区域高等职业教育，鲜有从生态学的视角进行研究的成果，而对高等职业教育生态系统承载力进行研究的成果更是少见。本书从生态学的视角，将区域高等职业教育系统视作一个生态系统，分析区域高等职业教育生态系统的结构、功能、运行机制和生态演替问题，探求区域高等职业教育生态系统的生态机理和运行逻辑。同时，从生态弹性度、资源-环境承载力、承载压力度三个方面，对区域高等职业教育生态系统承载力的内涵进行了深入剖析，为实现区域高等职业教育生态系统的可持续发展提供理论依据。

二是方法过程的创新。本书在研究过程中，采用了定性分析与定量研究相结合的方法，在解读区域高等职业教育生态系统承载力内涵的基础上，从生态弹性度、资源-环境承载力、承载压力度三个维度，构建了区域高等职业教育生态系统承载力的评价指标体系和测评模型，为区域高等职业教育生态系统承载力的测量评价、问题分析和调控管理提供了科学依据。

三是实践指导的创新。本书利用区域高等职业教育生态系统承载力的测评模型，对湖南省高等职业教育生态系统的承载力进行测量与评价，有助于教育主管部门和院校办学者更加全面地了解湖南省高等职业教育生态系统承载力存在的问题，进而有针对性地进行调控和改革，提升湖南省高等职业教育生态系统承载力，促进湖南省高等职业教育生态系统的可持续发展。

将生态系统承载力理论与区域高等职业教育发展相结合是一个新的尝试，受到知识结构和认识水平的制约，以及时间、资料、精力等多方面的限制，书中还存在不少问题，恳请读者批评指正。

目 次

第1章 绪 论

1.1 研究背景与意义

1.1.1 研究背景

1. 经济发展新形势下，高等职业教育进入高质量发展阶段

党的十九大报告指出，中国特色社会主义进入了新时代，“我国经济已由高速增长阶段转向高质量发展阶段，正处在转变发展方式、优化经济结构、转换增长动力的攻关期”。高质量发展成为新时代我国经济发展的基本特征，现代化建设面临更加复杂严峻的挑战。

伴随人工智能影响由价值传递环节向价值创造环节的渗透，传统产业结构正经历着深度改造①，技术技能人才的工作模式也呈现出工作过程去分工化、人才结构去分层化、技能操作高端化、工作方式研究化及服务与生产一体化等特点②，规则性体能劳动和规则性智能劳动逐渐被人工智能取代③。高质量建设现代化经济体系，离不开职业教育的高质量发展。为此，国家相继出台了系列政策文件，为职业教育高质量发展指明了方向。2019年1月，国务院印发《国家职业教育改革实施方案》，提出要对接建设现代化经济体系和实现更高质量更充分就业的需要，完善职业教育和培训体系，优化学校、专业布局，深化办学体制改革和育人机制改革，着力培养高素质劳动者和技术技

① 张桂文，孙亚南. 人力资本与产业结构演进耦合关系的实证研究［J］. 中国人口科学，2014（6）：96-106+128.

② 徐国庆. 智能化时代职业教育人才培养模式的根本转型［J］. 教育研究，2016，37（3）：72-78.

③ 张学英. 人工智能视阈下基于劳动就业迭代的技能形成问题研究［J］. 中国职业技术教育，2018（30）：17-24+56.

能人才[①]。

2019年3月，教育部和财政部联合印发《关于实施中国特色高水平高职学校和专业建设计划的意见》，强调要强力推进产教融合、校企合作，聚焦高端产业和产业高端，集中力量建设50所左右高水平高职学校和150个左右高水平专业群，促进专业资源整合和结构优化，发挥专业群的集聚效应和服务功能，打造技术技能人才培养高地和技术技能创新服务平台，支撑国家重点产业和区域支柱产业高质量发展[②]。

因此，高等职业教育应在新技术革命条件下转变发展方式，坚定不移实施创新驱动发展战略，提升发展质量，通过推动人才供给侧改革，促进技术技能积累，实现人力资本的最优配置，为建设现代化经济体系提供坚实支撑。

2. 生态系统承载力不足，高等职业教育可持续发展受到限制

区域高等职业教育生态系统承载力是影响甚至制约区域高等职业教育发展速度和规模的重要条件。区域高等职业教育生态系统承载力取决于高等职业教育系统资源承载力、高等职业教育发展环境承载力和生态弹性能力（自我维持、自我调节能力）三个方面。目前，区域高等职业教育生态系统承载力不足，具体表现为：第一，区域高等职业教育资源配置失衡。区域高等职业教育资源存在分布不均衡、发展水平差异较大，师资队伍结构不合理，经费投入不足，职业教育资源共享率低下等问题。第二，区域高等职业教育受外部环境的约束。一方面，省级和地方政府促进高职院校与区域产业对接的政策法规与宏观调控机制不健全，导致高职院校与区域产业对接不深入、不稳定；另一方面，区域经济发展的不平衡导致经济欠发达区域高等职业教育缺乏坚实的财力、物力等物质基础支撑。第三，区域高等职业教育生态弹性力较弱。高职院校人才培养目标定位不准，适应行业企业需求的能力不强，办学活力不足，专业设置、培养方式、课程设置、教学过程等方面与企业需求不符，产品研发能力和技术服务能力较弱，致使校企双方无法实现深度合作和良性互动，高职院校人才培养质量难以满足区域经济社会发展需求。

1.1.2　研究意义

本研究的主要目的是将区域高等职业教育系统视作一个生态系统，根据区域高等职业教育生态系统承载力的内涵，构建区域高等职业教育生态系统承载力测评模型，对区域高等职业教育生态系统的承载力进行测量、评价并提出相关对策建议，为实现

---

① 国务院. 国务院关于印发国家职业教育改革实施方案的通知［EB/OL］.（2019-02-13）［2019-04-09］. http://www.gov.cn/zhengce/content/2019-02/13/content_5365341.htm.

② 教育部，财政部. 教育部 财政部关于实施中国特色高水平高职学校和专业建设计划的意见［EB/OL］.（2019-04-02）［2019-04-09］. http://www.moe.gov.cn/srcsite/A07/moe_737/s3876_qt/201904/t20190402_376471.html.

区域高等职业教育生态系统的可持续发展提供参考依据。本研究具有重要的理论意义和实践价值。

1. 理论意义

本研究从生态学的视角，将区域高等职业教育系统视作一个生态系统，分析区域高等职业教育生态系统的组分、结构、功能、运行机制及演替等问题，探求区域高等职业教育系统的生态机理和运行逻辑。同时，从生态弹性度、资源承载力和环境承载力三个方面，对区域高等职业教育生态系统承载力的内涵进行深入剖析。这些研究既是对高等教育基本理论的丰富与拓展，也是对生态学理论的创新与运用。

2. 实践意义

本研究在解读区域高等职业教育生态系统承载力内涵的基础上，从生态弹性度、资源-环境承载力、承载压力度三个维度构建区域高等职业教育生态系统的测评指标体系和模型。同时，利用测评模型对湖南省高等职业教育生态系统的承载力进行测量与评价，这有助于教育主管部门和院校办学者更加全面地了解湖南省高等职业教育生态系统承载力存在的问题，并有针对性地进行调控和改革，从而提升湖南省高等职业教育生态系统承载力，促进湖南省高等职业教育的生态可持续发展。

1.2 研究方案

1.2.1 基本问题

本研究主要借助教育内外部关系规律理论、生态系统理论、可持续发展理论等相关理论构建分析框架，在生态学视域下讨论区域高等职业教育如何实现自身可持续发展，进而更好地服务区域经济与社会发展这一具有重要研究价值的热点问题。本研究主要集中在三个方面：一是区域高等职业教育生态系统分析。即区域高等职业教育系统作为一个生态系统，它的组分、结构、功能以及运行机制分别是什么？区域高等职业教育生态系统是如何演替的？这些是研究区域高等职业教育生态系统承载力的基础。二是区域高等职业教育生态系统承载力测评模型的建构。即区域高等职业教育生态系统承载力的内涵是什么？如何根据区域高等职业教育生态系统承载力的内涵，构建生态系统承载力的测评模型？三是湖南省高等职业教育生态系统承载力的测量与评价。即如何利用区域高等职业教育生态系统承载力测评模型，对湖南省高等职业教育生态系统承载力进行测量与评价，进而找出湖南省高等职业教育生态系统承载力存在的问题，并提出相应的调控对策？

1.2.2 研究假设

区域高等职业教育生态系统是一个兼具自然和人工双重特性的复合生态系统。一方面，它和自然生态系统一样，具有整体性、层次性、结构性、功能性、相对稳定性、变异性等特征；另一方面，它又具备社会性、生态区域性等特点。因此，区域高等职业教育生态系统可以视作一个人工教育生态系统。

区域高等职业教育生态系统的健康可持续发展，与系统自我维持调节能力、教育资源与环境能够承载一定规模和质量的能力，以及区域社会经济持续发展能力相适应。

1.2.3 研究思路

本研究的基本思路是以教育内外部关系规律理论、生态系统理论、可持续发展理论为基础，首先对区域高等职业教育生态系统进行分析，然后对区域高等职业教育生态系统承载力的内涵进行解读，并根据其内涵构建区域高等职业教育生态系统承载力的测评模型，同时对湖南省高等职业教育生态系统的承载力进行测量与评价，最后提出湖南省高等职业教育生态系统承载力的调控策略。

1.2.4 研究内容

根据以上分析，本研究的主要内容包括：

第一，区域高等职业教育生态系统分析。首先，分析了区域高等职业教育生态系统的组分及构成模型；其次，剖析了区域高等职业教育生态系统的结构，并结合生态学的基本原理对其结构进行分析；再次，探讨了区域高等职业教育生态系统的功能以及运行机制；最后，分析了区域高等职业教育生态系统的演替。此部分探究区域高等职业教育生态系统的生态规律和运行逻辑，为区域高等职业教育生态系统承载力研究奠定基础。

第二，区域高等职业教育生态系统承载力的内涵解读。从区域高等职业教育生态弹性度、资源-环境承载力和承载压力度三个维度，对区域高等职业教育生态系统承载力的内涵进行解读，为区域高等职业教育生态系统承载力测评模型的建构提供依据。

第三，区域高等职业教育生态系统承载力测评模型的建构。在对区域高等职业教育生态系统承载力的内涵进行解读的基础上，从区域高等职业教育生态系统的生态弹性度、资源-环境承载力和承载压力度三个维度，对区域高等职业教育生态系统承载力的测评指标体系进行构建。同时，提出区域高等职业教育生态系统承载力的测量与评价方法，为区域高等职业教育生态系统承载力的测量评价、问题描述、调控管理等提供科学依据。

第四，湖南省高等职业教育生态系统承载力的测量与评价。首先对湖南高等职业教育发展状况进行分析，然后利用区域高等职业教育生态系统承载力测评模型，对2017—2018年湖南省高等职业教育系统的生态弹性度、资源-环境承载力和承载压力度分别进行测量，并对其承载力状况进行综合评价和分析。

第五，湖南省高等职业教育生态系统承载力的调控对策。首先，分析湖南省高等职业教育生态系统承载力存在的问题；其次，从提高系统生态弹性度、资源承载力和环境承载力三个方面，明确湖南省高等职业教育生态系统承载力的调控策略。

1.2.5　研究方法

1. 文献分析法

通过对已有研究成果的搜集、整理和分析，可以对研究的问题及其相关领域的发展状况进行整体把握。本研究首先借助图书馆、中国国家数字图书馆电子书库、WoS（Web of Science）数据库、中国知网（CNKI）数据库、维普数据库、万方数据库、中国人民大学复印报刊资料数据库等数据库资源，对已有相关成果进行检索、搜集、整理和分析，对研究的问题及相关领域的发展状况进行整体了解和把握。其次借助可视化分析软件 CiteSpace，对国内外数据库中的相关文献进行关键词聚类分析，生成研究热点知识图谱，把握相关领域研究的整体方向和最新研究动态，并在此基础上对经典的文献进行阅读分析。这为进一步明确研究问题、厘清研究思路、构建适切的理论分析框架，提供了充足的文献资料支撑。

2. 调查研究法

调查研究法的运用有助于对研究对象进行全面、系统的了解，主要是通过有计划地对研究对象的有关资料进行搜集分析、归纳综合，真实有效地总结出规律性的论点。本研究针对区域高等职业教育生态系统承载力评价指标体系的构建、区域高等职业教育生态系统承载力测量与评价，以及区域高等职业教育生态系统承载力调控策略等方面，采用问卷法、访谈法、实地调研等方式，与具有典型性和代表性的相关人员进行深度交流，收集文章所需的相关资料和数据，为进一步的深入研究奠定良好的基础。

3. 定量分析法

本研究运用层次分析法（analytic hierarchy process，AHP），通过比较矩阵的构造对区域高等职业教育生态系统承载力评价指标体系进行构建，再结合生态系统承载力的测评模型，对湖南省高等职业教育系统的生态弹性度、资源-环境承载力和承载压力度进行定量分析和实证研究，从整体上动态评估湖南省高等职业教育生态系统承载力的状况，为有针对性地提出湖南省高等职业教育生态系统承载力的调控对策提供依据。

1.2.6　技术路线

根据研究问题、研究内容和研究方法的分析，制定本研究的技术实施路线，如图 1-1 所示。

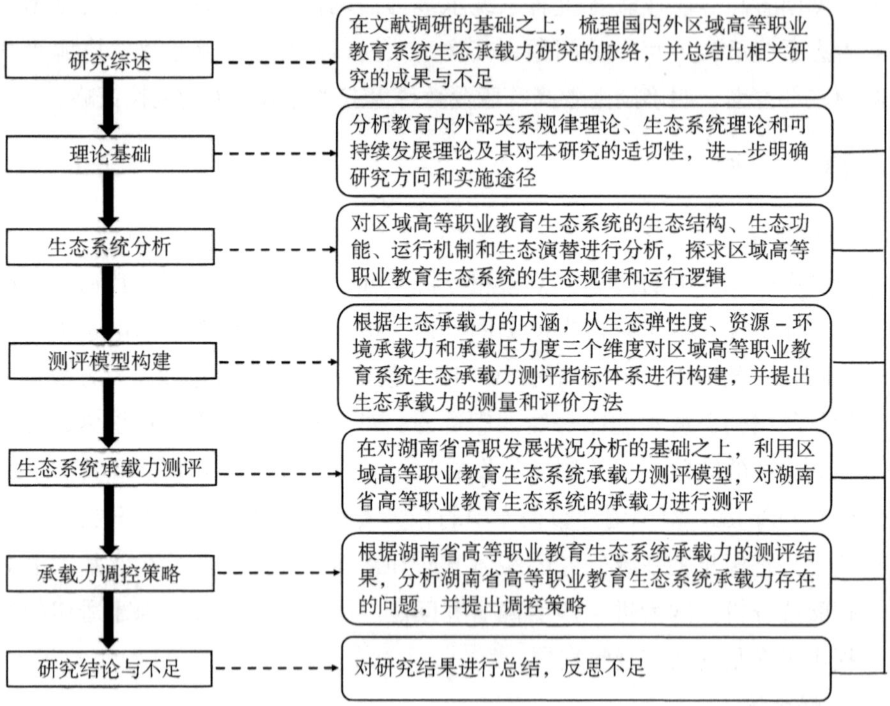
研究综述
在文献调研的基础之上，梳理国内外区域高等职业教育系统生态承载力研究的脉络，并总结出相关研究的成果与不足
理论基础
分析教育内外部关系规律理论、生态系统理论和可持续发展理论及其对本研究的适切性，进一步明确研究方向和实施途径
生态系统分析
对区域高等职业教育生态系统的生态结构、生态功能、运行机制和生态演替进行分析，探求区域高等职业教育生态系统的生态规律和运行逻辑
测评模型构建
根据生态承载力的内涵，从生态弹性度、资源－环境承载力和承载压力度三个维度对区域高等职业教育系统生态承载力测评指标体系进行构建，并提出生态承载力的测量和评价方法
生态系统承载力测评
在对湖南省高职发展状况分析的基础之上，利用区域高等职业教育生态系统承载力测评模型，对湖南省高等职业教育生态系统的承载力进行测评
承载力调控策略
根据湖南省高等职业教育生态系统承载力的测评结果，分析湖南省高等职业教育生态系统承载力存在的问题，并提出调控策略
研究结论与不足
对研究结果进行总结，反思不足

图 1-1　研究技术路线

第 2 章　区域高等职业教育生态系统概述

2.1　文献综述

基于大数据的综述研究，具有较强的科学性与逻辑性。本研究采用文献计量的方法，绘制国内外高等职业教育研究、生态承载力研究和教育生态研究的关键词共现图谱，对 1992—2020 年间领域内的研究情况进行分析。其中，国外研究重点以 WoS 中的 SSCI、SCI 期刊文献为分析对象，国内研究主要以北大核心期刊和中文社会科学引文索引（CSSCI）作为源数据库，高等职业教育研究、教育生态研究和生态承载力研究分别获得了 2 598、397、389 篇核心文献，同时结合硕博论文、学术专著和普通期刊，通过文献清理软件 SATI 整理后，利用可视化分析软件 CiteSpace 开展后续分析。

2.1.1　高等职业教育研究

整理国外高等职业教育研究关键词共现图谱（见图 2-1），排序靠前的关键词中有 vocational training（职业培训）。横向比较发现，国外高等职业教育研究热度相对不是很高，与国内的研究脉络大体一致，但是要明显早于我国。

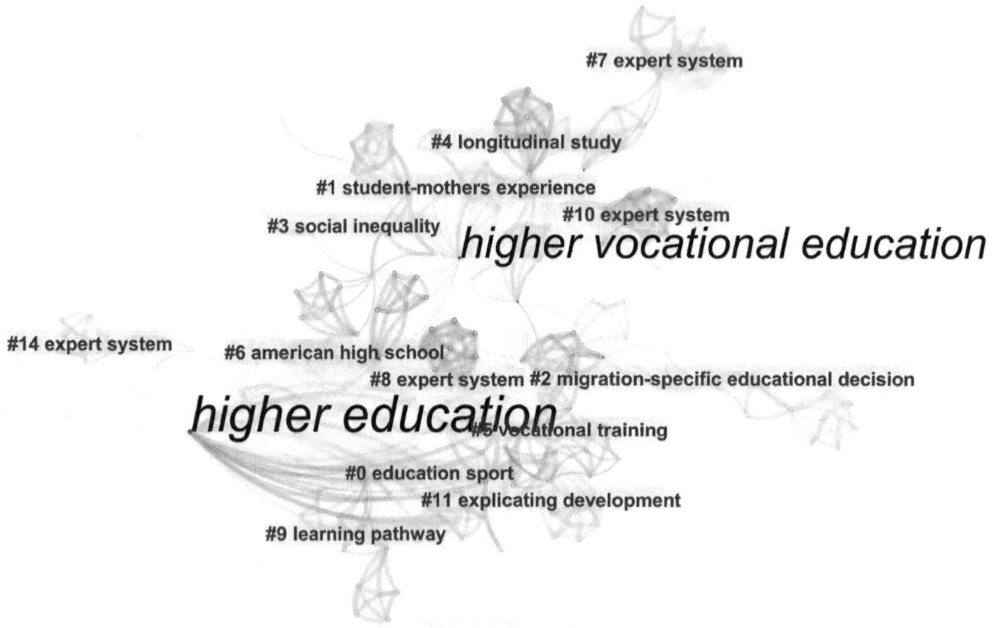

图 2-1 国外高等职业教育研究关键词共现图谱

二十世纪中叶，发达国家率先进入第三次科技革命时期。科技革命也极大地促进了社会生产力的发展，西方各国开始进入经济高速发展和产业结构调整阶段，对高层次职业人才的需求大大提升。同时，新科技革命也推动了教育现代化，二十世纪六七十年代，高等教育大众化潮流一发而不可收。美国马丁·特罗教授以欧美发达国家为对象，创立了著名的高等教育发展三阶段论，此后日本、英国、德国等国的学者纷纷开始对本国高等教育进行研究。高等教育需求的扩大导致传统大学精英教育观念被削弱，民主化和改革的呼声日益高涨，大学教育和工业发展的联系日益密切，对应用研究和技术人才的需求也在不断增加，加之政府的关注和推动，以及人力资本理论的影响，各国政府和产业界开始投资短期高等教育，高等职业教育发展的空间逐渐扩大。由于文化传统和经济发展的差异，各国高等职业教育发展呈现出不同发展方式和特点。

美国高等职业教育的主要办学机构是社区学院（community college），社区学院具备多种教育职能，职业教育和培训是其主要的职能，在此基础上，社区学院还承担了成人教育、继续教育等。社区学院入学条件宽松、课程设置灵活、学费低，无论是规模上还是办学特色上，在美国高等教育中都具有举足轻重的地位。德国高等职业教育是独具特色的“双元制”高职教育模式。这种模式注重发挥学校和企业各自的优势，校企共同培养学生，以企业培养为主。学生每周两天在学校学习，三到四天在企业实践，这种理论学习和实践培训相结合并以实践培训为主的职业教育模式，使得德国高等教育与产业对人才需求的适切性得到大大增强，同时也能实现学生顺利就业。德国成为世界公认的职业教育强国。澳大利亚高等职业教育的实施机构主要是“技术与继续教育机构”（technical and further education institutions），简称“TAFE 机构”。以 TAFE 机构为核心的高职教育模式注重技术教育与继续教育相结合、学历教育和岗位培训相结合，在政府的统一规划和管理下，实现了中等教育、职业教育和普通高等教育的有效沟通和衔接。日本实施高等职业教育的机构主要有两种，一是短期大学，二是学制为五年制的高等专门学校。短期大学和美国的社区学院相似，主要满足女性对高等教育的需求，以文科为主；五年制高等专门学校招生以男生为主，把高中和大学进行连接，注重学生职业技能培养，深受用人单位欢迎。

国外的文献中，对于高等职业教育的宏观研究相对匮乏，但微观研究方面，如对在高等职业教育领域发展较有特色的某个国家或地区的办学现状和体制、模式和特色进行研究的专著和论文相对较多。比较有代表性的有欧洲职业培训发展中心出版的系列丛书：《某国家/地区的职业教育与培训》中的《英国的职业教育与培训》（*Vocational Education and Training in the United Kingdom*，2005）、《法国的职业教育与培训》（*Vocational Education and Training in France*，2022）、《挪威联合共和国的职业教育与培训》（*Vocational Education and Training in Europe*：*Norway*，2018），联合国科教文组织出版的《日本教育的发展 1997—2001》（*Development of Education in Japan* 1997-2001，2001），等等。此外，还有就高等职业教育发展问题进行两国或多国比较的研究，如杰拉德·伯克（Gerald Burke）和约亨·鲁林（Jochen Reuling）的《澳大利亚和德国的职业培训和终身学习》（*Vocational Training and Lifelong Learning in Australia and Germany*，2002），经合组织（OECD）的《世界教育指标的教育投资和收益分析》（*Financing Education-Investment and Returns Analysis of the World Education Indicators*，2002），托马斯·贝利（Thomas Bailey）、诺丽娜·巴德威（Norena Badway）和帕特里夏·J. 贡波特（Patricia J. Gumport）的《营利性高等教育与社区学院》（*For-Profit Higher Education and Community Colleges*，2001）等，为研究我国高等职业教育发展提供了重要的参考。

通过分析我国高等职业教育研究的关键词信息表（见表 2-1）和关键词共现图谱（见图 2-2），可以发现国内的高等职业教育研究主要集中在三个方面：高等职业教育办学定位研究、高等职业教育改革与人才培养模式研究、高等职业教育教学与教学模式研究。

表 2-1　国内高等职业教育研究关键词信息表

频次	关键词	频次	关键词
1686	高等职业教育	51	发展
321	高职教育	49	人才培养
115	高职院校	47	人才培养模式
111	职业教育	42	新形态

续表

频次	关键词	频次	关键词
71	校企合作	41	一体化教材
56	高等职业教育创新	36	培养目标
54	高等职业技术教育	33	中国高等职业教育
54	对策	30	改革
51	专业设置	29	创新

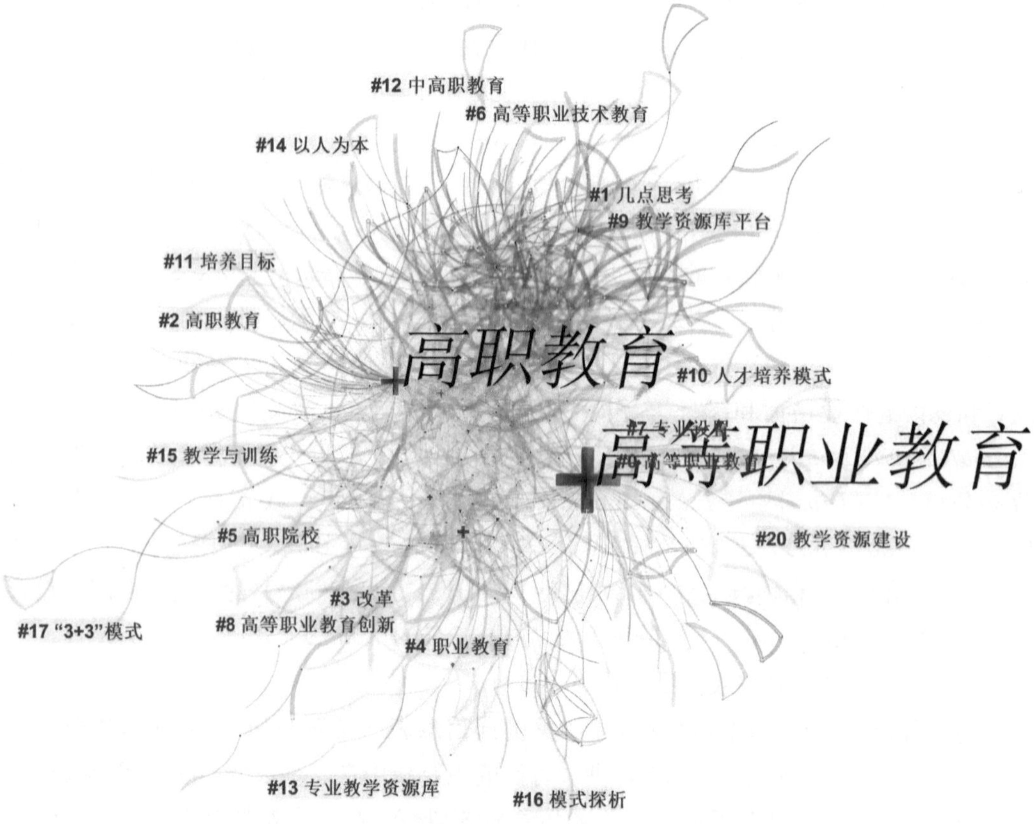

图 2-2 国内高等职业教育研究关键词共现图谱

1. 关于高等职业教育的办学定位研究

1996 年，我国颁布了《中华人民共和国职业教育法》，高等职业教育第一次以法律的形式被确定。高等职业教育研究从此进入了鼎盛发展的研究爆发期。时任深圳高等职业技术学院（现为深圳职业技术大学）院长的俞仲文①最开始探讨我国经济结构性变化对高等职业教育地位的影响，并就我国高等职业教育办学模式进行了预测和规划。

① 俞仲文. 浅谈高等职业教育办学模式的若干特征 [J]. 中国高等教育，1996（Z1）：70-72.

黄鸿鸿[①]通过高等职业教育办学模式的国际比较，概述了各国在办学主体、经费来源、招生制度、专业设置以及课程教学体系等方面的基本情况，并提出建立并完善国家职业资格制度以便促进高等职业教育发展。刘晓等人[②]从办学模式等方面，对高等职业教育的核心概念进行了厘清和明确，指出高等职业教育办学需要树立清晰的办学目标，这样才能在办学实践过程中、在学校运行机制和人才培养方式等方面，逐步形成规范性。办学模式的形成与优化，不是一个简单的过程，是一个涉及高等教育办学方方面面的长期系统工程。刘晓[③]和沈怡玥等人[④]也对高等职业教育办学定位与社会、经济的关系作了阐述，一致认为新时代的高等职业教育必须建立以服务经济、面向市场为目标的现代高等职业教育办学体制，通过教育的实践性与超前性，形成适合我国经济发展的中国特色高等职业教育体系。

2. 关于高等职业教育改革与人才培养模式研究

教育改革和人才培养模式研究一直都是高等教育经久不衰的研究话题，在高等职业教育领域也不例外，研究的热度居高不下。一是高等职业教育改革的背景和重要性研究。杨作新[⑤]结合 20 世纪末社会发展的趋势，认为高等教育应当转向为“通才”教育、能力本位、产学研一体的创新教育模式，应当注重学习过程，实行以学习者为中心的人才培养模式。詹克波[⑥]觉得当时我国高等职业教育的体系与规模尚未形成，为迎接知识经济的挑战与机遇，亟须从高等职业教育的思想观念、教学模式、课程体系和专业设置、培养目标等方面进行改革。二是区域高等职业教育改革实践研究。为积极迎接知识经济的机遇，不同的地区结合自身特色开展了不同的高等职业教育改革活动。李海宗[⑦]、田道勇[⑧]、肖大成[⑨]、华锦木[⑩]、顾坤华[⑪]等人分别介绍了甘肃、山东、重庆、新疆、江苏等地区的高等职业教育改革经验与实践、高等职业教育的现状和存在的问题，并提出针对性建议与对策以便促进我国高等职业教育的发展。他们一致认为需要大力发展高等职业教育，积极应对时代的挑战。三是高等职业教育人才培养问题研究。一方面是人才培养导向的研究。教育改革与人才培养如影随形，人才培养是一项复杂

---

① 黄鸿鸿. 高等职业教育办学模式的国际比较 [J]. 职业技术教育，2002，23 (19)：10-13.

② 刘晓，石伟平. 高等职业教育办学模式评析 [J]. 教育与职业，2012 (2)：5-8.

③ 刘晓. 我国高等职业教育办学改革：历史寻迹与时代特征 [J]. 中国职业技术教育，2015 (3)：60-65.

④ 沈怡玥，章永刚. 高等职业教育办学机制与经济社会动态适应性研究 [J]. 教育与职业，2015 (10)：27-29.

⑤ 杨作新. 高等职业教育要实现几个转变 [J]. 教育与职业，1999 (5)：28-30.

⑥ 詹克波. 知识经济与我国高等职业教育改革 [J]. 经济经纬，2000 (3)：94-96.

⑦ 李海宗. 甘肃高等职业教育改革与发展的思考 [J]. 高等理科教育，2003 (3)：92-97.

⑧ 田道勇，阎亚军. 入世后的山东高等职业教育改革构想 [J]. 山东师范大学学报（人文社会科学版），2003 (1)：60-62.

⑨ 肖大成，张梁平. 城乡统筹背景下的重庆市高等职业教育改革研究 [J]. 教育与职业，2008 (33)：17-19.

⑩ 华锦木，高会成. 新疆高等职业教育改革与发展研究 [J]. 新疆社会科学，2009 (4)：98-101.

⑪ 顾坤华. 江苏模式：五年制高职教育的改革创新 [J]. 教育与职业，2010 (2)：17-19.

的活动，也是高等教育的重要职能。李志宏等人[①]认为就业导向是高等职业教育改革与发展的主旋律。葛道凯[②]也着重分析了高等职业教育改革与发展的困难与问题，认为我国已初步形成了一个适应社会主义现代化建设需要的高等职业教育体系。另一方面是人才培养过程中存在问题的研究。普林林[③]认为制约我国高等职业教育的问题主要有体制因素、实训条件缺乏、师资队伍相对滞后等。易萍等人[④]认为高等职业教育的归属性与对等待遇问题是影响我国高等职业教育问题的关键所在。周德富等人[⑤]研究发现我国高等职业教育存在办学急功近利、人才培养工具化倾向和人才可持续发展能力不足等核心问题。为此，杜睿云[⑥]认为我国应当大力构建层次、结构完备的现代职业教育体系，营造有利于职业教育发展的政策环境。

3. 关于高等职业教育教学与教学模式研究

高等职业教育教学改革是教育改革微观层面的重要体现。褚常胜等人[⑦]认为我国高等职业教育教学模式必须以职业技术应用能力和职业素质培养为教学主线，必须建立独立的、同步并进的两大教学体系——理论课程教学与实践课程教学，必须实行校企合作，产学结合。同时，教学模式要紧接学校特色[⑧]，要从内容、方法、路径上对高等职业教育教学进行创新[⑨]，尤其在互联网信息环境下，要尝试打破传统教学模式，满足学习资源的系统性、有用性和有效性，从而激发学生学习活力，增强师生互动等[⑩⑪]。因此，在谈论高等职业教育的教学模式时，校企合作、工学结合、产学研、3+3 教材等都是近年来职教研究领域不可回避的话题。一是校企合作。作为当前职业教育改革和发展的重点，也是职业教育改革和发展的难点，校企合作是当前解决高等职业教育诸多问题的重要关键点和突破口[⑫]。因此，关于校企合作的研究在国内外是数不胜数的。在我国高等职业院校中，校企合作存在的问题主要表现为利益主体相关度差异较大，合作深度不足、合作质量不高[⑬]。在学校层面上要牢固树立校企合作的核心办学理

---

① 李志宏，王伟，李津石．就业导向：高等职业教育改革与发展的主旋律［J］．中国大学教学，2003（11）：35-36.

② 葛道凯．以就业为导向深化高等职业教育改革［J］．中国职业技术教育，2004（17）：5-6.

③ 普林林．高等职业教育改革发展若干问题研究［J］．云南民族大学学报（哲学社会科学版），2004，21（4）：151-154.

④ 易萍，魏欣，陈宇昌．中国高等职业教育改革与发展若干问题及思路［J］．江西教育科研，2007（5）：95-97.

⑤ 周德富，田凤秋．对我国高等职业教育改革的几点思考［J］．黑龙江高教研究，2014（10）：97-99.

⑥ 杜睿云．高等职业教育改革：现实问题与重构路径［J］．成人教育，2016，36（7）：53-56.

⑦ 褚常胜，卢国宏，任山．我国高等职业教育教学模式探析［J］．辽宁教育研究，2000（S1）：10-11.

⑧ 王华．高等职业教育教学模式改革的研究与实践［J］．中国教育学刊，2015（S2）：252-253.

⑨ 郭福春，王忠孝．我国高等职业教育教学创新路径分析［J］．黑龙江高教研究，2015（5）：62-64.

⑩ 刘洪宇．现代互联网条件下高等职业教育教学方式探索［J］．求索，2016（1）：185-188.

⑪ 许艳丽，王岚．基于 MOOC 的高等职业教育教学创新研究［J］．职业技术教育，2015，36（26）：35-39.

⑫ 张志强．校企合作存在的问题与对策研究［J］．中国职业技术教育，2012（4）：62-66.

⑬ 潘海生，王世斌，龙德毅．中国高职教育校企合作现状及影响因素分析［J］．高等工程教育研究，2013（3）：143-148.

念，动态设置、调整专业和开发课程，共建共享校内外实训基地①。二是工学结合。作为我国高等职业教育多年改革探索的实际成果，工学结合是我国在国情背景下选择的人才培养模式的实施路径，但是并未建立起相应的长效机制。随着高社会企业需求与高等职业教育培养的毕业生的矛盾日益突出，高等职业院校应该积极更新观念、推进工学结合体制机制创新与完善②。随着经济的发展与科技的更新，工学结合被赋予了新时代使命和特色。不同背景下、不同情形下的工学结合模式越来越多。当然，无论工学结合价值如何变迁，都应该让教育回归教学、回归本真③。当前，关于高等职业教育工学结合的研究热度已经明显下降。三是产学研合作。我国在产学研结合的模式上已经进行了多方面的尝试与探索，并取得了非常理想的成果④。积极推动企业与院校的深度合作与协同发展，是我国自主创新的中国特色新思考，也是建设创新型国家的关键⑤。以产学研结合为导向，创新高职人才培养模式，成为高等职业院校教育教学改革的必然趋势⑥。

2.1.2　教育生态研究

教育生态学作为教育学的边缘学科，是教育学与生态学交叉形成的一门新兴学科。尽管关于教育生态的研究相对不是很多，但作为一种新的研究视角，仍为学者们开辟了新的研究话题。

国外关于教育生态学的研究始于 20 世纪 40 年代，直到 20 世纪 70 年代，才进入研究的兴旺时期。1976 年，美国著名教育评论家克雷明首次提出“教育生态学”概念，同时将这一概念融入到美国的教育研究中，开启了教育生态学研究的新篇章。此后，教育生态学研究主要集中在两个方面，即宏观教育生态学和微观教育生态学。其中，宏观教育生态学的研究，例如费恩的《公立学校的生态学》、坦纳的《生态学、环境与教育》、沙利文的《未来：人类生态学与教育》，以及莱西、威廉斯合编的《教育、生态学与发展》等，主要考察的是教育与环境之间的作用关系；而英国学者埃格尔斯顿的《学校生态学》，美国华盛顿大学的教授古德莱德⑦以及鲍尔斯⑧等学者的研究，则是

---

① 丁金昌，童卫军. 校内生产性实训基地建设的探索 [J]. 中国高教研究，2008 (2)：57-58.

② 刘紫婷. 高职院校工学结合人才培养模式的实践与探讨 [J]. 中国高教研究，2007 (8)：48-49.

③ 杜庆军. 新时期“工学结合”人才培养模式的构建 [J]. 人民论坛，2015 (5)：164-166.

④ 李志强，李凌己. 国内产学研结合发展的新趋势 [J]. 清华大学教育研究，2005 (4)：97-103.

⑤ 何郁冰. 产学研协同创新的理论模式 [J]. 科学学研究，2012，30 (2)：165-174.

⑥ 赵玲珍. 高职产学研结合人才培养模式的创新与实践 [J]. 黑龙江高教研究，2013，31 (7)：110-112.

⑦ GOODLAD J I. The ecology of school renewal：eighty-sixth yearbook of the national society for the study of education，Part I [M]. Chicago：University of Chicago，1987.

⑧ BOWERS C A，FLINDERS D J. Responsive teaching：an ecological approach to classroom patterns of language，culture，and thought [M]. New York：Teachers College Press，1990；BOWERS C A. Education，cultural myths&the ecological crisis：toward deep changes [M]. New York：State University of New York Press，1992；BOWERS C A. Critical essays on education，modernity，and the recovery of the ecological imperative [M]. New York：Teachers College Press，1993.

从微观角度，对学校生态、课堂生态进行研究。无论是宏观研究还是微观研究，国外研究者都关注了生态学中综合、平衡和联系这几大核心问题。

我们可以结合教育生态研究关键词信息表、关键词共现图谱（见表 2-2 和图 2-3）和研读文献，将国内有关教育生态学的研究概括为以下几个方面。

表 2-2　国内教育生态研究关键词信息表

频次	关键词	频次	关键词
55	教育生态	12	高等教育
55	生态系统	11	可持续发展
31	创业教育	11	生态
28	思想政治教育	10	教育生态环境
22	创新创业教育	10	大学生
20	教育生态系统	8	创业教育生态系统
13	高校	5	高等职业教育
13	教育生态学	5	思想政治教育生态

图 2-3　国内教育生态研究关键词共现图谱

1. 教育生态研究

20 世纪 70 年代，台湾师范大学的方炳林教授出版《生态环境与教育》一书，标志着我国的教育生态学研究的开始。1986 年，上海交通大学陈敏豪发表论文《生态边缘效应与现代高等教育——谈我国高等教育观念的变革》，开启了我国大陆教育生态学研究的新篇章。1990 年，学者吴鼎福、诸文蔚出版《教育生态学》，将生态学的理论、概念移植在我国教育问题中，生态学色彩浓厚。随后任凯、白燕出版《教育生态学》，借用生态学的原理和方法分析教育现象。华东师范大学教授范国睿出版的《教育生态学》有所突破，从文化、资源、人口等角度研究了教育生态问题。除此之外，学者们还认为，教育生态的环境应当是多元环境和多维空间，它以教育为中心，控制并影响着教育的发生、发展和存在[①②]。教育生态的问题研究应围绕着学校教育问题、课堂生态问题以及学校变革的生态问题研究[③]。提高教育生态研究水平关键在于坚持教育学立场，拓展生态学资源，从而创造教育生态研究方法和方式[④]。系列专著的出版和论文的发表，标志着教育生态学成为我国教育科学的一大重要领域。

2. 高等教育生态研究

（1）高等教育一般生态问题研究

生态化理念的运用，为高等教育研究和发展提供了新思路。蹇兴东等人[⑤]分析了高等教育生态环境，从层次和影响因子等方面指出高等教育生态环境具有层次性、系统性和相互影响性等特点。同时，张忠迪[⑥]提出大学教育生态化问题，张国昌等人[⑦]提出区域高等教育生态的多样性问题。贺祖斌[⑧]认为，高等教育的规模、层次、类型、专业和学科，是实现高等教育生态区域发展的重要内容，因此需要找准导致高等教育生态区域发展失衡的关键点，从质和量以及结构的差异进行分析把握，从而实现区域均衡发展。彭福扬等人[⑨]提出，要解决高等教育生态化发展过程中存在的诸多问题，需要合理配置教师资源、优化高等教育结构和理顺高等教育系统外部环境关系。此外，当前高等教育生态的研究维度已经得到了较大拓展，涉及虚拟现实＋高等教育生态圈的构建[⑩]和区块链＋高等教育的生态的重塑等[⑪]方面。

---

① 伍孝江. 学校环境与教育生态 [J]. 教育理论与实践，1994，14 (1)：51-52.

② 虞纪忠. 建设教育生态环境：学校可持续发展的保证 [J]. 教育发展研究，2001 (11)：86.

③ 范国睿，王加强. 当代西方教育生态问题研究新进展 [J]. 全球教育展望，2007 (9)：39-45.

④ 王加强. 教育生态研究方式的进展与反思 [J]. 上海教育科研，2010 (11)：28-30.

⑤ 蹇兴东，孙小伍. 试论我国高等教育生态环境 [J]. 黑龙江高教研究，2002 (2)：10-13.

⑥ 张忠迪. 论大学教育生态化 [J]. 教育评论，2009 (1)：24-26.

⑦ 张国昌，胡赤弟. 区域高等教育生态多样性：内涵与发展策略 [J]. 教育发展研究，2009 (23)：53-57.

⑧ 贺祖斌. 论高等教育生态区域的非均衡发展 [J]. 黑龙江高教研究，2010 (7)：1-4.

⑨ 彭福扬，邱跃华. 生态化理念与高等教育生态化发展 [J]. 高等教育研究，2011，32 (4)：14-18.

⑩ 逯明宇，王敏. "新一代虚拟现实＋高等教育" 生态圈的构建 [J]. 高教发展与评估，2018，34 (5)：32-38.

⑪ 翟海燕. "区块链＋高等教育" 变革对高等教育生态的重塑 [J]. 高教探索，2020 (4)：36-40.

（2）创业教育生态问题研究

《国家中长期教育改革与发展规划纲要（2010—2020年）》明确指出，高校要大力推进高等学校创业教育工作，创业教育成为研究的热潮，相应地，从生态学的视角研究创业教育成为一种趋势。创业教育生态研究是高等教育生态研究系统中一个极其重要分支，深受传统学科教育的限制，导致我国缺少完备的高校创业教育生态链，从而影响到了创新人才的培养[①]。这个领域的研究内容主要包括两个方面，一是国内外高等教育创新教育生态的比较研究，多以美国高校创新教育研究为主要比较对象。多项研究表明高校要培养促进创业生态化发展的合格师资[②]、科学构建创新创业课程体系[③]、鼓励校园社团、支持新老企业交流、搭建关系网[④]，同时要构建三位一体的创业教育生态系统，即以高校为主体，以政府和社会为支撑，实现三方分工明确、通力合作和有效互动。二是高校创业教育生态路径的构建研究。高校创业教育应从生态系统的视角出发，以满足社会需求为导向[⑤]，在高校中实施“教-研-训”一体化的体验式的创业教育教学模式[⑥]，构建动态化的内外互动机制和网络组织，克服传统创业教育系统性差、网络化程度低等难题[⑦]，搭建咨询、培训、资金等全方位支撑平台[⑧]。例如，成希等人[⑨]从教育教学生态、组织生态和环境生态三个二级指标，构建了创新创业教育生态系统的体系。

（3）思想政治教育生态问题研究

思想政治教育生态问题研究主要是为环境变迁过程中的思想政治教育提供学科发展的新思路[⑩]，这是在高等教育生态领域与创新创业教育生态研究并驾齐驱的研究热点话题。用生态论的理论不仅要审视思想政治教育，更要在思想政治教育研究上实现重要转变[⑪]。其间的研究主要有思想政治教育生态价值的开发[⑫]、互动链的构建[⑬]以及系

---

① 许继芳. 高校创业教育生态链的构建 [J]. 黑龙江高教研究，2012（3）：94-96.

② 刘振亚. 美国高校创业教育生态化对我国的启示 [J]. 中国高教研究，2014（2）：52-55.

③ 范琳. 英国高校创业教育生态系统建设及启示 [J]. 教育与职业，2017（12）：41-46.

④ 郑刚，郭艳婷. 世界一流大学如何打造创业教育生态系统：斯坦福大学的经验与启示 [J]. 比较教育研究，2014，36（9）：25-31.

⑤ 陈少雄. 大学创业教育生态系统培育策略研究：基于广东省高校的调查分析 [J]. 教育发展研究，2014，34（11）：64-69.

⑥ 何郁冰，周子琰. 慕尼黑工业大学创业教育生态系统建设及启示 [J]. 科学学与科学技术管理，2015，36（10）：41-49.

⑦ 卓泽林，赵中建. 高水平大学创新创业教育生态系统建设及启示 [J]. 教育发展研究，2016，36（3）：64-71.

⑧ 黄兆信，王志强. 高校创业教育生态系统构建路径研究 [J]. 教育研究，2017，38（4）：37-42.

⑨ 成希，李世勇. 大学创新创业教育生态系统的指标构建与权重分析 [J]. 大学教育科学，2020（1）：99-106.

⑩ 蔡志强. 思想政治教育生态与思想政治教育发展 [J]. 福建师范大学学报（哲学社会科学版），2006（3）：15-22.

⑪ 戴锐. 思想政治教育生态论 [J]. 理论与改革，2007（2）：150-153.

⑫ 阮东彪. 论思想政治教育生态价值的开发 [J]. 兰州学刊，2008（10）：196-198.

⑬ 侯俊，张学敏. 大学生思想政治教育生态互动链的构建 [J]. 武汉理工大学学报（社会科学版），2008（5）：730-733.

统平衡路径的构建[①]。综合来看，当前相关研究主要包括思想政治教育生态研究的理论与方法、对思想政治教育与生态的结合概念分析、思想政治教育环境和思想政治教育生态的比较研究、思想政治教育生态论方法及其价值分析等方面[②③④]。目前，思想政治教育生态系统承载力研究热度较高，这方面的研究主要集中在对思想政治教育生态系统自校稳定机制的考察，以及在能量、物质和信息交流的过程中，思想政治教育生态系统实现结构和功能稳定所能承受的极限负载[⑤]。

2.1.3　生态承载力研究

生态承载力就是生态系统承载力。承载力原本是一个力学概念，1921 年，Park 和 Burgess 首次将“承载力”概念引入到生态学领域，并将承载力这一概念定义为在一定环境中，生物个体存在的最大数量[⑥]。后来，Hadwen 和 Palmer[⑦]、Odum[⑧] 等分别给予了承载力各种新的内涵。随着全球资源短缺、环境污染、人口膨胀等问题日益凸显，许多科学家认为应该将人类的活动控制在生态系统可承载的能力范围之内，于是“生态承载力”概念应运而生。一直以来，由于研究角度的不同，加之生态系统本身的复杂性，研究者们在生态承载力的内涵界定和量化方法等方面，说法不一，争议较大。当时国外对生态承载力的研究，主要集中于某一生态系统所能容纳和承载的种群的极限数量。如 Smaal 等人[⑨]认为生态承载力是在特定的时间和空间范围内，生态系统所能承载的最大种群数量。Bailey[⑩] 所提出的生态承载力，是野生动物在不受干扰的情况下，与环境达到平衡点时的数量；Hudak[⑪] 则把生态承载力定义为植被在特定时空内能够支持的最大种群数量。此外，还有些学者对生态承载力的研究集中于生态系统的稳态。著名生态学家 Odum[⑫] 认为，生态系统在承载阈值范围内才能保持良性运转，一旦

---

① 曹建树. 大学生思想政治教育生态系统平衡路径的建构 [J]. 武汉理工大学学报（社会科学版），2010，23 (5)：775-778.

② 杨增岽. 近年来思想政治教育生态相关问题研究述评 [J]. 教学与研究，2012 (10)：82-88.

③ 王学俭，魏泳安. 思想政治教育生态价值探略 [J]. 思想教育研究，2013 (5)：8-12.

④ 蒋笃君. 大学生思想政治教育生态化建设探析 [J]. 学校党建与思想教育，2016 (8)：39-42.

⑤ 胡华强，王国聘. 思想政治教育生态系统承载力研究 [J]. 东北师大学报（哲学社会科学版），2018 (6)：167-172.

⑥ 郭秀锐，毛显强，冉圣宏. 国内环境承载力研究进展 [J]. 中国人口·资源与环境，2000，10 (3)：28-30.

⑦ HADWEN S，PALMER L J. Reindeer in Alaska [R]. Washington，D. C.：Government Printing Office，1922.

⑧ ODUM E P. Fundamentals of ecology [M]. Philadelphia：W. B. Saunders，1953.

⑨ SMAAL A C，PRINS T C，DANKERS N，et al. Minimum requirements for modelling bivalve carrying capacity [J]. Aquatic ecology，1997，31 (4)：423-428.

⑩ BAILEY J A. Bighorn zoogeography：response to Mc-Cutchen，Hansen，and Wehausen [J]. Wildlife society bulletin，1984，12 (1)：86-89.

⑪ HUDAK A T. Rangeland mismanagement in South Africa：failure to apply ecological knowledge [J]. Human ecology，1999，27 (1)：55-78.

⑫ ODUM E P. Ecology and our endangered life-support systems [M]. Sunderland：Sinauer Associates，1993.

超出稳态范围，系统会迅速变化甚至走向崩溃。Holling① 将生态承载力表示为一种干扰强度，它能促使生态系统从一个稳态向另一个稳态转化。Pimm② 认为生态承载力是生态系统受到干扰后自我修复的能力。

我们可以结合生态承载力研究的关键词信息表（见表 2-3）和关键词共现图谱（见图 2-4），将国内有关生态承载力的研究概括为以下几个方面。

表 2-3　国内生态承载力研究关键词信息表

频次	关键词	频次	关键词
314	生态承载力	8	层次分析法
137	生态足迹	8	状态空间法
72	可持续发展	8	洞庭湖区
28	生态赤字	7	生态盈亏
20	水生态承载力	7	影响因素
16	指标体系	7	生态安全
9	承载力	6	供需平衡
8	土地利用	5	生态系统

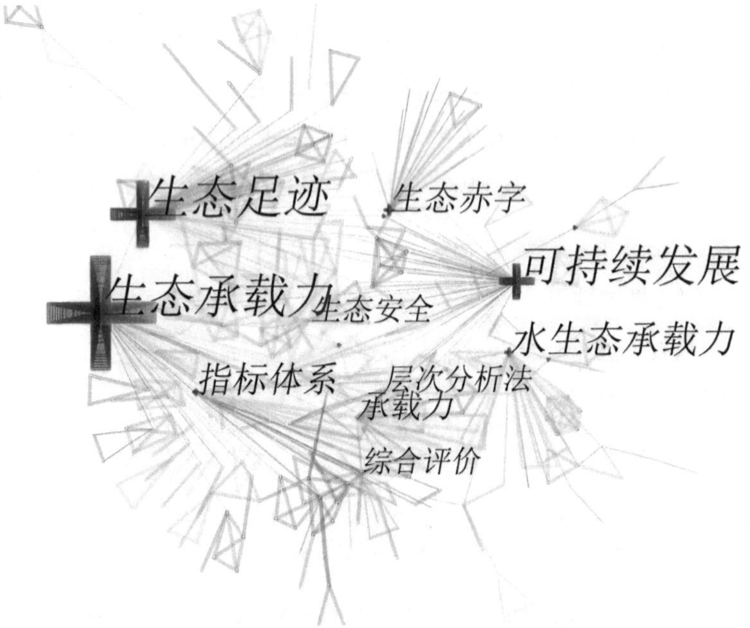

图 2-4　国内生态承载力研究关键词共现图谱

① HOLLING C S. The resilience of terrestrial ecosystems：local surprise and global change［M］// Sustainable development of the biosphere. Cambridge：Cambridge University Press，c1986：292-320.

② PIMM S L. The complexity and stability of ecosystems［J］. Nature，1984，307：321-326.

1. 生态承载力研究

国内关于生态承载力的研究始于 20 世纪末，王家骥等人是国内较早研究生态承载力的学者，他们认为生态承载力反映的是自然体系自我维系和调节的能力，且这种能力是有限度的[①]。高吉喜将生态承载力定义为：生态系统的自我维持、自我调节能力，资源与环境子系统的供容能力，以及可维持的社会经济活动强度和具有一定生活水平的人口数量[②]。程国栋指出，生态承载力是指在人类社会系统可持续健康发展过程中，生态系统提供的资源和环境对人类社会系统的一种支持能力[③]。此外，还有一些学者，如王开运等人[④]、顾康康[⑤]、王旭光等人[⑥]认为，生态承载力的概念必须限定在一定的时间和空间范围内，生态承载力具有明显的空间尺度性。

2. 可持续发展研究

环境与发展是国际社会关注的重大问题。可持续发展理论的提出，将环境和发展融入到统一的框架，表明人类对环境和发展有了质的认识。从早期的生态环境可持续发展研究，到后来的经济可持续、文化可持续、社会可持续研究等，可持续发展理念已经渗透到我国的各个领域，引发了社会的广泛关注。纵观整个可持续发展研究领域，主要集中在可持续发展战略[⑦]、农业可持续发展[⑧]、经济可持续发展[⑨]、企业可持续发展[⑩]、可持续发展能力[⑪]研究等多个方面。

3. 高等教育承载力研究

近年来，生态承载力理论在高等教育领域里得到发挥和应用，出现了一些以高等教育承载力为研究对象的成果，这些成果主要集中在高等教育承载力的学理分析和实证研究两个方面。贺祖斌等[⑫]分析了高等教育系统的生态承载力，同时构建了高等教育系统生态承载力调控模型。张铁雄等[⑬]将高校体育教育视作生态系统，对高校体育教育

---

① 王家骥，姚小红，李京荣，等. 黑河流域生态承载力估测 [J]. 环境科学研究，2000，13 (2)：44-48.

② 高吉喜. 可持续发展理论探索：生态承载力理论、方法与应用 [M]. 北京：中国环境科学出版社，2001：12-28.

③ 程国栋. 承载力概念的演变及西北水资源承载力的应用框架 [J]. 冰川冻土，2002，24 (4)：361-367.

④ 王开运，等. 生态承载力复合模型系统与应用 [M]. 北京：科学出版社，2007：99-105.

⑤ 顾康康. 生态承载力的概念及其研究方法 [J]. 生态环境学报，2012，21 (2)：389-396.

⑥ 王旭光，高玉慧，王英华，等. 黑龙江省土地承载力与农业可持续发展 [J]. 国土与自然资源研究，2001 (2)：30-32.

⑦ 牛文元. 可持续发展理论的内涵认知：纪念联合国里约环发大会 20 周年 [J]. 中国人口·资源与环境，2012，22 (5)：9-14.

⑧ 吴国庆. 区域农业可持续发展的生态安全及其评价研究 [J]. 自然资源学报，2001 (3)：227-233.

⑨ 刘思华. 对可持续发展经济的理论思考 [J]. 经济研究，1997 (3)：46-54.

⑩ 武春友，朱庆华，耿勇. 绿色供应链管理与企业可持续发展 [J]. 中国软科学，2001 (3)：67-70.

⑪ 陆宏芳，蓝盛，李雷，等. 评价系统可持续发展能力的能值指标 [J]. 中国环境科学，2002，22 (4)：93-97.

⑫ 贺祖斌，林盟初. 高等教育系统生态承载力调控模型研究 [J]. 广西师范学院学报（哲学社会科学版），2012，23 (4)：60-65.

⑬ 张铁雄，文红梅. 高校体育教育生态承载力的学理探索 [J]. 湖南科技大学学报（社会科学版），2016，19 (2)：172-175.

生态承载力的发展路径、环境、属性、内生资源以及生态弹性进行了学理分析。此外，一些学者从实证分析的角度，对高等教育承载力问题进行了研究。张兰芳等人[①]、郭辉[②]、苗立峰等人[③]分别对广西壮族自治区高等教育系统、青海省高等教育系统、河北省高等职业教育系统的生态承载力进行了分析，并提出了相关的对策建议。彭妮娅[④]对我国各地区高等教育综合承载力及匹配度进行了实证研究。还有部分学者从不同的角度和层面，对高等教育资源承载力进行评价和实证分析，如胡春蕾等[⑤]利用粗糙集理论筛选并构建指标，对高等教育资源承载力进行了评价研究。马鹏媛等[⑥]从经费、设施和师资等维度构建资源承载力指标体系，对区域高等教育资源承载力进行定量分析并提出建议。石丽等[⑦]从区域层面和整体层面，分析了资源承载力的成熟度，探讨了高校的区域和类型对资源承载力成熟度的影响。柯文进等[⑧]采用熵权 TOPSIS 模型，对“双一流”高校所在城市的高等教育资源承载力进行评价，指出影响高等教育资源承载力的因素主要有两个方面，一是高等教育核心资源，二是城市基础资源。

2.1.4 研究现状述评

当前，高等职业教育作为高等教育的重要组成部分，取得了里程碑性的发展和划时代性的突破，并逐渐从高等教育政策的边缘走向中心。尤其是 2019 年高职扩招政策出台后，高等职业教育研究领域更是焕发活力，成为学者们着重关注的热点研究课题。国内对高等职业教育的研究成果相对比较丰富，学术界致力于将主要精力集中在高等职业教育的改革及人才培养模式的探讨上。这些研究为本研究提供了宝贵的理论支持和有力的成果支撑。虽然已有研究取得了一定成果，但仍有未尽之领域可以深入探讨。高等职业教育研究更多是基于教育学、经济学、管理学等视角进行研究，而以生态学的视角研究高等职业教育的成果相对较少。

在教育生态研究尤其是高等教育生态研究方面，内容主要涉及高等教育一般生态问题研究、创业教育生态问题研究、思想政治教育生态问题研究和高等教育承载力研究等。这些研究往往是运用生态化的思维和理念，对高等教育的现状和问题进行审视，尝试探索高等教育生态化的发展路径；或是运用承载力、生态位等生态学的概念、理

① 张兰芳，林盟初，贺祖斌. 广西高等教育系统生态承载力调控模型及其应用 [J]. 广西师范学院学报（哲学社会科学版），2010，31（4）：71-77.

② 郭辉. 基于生态学视域的青海省高等教育规模适度发展研究 [D]. 西安：陕西师范大学，2017.

③ 苗立峰，路鹏，张勇. 河北省高等职业教育生态承载力分析 [J]. 教育与职业，2011（9）：17-19.

④ 彭妮娅. 我国各地区高等教育综合承载力及匹配度的实证研究 [J]. 教育发展研究，2017，37（9）：37-44.

⑤ 胡春蕾，黄文龙. 基于粗糙集理论的高等教育资源承载力评价研究 [J]. 齐齐哈尔大学学报（哲学社会科学版），2014（6）：148-151.

⑥ 马鹏媛，米红. 区域高等教育资源承载力定量分析 [J]. 中国高教研究，2015（9）：48-52.

⑦ 石丽，陈万明. 中国高等教育资源承载力的成熟度研究 [J]. 高等教育研究，2017，38（9）：21-29.

⑧ 柯文进，王军. 基于熵权 TOPSIS 模型的城市高等教育资源承载力评价 [J]. 统计与决策，2020，36（18）：50-53.

论和方法，开展高等教育规模与质量的实证性研究。相关研究多角度、多方面地推动了高等教育生态的理论研究和实践发展，为后续相关研究的顺利开展奠定了良好的基础。但高等教育生态研究仍处于起步摸索阶段，很多研究还停留在生态学和教育学如何嫁接和有效融合方面；研究问题有待进一步深入，研究成果更多地停留在宏观层面的指导性策略，可执行性不强；思辨研究较多，实证研究较少。

在生态承载力研究方面，国内学者在 20 世纪末就开始涉足研究，其中不乏大量的关于生态承载力的概念与内涵、方法与模型方面的成果。生态承载力的研究对象呈现出多元化趋势，承载力研究从生态学扩展到环境科学、经济学、地理学、资源科学等学科领域，生态承载力与可持续发展的结合越来越紧密。虽然目前已有若干高等教育承载力的研究成果，但这些成果或是针对单个要素的承载力的研究，缺乏多因素的承载力的综合研究；或是只研究了某一时期承载力的状况，无法显示承载力的动态变化；或是仅仅针对高等教育生态系统的承载力进行了研究。

运用生态承载力理论和方法研究区域高等职业教育，有助于教育主管部门和院校办学者更加全面地了解区域高等职业教育发展存在的问题，进而有针对性地进行改革和调控，从而更加有序、协调地推进区域高等职业教育高质量、可持续健康发展，更好地服务区域经济社会。在已有的研究成果中，生态承载力的理论和方法用在区域高等职业教育领域的成果较少，且鲜有学者通过生态弹性度、资源-环境承载力、承载压力度等多个维度，对区域高等职业教育生态系统承载力进行动态化的测量与评价，进而探寻区域高等职业教育可持续发展存在的问题。这也成为本研究开展的立足点之一，以期能够通过跨学科的崭新视角，来重新梳理区域高等职业教育生态系统的生态机理、运行逻辑和生态问题，并积极寻求其可持续发展的生态对策。

2.2　理论基础

2.2.1　教育内外部关系规律理论及其适切性

1. 教育内外部关系规律理论概述

1980 年，潘懋元在湖南大学讲学时，提出了教育内部关系规律和外部关系规律。在之后的研究中，他对教育内外部关系规律进行丰富、完善和发展，正式形成了教育内外部关系规律理论。其基本思想主要体现在以下几个方面：

第一，教育外部关系规律，是指教育与社会互动关系的规律。潘懋元明确指出，教育的外部关系规律是指教育与政治、经济、文化之间的作用关系，也就是教育必须与社会发展相适应。这里的适应主要包括两个方面的意义：一方面，教育要受一定的社会政治、经济、文化科学所制约；另一方面，教育必须为一定的社会政治、经济、文化科学服务[①]。社会是一个完整的大系统，这个大系统是由政治、经济、文化、教育、科技等多个子系统构成，这些子系统联系密切、缺一不可。教育子系统与社会大系统之间，与经济、政治、文化等子系统之间相互联系和作用，教育子系统的发展受社会大系统和其他子系统的影响和制约，教育子系统只有与社会大系统以及其他子系统协调共生，才能获得更好发展。同时，潘懋元教授还将外部社会系统进一步具体化，认为制约教育的主要外部社会要素，包括生产力与科学技术发展水平、政治制度与经济制度和文化传统等[②]。也就是说，教育要与生产力和科技发展水平相适应，要与社会政治经济制度和文化发展相适应。此外，教育的外部关系规律中的"适应"，还应该摒弃被动性和片面性，争取积极主动和多维多面的适应，即教育在其发展过程中，应该主动地与社会发展相适应，满足社会发展多方面的需求，为经济发展和社会进步服务。只有正确把握好教育与社会的"适应"关系，才能更好地看清问题，指导实践。

第二，教育内部关系规律，是指将教育视作一个独立的整体或完整的系统，其内部各组成要素或子系统之间的必然联系和相互关系的规律。潘懋元提出，教育系统内部的要素很多，关系复杂，主要体现在三个方面："一是教育要求和教育对象之间的、身心发展以及个性特征之间的关系。二是人的全面发展与教育各个组成部分之间的关系。三是教育过程中诸要素之间的关系。这三方面的核心问题则是使各个要素相互协调，取得最佳的教育效果。"[③] 由于教育的本质是使个体社会化或社会个体化，个体和社会之间的关系是最基本的关系，因此，最基本的内部关系是教育对象身心发展与社会要求之间的关系，个体发展要与社会发展相适应，社会发展的要求必须符合个体的身心发展和成长规律。

第三，教育外部关系规律与教育内部关系规律具有内在的逻辑联系，两条规律既相互影响、互相依赖，又彼此制约、相互推动。内部关系规律的运用，要受到外部关系规律的约束，教育要实现人的全面发展，必须与社会政治、经济、文化的需要相适应；外部关系规律必须通过内部关系规律来实现，教育要遵循培养人的规律，通过培养德智体全面发展的人才，为社会服务，与政治、经济、文化相适应。办教育既要遵循外部规律，又要遵循内部规律，运用教育外部关系规律时关注是否有利于教育对象的健康发展，运用教育内部关系规律时关注是否有益于社会发展，只有把内、外部规律进行良好的协调和统一，教育才能实现其预期目标。

2. 教育内外部关系规律理论对本研究的适切性

高等职业教育系统是社会系统中不可或缺的一个子系统，教育的内外部关系理论对区域高等职业教育发展同样适用。区域高等职业教育要保持和谐健康的可持续发展，就要不断地提高其生态承载能力。提高区域高等职业教育生态承载能力，主要是从提

---

① 潘懋元. 潘懋元教育口述史 [M]. 北京：北京师范大学出版社，2007：80.

② 林金辉. 潘懋元高等教育思想 [M]. 广州：广东高等教育出版社，2010：32.

③ 潘懋元. 新编高等教育学 [M]. 北京：北京师范大学出版社，1996：13-14.

高生态弹性度、资源承载力和环境承载力着手，这些都需要遵循教育内外部关系理论。

其一，区域高等职业教育生态系统应当遵循教育内外部关系规律，从高等职业教育的自身发展规律出发，寻求特色化发展道路。高等职业院校要以提升教学质量为导向，加快自身改革，推进内涵式发展，明确办学目标，提炼办学特色，优化专业结构，提升人才培养质量，增强高职院校的核心竞争力，从而进一步强化服务区域经济发展的能力，提升区域高等职业教育的生态弹性度。

其二，区域高等职业教育系统和自然生态系统一样，是一个开放的生态系统。要维持系统的生态平衡和可持续发展，维持区域高等职业教育的规模和质量，需要有源源不断的教育资源供给以及支持系统发展的办学环境。因此，高职院校在办学过程中，需要根据区域社会经济、政治、文化、科技的发展变化，及时地做出调整和变革，不断地与社会发展进行良性的互动，才能为区域高等职业教育的发展提供优质的平台，营造优越的办学环境，从而使区域高等职业教育系统的资源承载力和环境承载力得到进一步提升。

2.2.2　生态系统理论及其适切性

1. 生态系统理论概述

(1) 生态系统的内涵

关于系统这一概念，美国生物学家贝塔朗菲（L. von Bertalanffy）给予的定义是，由相互依赖和相互作用的若干要素构成的、与环境发生关系的有机复合整体[①]。其中，有生物组分存在的系统叫生命系统，无生物组分存在的系统叫机械系统。我们所说的生态系统就是生命系统中的一个层次，它是由生物与环境两大部分构成的。

生态系统这一概念是生态学中最为核心的概念。最早提出生态系统这一概念的，是英国植物生态学家坦斯利（A. G. Tansley）。他于 1935 年指出，生态系统是地球表面自然界的基本单位，不仅包括生物有机体，而且包括无机环境，有机体与环境互相影响，无法分离[②]。后来，美国生态学家奥德姆（E. P. Odum）赋予了生态系统更为全面的定义：生态系统指的是在一定空间内，生物群落与生存环境构成的动态平衡整体。在这个统一整体中，生物群落与环境以及在生物群落中的生物之间，相互作用、相互联系，进行着物质循环、能量转化和信息传递，成为具有一定结构和功能的单位[③]。与生态系统这一核心概念密切相关的术语有很多，如物种、种群、群落、生态位、食物链等（见表 2-4）。

---

① 贝塔朗菲，王兴成. 普通系统论的历史和现状 [J]. 国外社会科学，1978 (2)：66-74.

② 曹凑贵. 生态学概论 [M]. 北京：高等教育出版社，2006：24.

③ 高志强，郭丽君. 学校生态学引论 [M]. 北京：经济管理出版社，2015：20-21.

表 2-4 与生态系统概念相关的生态学术语①

术语	内涵
物种（species）	基本的分类单元。能相互繁殖、享有一个共同基因库的一群个体，并和其他种生殖隔离
种群（species）	“生态群落”的简称。在一定空间中生活、相互影响、彼此能交配繁殖的同种个体的集合
群落（commmunity）	在相同时间聚集在一定地域或生境中各种生物种群的集合
生态位（niche）	生物在生物群落或生态系统中的作用和地位，以及与栖息、食物、天敌等多环境因子的关系
食物链（food chain）	由生产者和各级消费者组成的能量运转序列，是生物之间食物关系的体现

生态系统的组成成分主要有生物要素和非生物要素两部分。其中，生物要素包括生产者、消费者和分解者，非生物要素主要是非生物环境。生物要素影响生态系统的功能稳定，非生物要素为生物要素提供获取物质及能量的空间场所。生物要素中，生产者主要指各类自养生物，它们将无机物合成有机物，并将太阳能转化后储存在生物有机体中；消费者主要指微生物以外的异养生物，它们在推动生态系统的物质循环和能量流动过程中扮演重要角色；分解者又称还原者，属于异养微生物，它们不仅能将废物中的有机物进行分解，使之成为简单的无机物，还能将有机物中的化学能转化为热能，并将其释放和归还到环境中去。非生物要素主要由无机环境（空气、土壤、光、水、氧气等）、有机环境（动植物残体或排泄物）和能量环境（太阳能、潮汐能等）组成。生态系统内生产者、消费者、分解者与非生物环境之间紧密联系，通过能量流动、物质转化和信息传递实现生态系统的功能。

生态系统内的生物组分和非生物组分之间，相互作用、相互影响，形成了一些有序的结构，如组分结构、时空结构、营养结构等。生态系统要维持稳定和繁荣，需要完成能量流动、物质循环和信息传递的过程。能量流动和信息传递以一定的物质形态为载体，信息传递调节能量流动和物质循环，这三大基本功能在生态系统中各居其位，各司其职，三者同等重要，不可分割，共同维持生态系统的生态平衡。

（2）生态系统的原理

第一，开放性与动态性。任何生态系统都是一个开放系统，与外界有着千丝万缕的联系。物质和能量不断地从外界输入生态系统，在系统里进行循环利用、加工转换之后输出到外界，与外界进行交换，进而维持生态系统的有序状态和特定功能。当生态系统与外界的物质能量、信息交流失去平衡时，系统运行就会出现障碍，系统将失去平衡。同时，生态系统是动态的。生态系统作为一个有机统一体，其发展总是处于

① 《生态学名词》审定委员会. 生态学名词［M］. 北京：科学出版社，2007.

从平衡到不平衡再到平衡的状态。通过自我调节和适应，生态系统呈现出一种相对稳定状态，即生态平衡，而在这种状态下，生态系统的物质循环、能量流动和信息交换一直持续，因此，这种平衡实际上是生态系统的动态平衡。

第二，自我调控与更替演化。生态系统作为一个开放的有机整体，在不断地与外界进行物质和能量的交换过程中，通过反馈机制（正反馈机制和负反馈机制）实现生物与生物之间以及生物与环境之间的自我调控，包括生物群落中种群的密度调控和数量调控等，增强对外界条件变化的适应性，从而维持生态系统的功能协调和动态平衡。此外，在生态系统中，生物会随着时间的变化经历发生、发展和衰亡的过程，环境也会随时间的推移发生改变和更替。同样，生态系统也会具有和生命有机体一样的生物学特征，会随着一定的内外条件的变化不断成长、成熟、消亡，进行着自我更新和演化，表现出鲜明的历史特点和特有的周期性。

第三，生态位和协同进化。生态位反映的是某一物种或种群，在特定生态系统中的生态角色和生态位置，是其在维持生存和发展的过程中，获得资源和适应环境的总和。生态位的属性并非一成不变，为了适应环境和竞争，大多数生物的生态位都处于不断调整中，通过调整和适应，在一定的栖息地内获取和拓展生存资源，从而形成更大的生存优势。协同进化是不同生物种群长久以来形成的相互影响和作用、相互协调和进化的现象和过程，通过生态物种间的这种生存平衡和持续进化，从而使不同生物种群成为一个相互作用的整体。协同进化是物种间的互相适应的过程，也是物种共存的结果。

第四，限制性与适度性。生态个体、群体和生态系统在自身发展的过程中，对周围生态环境的各种生态因子的适应都有自己能够承受的范围，只有在一定的阈值范围内，生态个体、群体和系统才能保持生态的健康发展，一旦超过了生态承载力，生态平衡就会打破，就会向对立面转化。因此，生态系统要维持一定标准的质和量的发展，其发展的规模和速度不能超出系统本身的所能承受的范围。

2. 生态系统理论对本研究的适切性

根据生态系统的相关理论，我们可以将区域高等职业教育系统视作一个有机的、复杂统一的生态系统，该系统和自然生态系统一样，有着共同遵守的生态学原则（见表 2-5）。

表 2-5　区域高等职业教育生态系统的生态学原则

原则	内容
整体性	系统中政府及教育行政部门、高等职业院校、行业企业等各生态主体与其发展的各个生态环境因子之间相互影响和作用，形成具有复杂网状关系和特定功能的统一整体，系统通过各因子之间相互调整和约束的作用，从而产生一种整体效应（holism effect）

续表

原则	内容
相互依赖	区域高等职业教育生态系统内部的各个因子之间、系统与各因子之间都是一种依赖、共生型关系，系统的平衡取决于各因子的稳定，当其中某种因子的发展受阻，或者与其他因子的协调稳定状态被破坏，整个系统的平衡将被打破
生态循环	区域高等职业教育生态系统内部的每一个因子都是开放的、动态的，各种因子融入教育大环境中，在系统中吸取或提供营养，通过不断地与自然生态环境、政治经济生态环境和文化生态环境发生联系，进行物质、信息交换，从而实现生态系统的良性健康循环
能量流	高等职业教育经费和科学文化知识在区域高等职业教育生态系统内部进行流动和转化，最终以人才或服务的形式返回社会，实现系统的正常运转
合伙关系	区域高等职业教育生态系统中，不仅高职院校与政府、教育管理部门、行业企业、科研机构之间存在微妙的竞争与合作，而且在高职院校内部，教师与教师之间，教师与领导者、教学管理人员之间，教师与学生之间，均存在无数竞争与合作关系，这也是系统保持平衡的关键
适应性	系统存在本身应该被视为一种环境适应结果。一方面，作为社会生态系统中的一个子系统，区域高等职业教育生态系统必然受到经济、政治等子系统的影响；另一方面，区域高等职业教育生态系统自身要不断进行调整和改革，适应并服务于区域经济和社会发展，从而促进系统的可持续发展
多样化	区域高等职业教育生态系统的稳定和平衡取决于系统多样化的因子，如高职院校、政府、行业企业，高职院校的教师、学生等，及其在相互影响和相互制约过程中所形成的网络关系的复杂性
共同演进	区域高等职业教育生态系统的政、校、行、企等主体，多方交互，彼此有利，协调进化，共同演进，推动区域高等职业系统的良性发展

由此可见，和自然生态系统一样，区域高等职业教育生态系统也同样具备生态承载力。而且，对区域高等职业教育生态系统的承载力进行研究，找出存在的问题并提出调控对策，对实现区域高等职业教育生态可持续发展有着重要的现实意义。

2.2.3　可持续发展理论及其适切性

1. 可持续发展理论概述

（1）可持续发展理论的提出

二十世纪五六十年代，世界经济持续增长，城市化进程不断推进，由此产生对资源的强烈需求，导致自然环境遭到极大破坏。1952 年伦敦烟雾事件后，人们开始质疑经济增长等同于经济发展的思维模式，从而反思自己的行为，并开始探寻人与自然和谐共处的可持续发展之路（见图 2-5）。

1962	美国海洋生物学家蕾切尔 · 卡逊（Rachel Carson）的著作《寂静的春天》面世	以生动而严肃的笔触，描绘了一幅农药污染造成的可怕景象，在世界范围内引发了人类关于发展观念的争论，标志着人类关注生态环境问题的开始。
1972	国际性民间学术团体罗马俱乐部建立并发表关于人类困境的研究报告《增长的极限》	报告指出人类为了经济增长，忽视自然资源的有限，采用掠夺性的资源使用方式已经达到了自然生态所能承受的极限，其后果必然是受到自然的严惩，人类将陷入环境污染、资源匮乏、生态破坏的危机。报告提出了"持续增长"和"合理的持久的均衡发展"的概念，开创了可持续发展研究的新纪元。
1972	联合国在瑞典斯德哥尔摩召开人类环境会议，会议通过了《联合国人类环境会议宣言》，提出了"只有一个地球"的口号	会议要求人们采取大规模的环保行动，唤起了各国政府对环境问题尤其是环境污染问题的觉醒，被认为是人类对环境认识的重要转折点，是可持续发展思想形成的第一个里程碑。
1980	国际自然资源保护联合会、联合国环境规划署和世界自然基金会共同出版文件《世界自然保护策略：为了可持续发展的生存资源保护》	该文件第一次明确将可持续发展作为术语提出，指出："可持续发展依赖于对地球的关心，除非地球上的土壤和生产力得到保护，否则人类的未来是危险的。"
1987	挪威首相布伦特兰领导的联合国世界环境与发展委员会，发表研究报告——《我们共同的未来》	报告首次对可持续发展内涵进行界定，即"可持续发展是既满足当代人的需要，又不对后代人满足其需要的能力构成危害的发展"。
1992	联合国环境与发展大会通过《里约环境与发展宣言》	人类享有以与自然相和谐的方式过健康而富有生产成果的生活的权利。为了公平地满足今世后代在发展和环境方面的需求，求取发展的权利必须实现。

图 2-5　可持续发展理论的形成过程

（2）可持续发展理论的内涵

可持续发展理论（sustainable development theory），是指在满足当代人需求的同时，不损害后代人满足其需求的能力。可持续发展理论形成以后，得到了社会的一致认同，在不同的学科领域，如经济学、社会学、生态学、教育学等，研究者们对于本学科的可持续发展的实质进行了不同的诠释和解读（见表 2-6），可持续发展理论被广泛应用。

表 2-6　可持续发展理论在各学科领域的内涵

领域	内涵
经济的可持续发展	在满足当前和未来经济需求的前提下，增强环境成本意识，强调经济增长与资源利用、生态保护、社会公正和环境优化之间的协调，争取用最小的环境成本换取更大的经济利益
社会的可持续发展	可持续发展以改善人类生活质量为目标，社会公平是社会可持续发展得以实现的机制。世界各国发展阶段和目标不同，但发展的本质应该是营造一个良好的社会环境，保障人类平等自由，让人们享受应有的权利和履行相应的义务
生态的可持续发展	经济建设和社会发展要与自然资源承载能力相协调，不能超出自然生态能够承载的阈值，应以可持续的方式使用自然资源和环境成本，不能为了短期的利益而过度消耗自然资源

续表

领域	内涵
教育的可持续发展	可持续发展的原动力是人的创造性，而人的创造性离不开教育，教育是可持续发展的核心力量，构成社会可持续发展能力的基础，对可持续发展的实现起着推动作用

2. 可持续发展理论对本研究的适切性

生态承载力和可持续发展的概念都是在人类遭遇生存危机时，为了实现人与其生存环境的共同发展这一背景下提出来的。生态承载力和可持续发展二者之间是相辅相成、不可分割的关系，只有在生态承载力基础上发展，才是可持续的。生态承载力是可持续发展的一种量化方式，人们可以根据资源和环境的实际供给和容纳能力，制定相关的资源利用和开发对策，确保将人类活动限制在系统承载能力阈值之内，从而保障系统的整体性不被破坏，实现系统的持续承载。

区域高等职业教育生态系统是社会系统中的子系统，区域社会系统的可持续发展有赖于高等职业教育系统为之提供持续的人才支撑和技术、知识支持。区域高等职业教育生态系统可持续发展的受阻，也就意味着人才、科技、知识可持续发展的受阻，也必然引起整个区域社会系统发展的混乱或不协调。要实现区域高等职业教育的可持续性，要做到以下几个方面：其一，实现区域高等职业教育生态系统内部基础性要素和外部环境支持性要素的可持续性。人才培养、资源和调控等是系统内部基础性要素，它们影响着区域高等职业教育发展的结构、模式、质量、规模，是区域高等职业教育生态系统可持续发展的内在动力。人力资源、教育资产的投入及其利用率等是外部环境支持性要素，这是区域高等职业教育可持续发展的重要条件。只有区域高等职业教育生态系统内部和外部各个要素都具有可持续性时，作为一个整体的区域高等职业教育才具有可持续性。其二，形成一个开放的系统。不仅区域高等职业教育内部子系统之间要开放，区域高等职业教育与其他社会系统之间也要开放，开放的教育系统才是有生命力的系统。对内开放，加强内部的沟通和联系，改进并改善自身内部结构，增强自己的服务功能，提升生态弹性度，增强区域高等职业教育生态系统本身对外部环境的吸引力；对外开放，建立和完善自我调节机制和创新机制，与外界进行有效的信息交流、能量交换，整合资源，按照自己的选择自主改变自己的环境，提升资源和环境承载能力。其三，在高度关注自身规模、质量、结构、效益的协调发展的同时，重视区域高等职业教育生态系统内部各种教育类型之间、区域高等职业教育与各个教育层级之间以及区域高等职业教育与经济社会之间的协调发展。在可持续发展理论的指导下，区域高等职业教育生态系统结构设置更加合理，功能发挥将更加协调，最终走向健康稳定发展之路。

2.3　概念界定

2.3.1　区域

区域（region）是一个具有多侧面性、层次化和相对化的概念，不同研究对区域的解读存在很大不同。区域最初是地理学上用来研究地域差异的一个基本概念，后来被经济学和社会学等学科所广泛应用。

《中国大百科全书》对“区域”的定义是：将某一指标或几个特定的指标结合起来，在地球表面划分一定范围内连续不分离的空间单元①。在地理学上，区域通常指的是一定空间范围的地区结构，以特定指标或客体进行结合。经济学上比较有影响的是1970 年美国经济学家胡佛提出的“区域”定义。他认为“区域”是一个地区，它以描述、分析、管理和计划为基础，作为应用整体考虑的区域，它可按照内部同质或功能的一体性原则进行划分②。国内也有一些学者从社会论的角度对区域进行界定，指出区域是“具有一定的内部结构，起着一定的社会功能，并有一定历史发展的动态系统空间范围”③。政治学则将区域视为国家管理的一个行政单位。

综合不同学科的研究结果，可以理解“区域”的含义：第一，从性质上讲，区域的界分不同，主要有自然地理范围、经济范畴、社会范围和行政区域的分类；第二，从基本的属性和特点来看，均质性、系统性、动态性等特征是各类区域共同具有的特征。均质性，即区域有某种类似性、共同性或一致性，这是区域形成的中心特征。系统性，即区域通常都由一定的中心地带连接腹地，形成一套内在关联的功能系统，其运作是经济社会发展各要素的综合性作用，区域内因素的改变会引发整个地区的变化，从而推动该地区发展。动态性，即区域是动态进化的，它会随着自然状态或社会发展（政治、历史、经济等）变化进行调整。第三，区域概念是相对的，标准不同划分不同，在一个国家中，大到省、州或其他层级的行政区，小到村庄或一条街道都可以称为区域。

本研究采用的是政治学对区域划分的方法，即认为区域属于一定的行政区划范围，并在此基础上建立区域高等职业教育生态系统承载力的概念。

2.3.2　高等职业教育

高等职业教育，简称高职教育，是一个本土概念。高等职业教育是中国的创新，中国也是高等职业教育发源地之一。根据现有的资料，其他国家基本上没有高等职业

---

① 中国大百科全书出版社编辑部. 中国大百科全书［M］. 北京：中国大百科全书出版社，2002：340.

② 冯云廷. 区域经济学［M］. 大连：东北财经大学出版社，2006：2.

③ 房淑云，窦文章. 区域教育发展理论探索［M］. 太原：山西教育出版社，1997：21.

教育的概念，目前世界上只有两个国家以立法的形式对高等职业教育进行了明确的界定，一个是中国（1996年），另一个是瑞士（2004年）①。时至今日，包括我国在内的世界各国教育界对高等职业教育的概念和内涵一直存在争议，并未取得统一的、完整的界定。

联合国教科文组织1997年发布的《国际教育标准分类法》，将高等教育层次分为5、6两个层次，其中第5层次划分为A、B两类，5A为培养学术型和工程型人才为主的高等教育，5B是以培养技术型人才为主的高等职业教育。可以明显看出，国际教育标准分类明确将高等职业教育归入高等教育范畴。

《中国教育百科全书》将高等职业教育定义为："培养高级实践实用型人才的教育，属高等教育范畴……教育形式分为学校教育和职业技术培训两种。此类教育着重于学生实际技能的培养，以为国民经济各部门输送高级应用型人才和高级技术工人为培养目的。"②

我国学者普遍认为，所谓高等职业教育，可以用三句话来概括：它是高等教育；它是职业教育；它是职业教育的高等阶段。对这个内涵相对较为狭窄的概念，可精辟概括为"高等职业教育是属于高等层次的职业教育，是高等教育的一部分，是一种特殊类型的高等教育"③。

本研究所指的高等职业教育，是职业教育的高等阶段，是与普通高等教育具有同等重要地位的同层次不同类型的教育，承担着为我国培养高素质、高水平技术技能型人才的任务。本研究所讨论的"高等职业教育"概念是指在学校开展的高等职业教育。

2.3.3 生态系统承载力

承载力原为一个力学概念，1921年，美国社会学家帕克（R. E. Park）和伯吉斯（E. W. Burgess）首次将"承载力"概念引入生态学领域，并将其定义为生物个体存在于一定环境中的最大数量。随着生态学的发展，承载力理论广泛融入到了人类学、社会学、经济学、教育学等领域。

国内关于生态承载力的研究始于20世纪90年代。高吉喜对生态承载力的研究，是国内生态承载力研究的代表性成果之一。他认为生态承载力反映的是在不危害生态系统的条件下，生态系统对人类活动的可持续承载支持能力，主要取决于两个部分的关系，一是作用于生态系统的压力部分，二是生态系统的承载支持部分。生态系统的压力部分是指生态系统可以维持的社会经济活动强度，以及具有一定生活水平的人口数量；生态系统的承载支持部分是指生态系统的自我维持、自我调节修复的能力，以及资源环境的供容能力。虽然生态系统具有自我维持与自我调节的能力，但外在压力

① 姜大源. 论中国高等职业教育对世界教育的独特贡献［J］. 中国职业技术教育，2015（36）：10-18.

② 张念宏. 中国教育百科全书［M］. 北京：海洋出版社，1991：71.

③ 王明达. 在全国职业教育工作会议上的总结讲话［J］. 中国职业技术教育，1996（7）：27-35.

必须限制在生态系统的弹性范围之内，即人类的活动不应超越生态系统的承载限值。一旦外部压力超出系统可承载的阈值，系统的平衡就会迅速破坏，系统便走向衰退甚至崩溃。生态承载力具有客观性、相对性和多层次性等特征。

对高等教育系统而言，资源承载力、环境承载力和生态弹性力分别是高等教育系统的基础、约束和支持条件，高等教育的规模不能超出教育资源和相应环境的承受能力[①]。

区域高等职业教育生态系统和自然生态系统一样，具备生态承载力。本研究提出的区域高等职业教育生态系统承载力，是指在一定质量和规模内，区域高等职业教育生态系统维持生态可持续发展的承载支持能力，其内涵主要包含两个方面：第一，区域高等职业教育生态系统的支持部分，包括区域高等职业教育生态系统的生态弹性力，即系统的自我维持与自我调节的能力；区域高等职业教育生态系统的资源-环境承载力，即资源的供给能力和环境的容纳能力。第二，区域高等职业教育生态系统的压力部分，即与一定质量、效益相协调的区域高等职业教育生态系统的发展能力或发展规模。

① 贺祖斌. 高等教育系统的生态承载力研究［J］. 高等教育研究，2005，26（2）：14-17.

第3章　区域高等职业教育生态系统分析

区域高等职业教育生态系统具有独立的特征、结构和功能，有其自身运行的规律性，在资源与环境、结构与功能之间，通过物质、能量、价值、信息的流动与转化，使得各种生态流互相联系、互相影响，促使区域高等职业教育系统内外部各要素的物质循环、能量流动和信息传递。区域高等职业教育生态系统要保持自身的稳定有序，需要一定的资源能源、生态环境等生态支撑来不断获取物质能量和输出产品，这种生态支撑就是维持和推动系统稳定和平衡的生态承载力。剖析和解构区域高等职业教育生态系统的结构与功能，分析系统的运行机制和动态演替规律，是研究区域高等职业教育生态系统承载力的基础。

3.1　区域高等职业教育生态系统的组分与构成模型

3.1.1　区域高等职业教育生态系统的组分

生态系统的组成成分主要有生物组分和非生物组分两部分。其中，生物组分包括生产者、消费者和分解者，非生物组分主要是非生物环境。生物组分影响生态系统的功能稳定，非生物组分为生物要素提供获取物质及能量的空间场所。

1. 生物组分

（1）生产者

生态系统中的生产者主要指各类自养生物，它们将无机物合成有机物，并将太阳能转化后储存在生物有机体中。在区域高等职业教育生态系统中，生产者是系统的资源创造者和服务提供者，通过整合知识、技能、资金等资源，直接“生产”教育成果

（如人才、技术、知识服务），为生态系统注入核心价值。高职院校作为核心生产者，通过设计课程、组织教学、开展实践培训等活动，直接“生产”技术技能型人才和知识服务，为行业企业输送人力资源。作为协同生产者，参与到高职教育中的行业、企业，通过提供实习岗位、参与课程开发、共建实训基地等方式，与院校共同“生产”符合行业需求的人才。

（2）消费者

生态系统中的消费者主要指微生物以外的异养生物，它们在推动生态系统的物质循环和能量流动过程中扮演重要角色。在区域高等职业教育生态系统中，消费者是资源的直接或间接使用者，通过消耗生产者提供的资源（如教育服务、人才、技术）满足自身需求，并驱动生产者的活动。学生作为直接消费者，接受院校和行业提供的教育服务（知识、技能、实践机会），消耗教育资源以提升自身能力。作为间接消费者，行业、企业通过招聘毕业生或利用院校的科研成果，消耗高职教育系统输出的“产品”（人才和技术）。

（3）分解者

生态系统中的分解者指异养微生物，它们将废物中各种复杂的有机物分解成简单的无机物，并将其释放还原到环境中去，供生产者再次利用。在区域高等职业教育生态系统中，分解者是系统的调节者和优化者，通过政策制定、需求反馈、资源再分配等方式，将系统中的“废弃物”（如过时课程、低效模式）转化为新资源，维持系统动态平衡。在该系统中，核心分解者是政府和教育行政主管部门及其下属职能部门，作为政策制定者和监管者，主要通过搭建平台、制定相关政策法规、实施宏观指导和管理，来维持区域高等职业教育生态系统的稳定和健康可持续发展。

2. 环境组分

环境是生态系统中生物获取物质及能量的空间场所。区域高等职业教育生态系统的环境主要有经济生态环境、政策制度生态环境、文化生态环境、人口生态环境等。区域高等职业教育生态环境中，各个生态环境因子对区域高等职业教育生态系统中的生态主体发生作用，进而影响整个系统的健康可持续发展。区域高等职业教育生态系统生态主体与生态环境之间，通过生源输入与人才输出、资源能量交换、知识信息传递等多种方式，实现人才培养的办学功能。

3.1.2　区域高等职业教育生态系统的构成模型

区域高等职业教育生态系统与自然生态系统一样，具有层次性。对区域高等职业教育生态系统进行分层研究，我们可以看到，区域高等职业教育生态系统可以分为两种，即宏观层面的区域高等职业教育生态系统和微观层面的区域高等职业院校生态系统。宏观层面的区域高等职业教育生态系统，包括政府及教育行政部门系统、高等职业院校系统、企业行业系统等，其中高等职业院校系统是本系统的核心生态系统；微观层面的区域高等职业院校生态系统，包括管理系统、后勤系统、招生就业系统、教学系统等，其中课堂系统是本系统的核心生态系统（见图 3-1）。

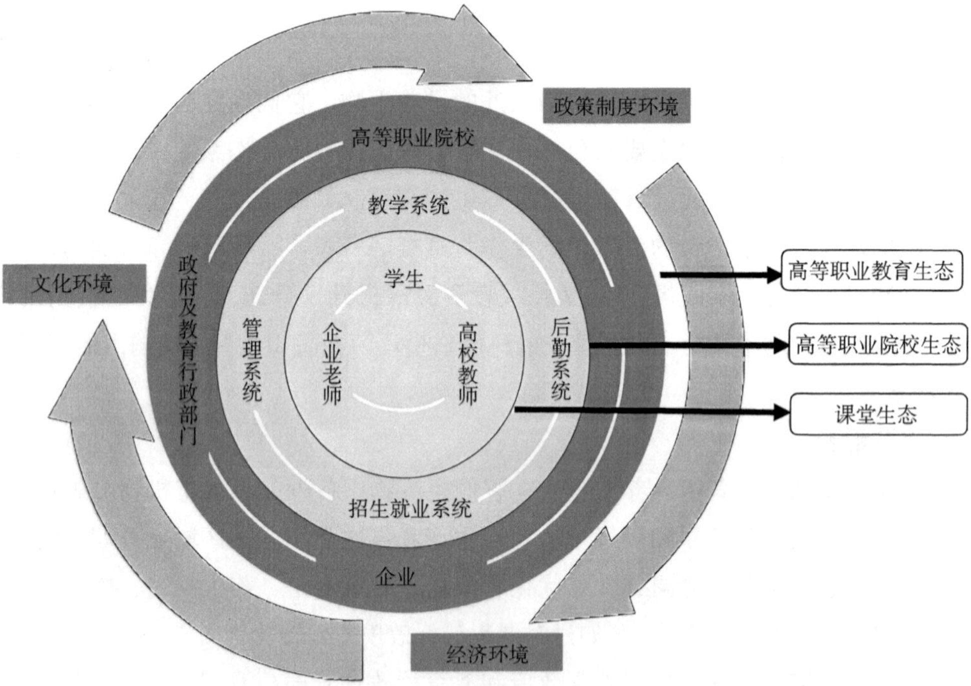

图 3-1　区域高等职业教育生态系统的层级模型

在生态系统中，种群指的是在特定时间、一定空间内生活的同种生物的集合群；群落则是指在一定环境中的生物种群的有机组合体。种群之间、群落之间以及种群与环境、群落与环境之间都会发生相互作用，这些不同层次的生物之间、生物与环境之间的相互联系，共同维持了生态系统的平衡和稳定。

在区域高等职业教育生态系统中，种群可以分为政府及教育行政部门种群、高等职业院校种群、行业协会种群和企业种群等；群落则由政府及教育职能部门种群、高等职业院校种群、行业协会种群和企业种群等共同构成。根据区域高等职业教育生态系统中的种群和群落构成，结合生态系统能量流动规律，构建出区域高等职业教育生态系统模型（见图 3-2）。从模型中我们可以看出，区域高等职业教育生态系统中生态主体种群之间、生态主体与生态环境之间的相互关系。

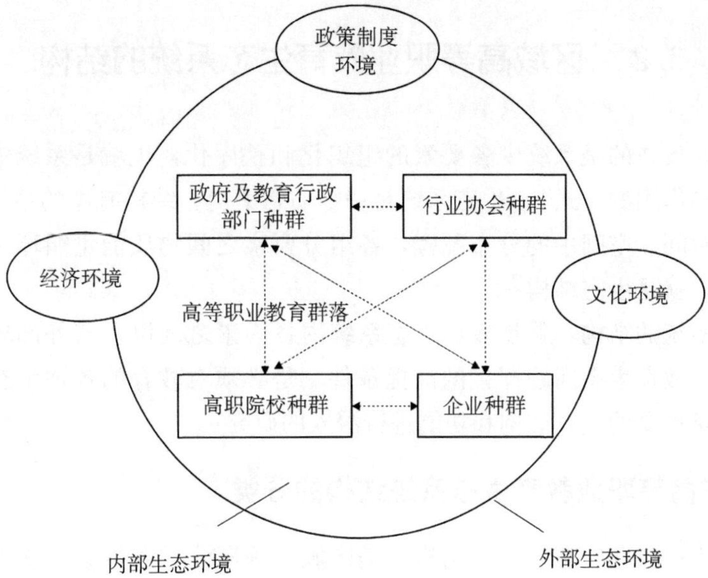

图 3-2　区域高等职业教育生态系统模型

区域高等职业教育生态系统中，政府及教育行政部门、高等职业院校、行业协会和企业等种群有着各自不同的属性和利益诉求，因而各种种群之间表现为多种形式的相互作用和相互关系。

1. 竞争关系

生态学中，有两种不同类型的竞争关系，分别是种间竞争和种内竞争，这两种竞争关系对于维持生态系统的稳定起着非常重要的作用。其中，种间竞争主要是指不同的种群生物之间，为获取资源发生的竞争。例如，在区域高等职业教育生态系统中，政府及教育行政部门种群、高等职业院校种群、行业协会种群和企业种群有着各自的利益诉求，在人才培养投入、争取优秀人才资源等方面存在激烈的竞争。种内竞争是发生在同一种群生物内部的竞争，比如在区域高等职业教育生态系统中，高职院校种内之间为了争取优质师资资源、实践教学资源等产生的竞争。

2. 合作关系

一方面，政府及教育行政部门种群、高等职业院校种群、行业协会种群和企业种群彼此合作，优势互补，资源共享，共同推动区域社会经济发展。另一方面，政府及教育行政部门种内之间、高等职业院校种内之间、行业协会及企业种内之间互相合作，发挥各自优势资源，建设特色专业，培养适合区域经济社会发展的特色人才，彼此都获益。

3.2　区域高等职业教育生态系统的结构

所谓结构，反映的是系统中各要素的组织化和秩序化，也就是系统中各要素之间的组合的形式和作用的方式①。生态系统是一个动态平衡、结构有序的系统，生态系统中的诸要素在时间、空间中的分布配置，各组分要素之间物质能量循环转换和信息传递交流的方式，就是生态结构②。

教育生态系统的结构，就是教育生态系统内各因素之间以及与外部环境诸因素之间的关系形式。教育生态问题探讨的前提条件，是必须对教育的各种生态环境进行深入探讨，以及对教育的生态结构和功能进行深入的研究③。

3.2.1　区域高等职业教育生态系统结构的分类

区域高等职业教育生态系统的结构，是区域高等职业教育生态系统内部各要素之间的比例关系和连接方式。结构决定功能，一定的结构总是会表现为这样或那样的功能，结构的状况会影响功能的实现，也就是说，科学合理的结构往往表现为正向的功能，而杂乱无序的结构则会产生负面的功能。因而，区域高等职业教育生态系统各组成要素的数量、性质、比例构成、时空关系等，都会影响或决定区域高等职业教育功能的发挥和实现。在区域高等职业教育发展的过程中，只有不断优化和调整高等职业教育生态结构，使之更加科学合理，才能促进区域高等职业教育生态功能的有效发挥，进而维持区域高等职业教育生态系统的平衡，实现区域高等职业教育系统的生态可持续发展。

从不同的维度、不同的层次，区域高等职业教育生态系统可以划分出不同的生态结构。既可以从宏观和微观层面划分出宏观生态结构和微观生态结构，也可以从横向和纵向角度切分出横向生态结构和纵向生态结构。这些多种维度、多种层次、多种式样的结构体系，相互联结、纵横交错、动静结合，共同组成了一个具有综合性、稳定性、开放性的网状结构。从宏观上看，区域高等职业教育生态系统的结构主要包括层次结构、专业结构、形式结构、布局结构等；从微观上看，区域高等职业教育生态系统的结构主要包括组织结构、师资队伍结构、专业结构、教材结构、课程结构等。本章重点研究的是区域高等职业教育系统的宏观生态结构。

1. 层次结构

层次结构是一种纵向结构，呈现的是不同层次高等职业教育的组合比例关系，即在培养目标和规格、培养要求和程度等方面不同的高等职业教育的构成状态。其本质

① 王世忠．论高职院校办学的科学定位［J］．理论月刊，2004（11）：76-78.

② 徐少君，王梓．农业生态学［M］．成都：电子科技大学出版社，2016：5.

③ 吴鼎福，诸文蔚．教育生态学［M］．南京：江苏教育出版社，1990：74.

是通过分层分类的教育供给，满足产业技术结构对不同层次技术技能人才的需求，同时实现个体职业生涯的可持续发展。在类型教育定位下，层次结构突破传统学历层次框架，强调职业能力标准的纵向延伸，形成包含专科、本科及专业学位研究生教育的完整链条。

专科层次的高等职业教育是高等职业教育的基础层次，主要面向高中毕业生和中等职业学校毕业生，培养具有一定专业理论知识和较强实践能力的高素质技能型人才。专科层次的教育注重学生的实践能力和职业素养的培养，通过大量的实验、实训和实习环节，提高学生的实践能力和就业竞争力。本科层次的高等职业教育是高等职业教育的重要组成部分，主要面向高中毕业生和具有同等学力的社会人员，培养具有较高专业理论知识和较强实践能力的高素质应用型人才。本科层次的教育不仅注重专业知识的系统性和深度，还加强实践环节的教学，以提高学生的创新能力和解决实际问题的能力。研究生层次的高等职业教育是高等职业教育的最高层次，主要面向本科毕业生和具有同等学力的社会人员，培养具有深厚专业理论知识和较强创新能力的高素质研究型人才。研究生层次的教育更加注重专业知识的深度和广度，同时加强科研方法和科研实践的教学，以提高学生的科研能力和创新能力。

高等职业教育层次结构的主要任务，在于按照社会对各层次人才的需求比例，来培养各种不同层次的人才，促进经济结构、产业结构和技术结构与高等职业教育层次结构协调匹配，进而满足社会经济发展需求①。高等职业教育层次结构的特征体系是一个多维联动的生态系统，其核心在于通过系统化的设计回应产业发展与个体成长的双重诉求。这些特征并非孤立存在，而是通过内在逻辑的紧密耦合，构建起职业教育作为类型教育的独特范式。主要特征有：①职业能力导向的层次递进性。基于“操作层—技术层—战略层”的三维能力框架，每个教育层次对应明确的能力标准：专科教育着眼于标准化作业能力，强调技术规程的精准执行；本科层次培养技术系统集成能力，涵盖工艺流程优化与跨岗位协调；研究生教育则聚焦技术创新决策能力，涉及技术标准制定与产业趋势研判。这种层级化的能力标准通过模块化课程体系得以实现，基础能力模块夯实职业通识素养，核心能力模块对接典型工作任务，拓展能力模块强化技术迁移能力。评价体系突破传统线性模式，引入职业能力成熟度模型，将技能掌握程度量化为可观测的行为指标，并建立能力认证单元制度，允许通过技能鉴定实现非线性进阶。②产教融合的动态适应性。通过“产业链—教育链—人才链”的三链耦合机制，产业技术路线图驱动教育内容迭代，将教材更新周期压缩至 18 个月以内，确保技术知识的前沿性。“政校企行”四维协同平台构建起资源整合的生态模式，企业深度参与“教学工厂”建设，行业协会发布人才需求预警，院校则承担技术研发服务。为应对技术快速迭代，课程体系中设置 15%—20%的技术弹性区，专门用于融入数字孪生等新兴技术，同时通过双师型教师企业流动站保持师资队伍的技术敏感度。③终

① 王明伦. 高等职业教育发展论 [M]. 北京：教育科学出版社，2004：58-59.

身学习的通道贯通性。纵向构建“中职—高职—应用型本科—专业学位教育”的立交桥，设立技能大赛直通车、企业骨干绿色通道等四类转换路径；横向建立学分银行体系，将工作经验、技术专利等非学历成果转化为标准学分，实现职业资历与学历教育的等值互认。弹性学制支持系统创新性地开发微证书认证体系，允许碎片化学习成果的系统性积累，形成“全日制—工学交替—个性定制”的混合学习模式。④类型教育的功能分化性。知识生产实现实践转向，通过企业真实项目重构工作过程知识体系，明确各层次显性技术规范与隐性经验知识的比例梯度。教学场域进行情境重构，打造真实设备、真实项目、真实流程、真实评价的“四真”环境，使教学过程与企业生产深度耦合。师资结构实施双元进化，既要求教师每五年累计 12 个月企业实践，又建立工程师教学能力认证制度，形成教学团队的能力互补。⑤层次结构的自组织特性。通过引入产业新技术标准形成负熵流，驱动专业设置动态调整，淘汰落后产能相关专业。各层次形成差异化协同关系：专科强化操作优势，本科注重技术整合，研究生引领创新突破。数字化转型不仅可以催生数字孪生体系，实现培养方案的虚拟验证与教学过程的多维建模，还可以推动结构向平台化、模块化方向演进。这些结构特征通过能力递进、产业适应、终身发展、类型分化的多维互动，构建起具有耗散结构特征的教育生态系统。系统既保持各层次的功能特异性，又通过资源流动与能量转换实现整体协同，最终达成教育供给与技术技能需求间的动态平衡。这种结构性创新不仅重塑了职业教育的生态格局，更在本质上回应了技术知识层级化的发展规律，为现代职业教育体系建设提供了理论锚点与实践框架。

不断发展本科和研究生层次的职业教育，促进专科层次、本科层次和研究生层次高等职业教育的全面协调发展，是我国现代职业教育体系的构建、高等教育结构的调整以及适应国际教育发展趋势的必然要求。

2. 专业结构

区域高等职业教育的专业结构，是指各专业门类间的比例状态和组合关系，反映的是专业的归属或等级关系，主要分为专业大类、专业类和专业三个级别。教育部公布的《普通高等学校高等职业教育（专科）专业目录及专业简介（2017 年）》中，总共有 19 个专业大类、98 个专业类、733 个专业。其中，第一个级别是由大的专业门类组成的专业大类，如农林牧渔、资源环境与安全、能源动力与材料、土木建筑等；第二个级别是由第一级专业大类分化出来的专业类，如农业类、林业类、资源勘探类、地质类等；第三个级别是由第二级专业类分化出来的专业，如宠物临床诊疗技术、化学制药技术、商务数据分析与应用等。

区域高等职业教育是直接服务于区域经济社会的，因此，区域经济社会的产业结构成为区域高等职业教育专业结构的重要影响因子。产业需求决定着专业结构，产业的发展与转型会对相关人才的需求产生影响，而影响人才结构的重要因素是专业结构。产业结构的不断优化升级，必然引起技术结构、就业结构等发生变化，从而促使高等职业教育专业结构进行调整变革与优化发展。教育部《普通高等学校高等职业教育

（专科）专业设置管理办法》规定，对高职专业目录实行动态管理，每年增补一次专业。2016—2019 年，高职新增专业数分别为 13 个、6 个、3 个和 9 个。教育部新增专业这一做法恰恰反映的是专业结构须紧扣国家经济社会发展的新需求和新业态，服务国家产业转型升级重大战略。由此可见，区域高等职业教育专业结构必须紧密地与区域经济社会发展相结合，与区域产业结构和人才市场的就业结构相结合。只有形成科学合理的区域高等职业教育专业结构，才能达到高等职业教育人力资源配置的最优化和区域经济效益的最大化，才能保证区域高等职业教育专业结构的健康发展，从而促进区域高等职业教育生态系统的健康发展。

高等职业教育专业结构是职业教育体系对接产业发展的核心载体，其本质是通过专业设置与资源配置的动态调整，构建起技术技能人才培养与产业需求之间的结构性响应机制。这一结构以“产业需求—专业集群—教育资源”的映射关系为逻辑起点，在职业教育类型化发展的框架下，实现社会需求与教育供给、技术逻辑与教育规律、类型特征与体系定位的三重统一。具体而言，专业结构通过三级架构形成实践形态：顶层对接产业链核心环节构建专业群，中层对应职业岗位群设立专业，底层适应技术细分需求开设方向，由此形成覆盖产业链、岗位链、技术链的立体化人才培养网络。

区域高等职业教育专业结构展现出多维联动的系统性特质。首先，产业导向的动态匹配性构成其根本属性，通过“产业技术路线图→职业能力标准→专业教学标准”的转化路径，建立专业设置与产业技术迭代同频共振的调整机制，使基础产业、战略新兴产业与未来产业分别对应通用型、复合型及前瞻性专业集群。其次，职业岗位群的集群化组织体现结构效能，以技术关联逻辑整合专业群资源，形成岗位协同效应下的技术预备岗、核心操作岗与系统管理岗链式布局。再次，教育资源的整合性配置强化系统支撑，通过课程资源包、实训基地群与师资团队库的三位一体建设，实现跨专业资源共享与模块化课程组合，推动“基础技术＋行业特色＋个性拓展”的弹性培养模式。课程体系的模块化重构则遵循工作过程导向原则，将显性技术规范与隐性经验知识按梯度比例融入教学，形成“职业岗位分析→典型任务提取→学习领域转化”的课程开发路径。最后，以质量标准化的统一性框架保障结构稳定性，通过国家专业标准、行业培养标准与企业岗位标准的“三标联动”，构建涵盖 12 项核心指标的动态监测体系，确保人才培养规格与产业需求精准契合。

这一结构特征体系本质上反映了职业教育作为跨界教育的复杂适应性：既需通过专业集群的弹性调整保持与产业经济的动态平衡，又要在教育资源约束下遵循教育规律，实现技术知识的系统化再生产。其内在运行逻辑体现为需求感应、资源整合与功能输出的持续互动，最终形成支撑区域经济发展的技术技能人才供给生态。

3. 形式结构

区域高等职业教育生态的形式结构，主要指不同办学方式、学习形式以及高等职业教育类型等之间的比例关系和构成状态。按办学形式的不同，区域高等职业教育可分为政府办学、企业办学、社会力量办学等；按教育形式和学习方式不同，区域高等职业教育可分为两种，即学历教育和职业培训。其中，学历教育是由高职院校实施的、学制规范的系统的学历教育，主要有全日制、在职业余等学历形式；职业培训是由培训机构或企业等主体，根据职业岗位和转岗需求实施的非学历教育，如在职培训、创业培训、转岗培训等。

2002 年国务院印发《关于大力推进职业教育改革与发展的决定》，明确了我国高等职业教育办学体制改革的方向，提出要发挥各级政府在职教发展中的主导作用，依靠校企联合办学，举办职业教育，充分发挥行业协调与业务指导作用，形成多方力量积极参与的多元化办学格局。在国家法律法规和政策的支持下，在社会主义市场经济体制的渗透下，在高职自身发展规律的需求下，高等职业教育的办学资金来源不仅有政府，还有来自社会、企业、个人的投入。办学模式逐步走向多元化格局，出现了公办、股份制合作、国有民办、私立民办、中外合资办学等多种体制①。此外，从发展趋势来看，区域高等职业教育在构建学习化社会、实施终身教育的过程中扮演着重要角色。随着我国广大人民群众对高等职业教育的需求逐渐增高，区域高等职业教育的形式结构由正规教育为主，转向正规教育和非正规教育并举的办学形式，多元和立体的教育形式格局也进一步形成。

当前我国高等职业教育形式结构在政策引导与市场需求的双向作用下持续演进，逐步构建起多层次、多类型、多主体协同的体系框架，但仍存在结构性失衡与制度性障碍，制约了其服务产业转型升级和终身学习型社会建设的能力。

从现状特征来看，一方面，“学历主导”与“培训补充”二元并存。高职院校年均培养 500 万学历教育毕业生，占据高等教育半壁江山，但非学历培训规模仅占职业教育市场的 30%，且集中在制造、信息技术等少数领域。教育部“1+X 证书”制度已覆盖 2000 余所院校，但企业参与认证的职业技能等级证书仅占证书总量的 35%，培训内容与产业前沿技术存在 6—12 个月的滞后周期。此外，学分银行虽在省级层面普遍建立，但学习成果跨省互认率不足 15%，制约了职前教育与职后培训的贯通。另一方面，“政府主导”与“市场补充”格局初显。公办高职院校占比 62%，承担基础性人才培养职能；民办院校快速发展，聚焦养老护理、跨境电商等新兴领域；混合所有制改革试点院校通过“引企入校”模式，将企业资源投入比例提升至 25%。但企业办学主体参与度仍低于 10%，国有企业职业教育投入仅占利润总额的 0.3%，远低于德国企业 4.2%的平均水平。产教融合方面，企业提供的实践岗位仅能满足 37%的学生需求，且 70%的实训基地停留在简单操作训练层面。

从核心问题来看，首先，终身学习体系“动脉硬化”。劳动者年均参与职业培训时长仅 36 小时，不足德国的 1/3；40 岁以上劳动者培训参与率低于 15%，农民工群体系统性培训覆盖率不足 5%。技能等级证书与职称评定、薪酬待遇的挂钩比例仅为 28%，

① 丁镨，顾月琴. 从单一走向多元：我国高等职业教育人才培养模式的发展趋势及主要策略［J］. 湖北工业职业技术学院学报，2019，32（6）：7-11.

制约了非学历教育的吸引力。其次，学历教育存在“同质化”痼疾。高职院校专业设置与区域产业的匹配度仅为 54%，智能制造、生物医药等战略新兴领域专业布点缺口达 23%。中西部院校传统专业重复率超 40%，毕业生对口就业率连续三年低于 61%。再者，培训市场存在“碎片化”乱象。全国 1.8 万家职业培训机构中，小微机构占比 82%，培训课程标准化率不足 30%。人工智能、大数据等前沿领域培训质量合格率仅 45%，部分机构甚至存在“花钱买证”的违规操作。最后，校企合作“浅层化”循环。企业参与职业教育的税收优惠额度仅为投入成本的 12%，导致 85%的合作停留在“学生顶岗实习”层面。混合所有制改革中，企业资本退出机制不完善，32%的试点院校因产权纠纷陷入治理僵局。

当前的结构性矛盾本质上是职业教育体系从“规模扩张”向“内涵发展”转型过程中的阵痛，既需通过制度创新破解深层梗阻，更需重构“教育—产业—社会”协同进化的生态系统。唯有打破学历崇拜的文化惯性、行政主导的路径依赖、技术至上的工具理性，才能真正实现高等职业教育的形式结构与功能价值的统一。

4. 布局结构

区域高等职业教育布局结构，也就是空间分布结构，是指特定区域内高等职业院校在空间上的规划和安排，它涉及各个部分（数量、类型等）在不同地区的比例，以及这些部分之间的相互作用和运作。

区域高等职业教育空间分布结构，受区域社会经济发展水平、产业布局、教育发展水平、文化发展水平及地理环境等因素的影响较大。第一，区域社会经济发展水平是影响高等职业教育空间分布的关键因素。经济发达的地区，如东部沿海地区，由于拥有较强的经济实力和较高的居民收入水平，能够投入更多的资源用于高等职业教育的发展。这些地区的高职院校数量相对较多，且办学质量也普遍较高。相反，在经济欠发达的地区，由于财力有限，高等职业教育的投入相对较少，导致高职院校数量不足，办学水平也相对较低。此外，经济发展水平还直接影响着高职院校的毕业生就业率和就业质量，经济发达地区的高职毕业生往往能够获得更好的就业机会和薪资待遇。第二，产业布局对高等职业教育空间分布的影响主要体现在专业设置和就业市场上。不同地区的产业结构不同，对人才的需求也不同。例如，第二产业以工业制造业为主，对具有职业技能的劳动力需求巨大，因此第二产业发达地区的高职院校往往设置有机电一体化、数控技术等专业。而第三产业以服务业为主，对服务型人才的需求旺盛，因此第三产业发达地区的高职院校会设置如旅游管理、酒店管理等专业。此外，随着区域经济的发展和产业结构的调整升级，高职院校也需要相应地调整专业结构，以适应市场需求的变化。产业布局还影响着高职院校的毕业生就业流向，毕业生往往会选择到与所学专业相关的产业发达地区就业。第三，教育发展水平是影响高等职业教育空间分布的重要因素之一。教育发达的地区，如北京、上海等大城市，拥有丰富的高等教育资源，包括高职院校在内的高等教育机构数量众多，且办学水平较高。这些地区的高职院校能够享受到更好的教育资源、师资力量和教学设施，从而培养出更多高素质的技术技能型人才。相反，在教育欠发达的地区，由于教育资源匮乏，高职院校的办学水平受到限制，难以培养出满足市场需求的高素质人才。第四，文化发展水平对高等职业教育空间分布的影响主要体现在社会意识和文化氛围上。在一些地区，由于传统文化中存在着对职业的等级划分和偏见，职业教育在社会上的认可度不高，影响了高职教育的招生和办学。然而，在一些文化开放、重视教育的地区，人们普遍认同教育是改变命运的重要途径，对职业教育的态度也更加积极。这种文化氛围有利于高职教育的发展，能够吸引更多的学生选择高职教育，从而推动高职教育的空间分布更加均衡。第五，地理环境对高等职业教育空间分布的影响主要体现在地理位置、交通条件、气候等因素上。高职院校的选址通常会考虑地理位置的优越性和交通便利性，以便于学生的招生和就业。此外，气候条件也会影响高职院校的办学条件和学生的生活质量。在地理环境较差的地区，如高原、沙漠和山区等地，由于自然条件恶劣、交通不便等因素，高职教育的办学成本较高，且难以吸引到优秀的学生和教师资源。因此，这些地区的高职教育空间分布相对较少。

反过来，区域高等职业教育所培育的人才对区域社会的发展，尤其是区域经济的发展，具有明显的推动和促进作用，区域高等职业教育空间分布结构对区域社会经济的发展也存在很大的影响。一方面，区域高等职业教育的空间分布结构直接影响教育资源的配置和利用效率。在高职教育资源丰富的地区，高职院校众多、师资力量雄厚、教学设施完善，能够吸引更多的学生报考和就读，从而提高了教育资源的利用效率。而在资源匮乏的地区，高职院校数量有限、办学水平不高，导致教育资源难以得到有效利用，影响了当地人才的培养和经济发展。另一方面，高职院校的空间分布结构还影响着区域的竞争力和协同发展。在高职院校密集的地区，由于人才供给充足、技术创新活跃、产业链完善，容易形成产业集聚和协同效应，从而提升了区域的竞争力。而在高职院校分布稀疏的地区，由于缺乏人才支撑和产业链配套，难以形成有效的产业集聚和协同发展效应。再者，政府在制定高等职业教育发展规划时，需要充分考虑区域经济发展的需求和平衡。通过政策引导和支持，推动高职院校在资源匮乏地区的布局和发展，缩小区域间教育资源的差距，促进区域经济的均衡发展。同时，还可以通过校企合作、产教融合等方式，推动高职院校与当地企业的深度融合和协同发展，为区域经济发展注入新的动力。

因此，对区域高等职业教育布局结构进行顶层设计、统筹规划，优化和构建与经济发展水平和产业布局相适应的布局结构，实现高等教育资源在区域范围内有机整合及合理分配，获得效益的最大化，从而保障区域高等职业教育生态系统生态功能最大程度的释放，是推动区域高等职业教育生态系统可持续发展的重要一环。

3.2.2　基于生态学理论的区域高等职业教育生态系统结构分析

1. 生态金字塔理论视角下的区域高等职业教育生态系统层次结构

美国生态学者林德曼（Raymond Lindeman）于 20 世纪 30 年代末期发表了湖泊生态系统的相关研究，之后提出了营养级位与“金字塔规律”。从此，林德曼的生态金字塔理论被广泛应用到各种研究领域。

在现代经济体系中，产业结构优化在相当大的程度上取决于人力资源状况，杨林①等把人力资源分为三个层次：①人口资源，是一个国家或地区的人口总量；②人力资源，是具有知识技能的劳动力；③人才资源，是优质的人力资源。三者在数量上呈金字塔形结构（见图 3-3）。

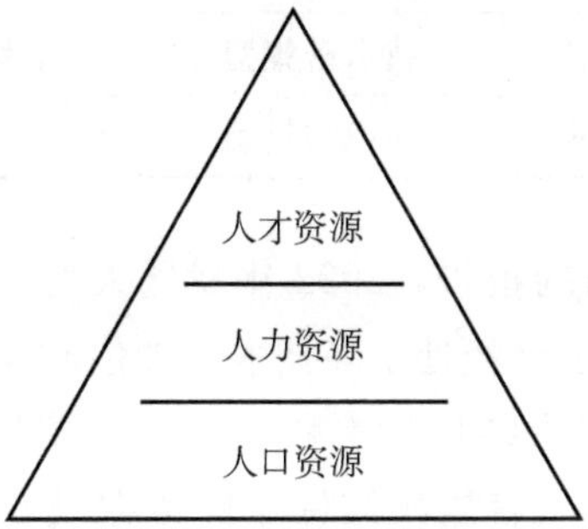

图 3-3　人力资源层次构成

高等职业教育人才培养的层次结构与人力资源结构环境是相适应的。高等职业教育系统人才培养的层次结构可以分为三种，即专科层次的职业教育、本科层次的职业教育和研究生层次的职业教育。各个层次应当按照区域经济发展对各层次人才的需求，来培养适应不同需求的各层次应用型和高技能人才。从生态金字塔理论的角度看，不同层次的人才类型应该表现为生态金字塔结构，人才培养的层次结构也应该相应地呈现为生态金字塔结构。

如果我们按照专科层次、本科层次和研究生层次，将高等职业教育在校生数量依次排列起来，建立一个数量锥体，不难发现，高等职业教育的层次结构是极不平衡的：专科层次高职教育位于金字塔最底层，数量最多；位于金字塔中间的本科层次职业教育几乎处于缺位状态②；位于金字塔最顶层的研究生层次职业教育数量相对较少，从而导致生态塔变形，未呈现生态金字塔形状。这种违背“生态金字塔”理论的高等职业教育层次结构，不仅与我国的经济发展和产业需求不相符，也极大影响了高等职业教育系统的可持续发展。

① 杨林. 人力资源开发与管理［M］. 北京：科学出版社，2004：37.

② 现阶段，本科层次的职业院校在全国为数不多，还有少数普通本科院校承担少量本科层次职业教育的招生计划。

同时，工业化进程对人力资源结构的影响是深远的。从发达国家工业化进程的人力资源结构来看，工业化进程不断推进，产业结构不断调整，对人力资源需求结构提出了新要求。高等教育所培养的人力资源结构，从劳动密集型走向知识密集型，人才教育层次结构也不断升级，人才培养的规格趋向于对高端人才的需求，知识型、研究型人才逐渐增加，总体呈现递进的金字塔形结构（见表 3-1）。

表 3-1 发达国家工业化进程中人力资源结构特征表①

人均收入/美元	工业化进程	人力资源结构特征	教育层次结构	人才规格
300 以下	轻工业化时期	劳动密集型	技工、中专、大专	实用型
300—1 500	重工业化时期	资金密集型	职校、大专、本科	实用型、职业型、技术型
1 500—10 000	高度工业化时期	技术密集型	本科、硕士	技术型、知识型
10 000 以上	高技术附加值时期	知识密集型	本科、硕士、博士	知识型、研究型

按照国家统计局网站发布的报告，2022 年我国人均国民总收入达到 12 720 美元。对照表 3-1，这一数据表明我国已经处于高技术附加值时期，这一时期的人力资源结构的特征是知识密集型，教育层次结构为本科、硕士、博士，人才规格应为知识型、研究型。现阶段我国的高等职业教育层次结构还停留在以专科层次为主，人才培养类型显然与工业化进程的需求不相符合。

此外，在教育金字塔中，教育层级越多，在能量流动过程中教育经费损耗的能量也就越多；而知识、技能层级越高，技术能量扩散得越少。低位能量消耗级产出人才的规格低，数量多，人均消耗能量少；高位能量消耗级产出人才的规格高，数量少，人均消耗能量多。金字塔的高度、宽度和层次以及塔内各种结构的比例，与能量消耗的关系极为密切。如果塔的高度和层次不合理，将产生人才不合理配套的现象，或是高级人才过剩，不得不降格使用，或是造成高级人才缺乏，不得不将中级人才升格使用。这些情况都会导致能量的不合理消耗，造成资源使用上的浪费，最终影响社会生态的平衡。

2. 生态适应理论视角下的区域高等职业教育生态系统专业结构

生态学认为，在自然生态系统中，任何生物都与生态环境之间存在紧密的联系，彼此不能分离而孤立存在，生物的生存和发展需要同环境进行能量、物质和信息的交换。在特定环境（尤其是极端环境）中，生物为了实现自身的生存和发展，会发生包括结构、过程和功能在内的一系列的改变，从而避免环境的改变对自身造成的损伤，这种改变就是生态适应。生态适应包括两个层面，一是生物体通过完善自身结构和功能、改变环境，使环境有利于自身生存；二是生物体通过改变自身结构和功能以及生

① 金利娟，刘星期，曹丹丹. 教育浪费与高等教育改革实证研究 [J]. 统计教育，2006 (1)：13-17.

活习性等来适应环境。

生态适应理论对研究区域高等职业教育生态系统专业结构有着很强的指导意义。高等职业教育是以服务社会经济为目的，与区域经济尤其是与产业界联系最为紧密的高等教育类型。一方面，高等职业教育源于产业需求，高等职业教育专业的设立要为产业发展服务；另一方面，高等职业教育的“智力资源”反作用于产业递进，引领和带动产业转型升级。高等职业教育与周围环境始终保持着高度的生态关联，高等职业教育的发展受生态环境的影响很大，面对生态环境的改变，面对新的功能选择，高等职业教育系统只有做出积极调整，能动地改变自身结构和特征，与生态环境的当前要求、发展动态和未来趋势积极融合，才能与生态环境和谐相处，得到更好的发展。

此外，生态适应理论表明，生物对环境的适应不仅有普遍性，而且也有相对性，即每种生物对环境并不都是绝对适应，只是一定程度上的适应。由于教育存在一定的滞后性，在区域经济结构、产业结构和人才结构发生改变时，高等职业教育不能随外界环境条件的变化做出迅速改变，这是适应相对性的主要成因。因此，我们在发展区域高等职业教育的时候要考虑教育功能的滞后性，专业设置对接产业发展要有前瞻意识、市场意识和规划意识，结合产业发展趋势、市场前景，做到整体规划、适度超前。

总体来看，区域高等职业教育的专业结构在一定程度上表现了与区域社会经济环境的生态适应性，但与区域经济产业结构的适切程度还不够高，主要体现在以下几个方面：

（1）专业结构与产业结构的协调度有待加强

按照教育部公布的全国普通专科分专业大类学生数来看，2022 年第一产业对应的高职专业毕业生人数为 9.9 万人，第二产业对应的高职专业毕业生人数为 107 万人，第三产业对应的高职专业毕业生人数为 377.9 万人，面向三次产业相关专业毕业生人数的比例为 2∶21.6∶76.4，而 2022 年全国三次产业结构的比例为 7.1∶37.9∶55，同期就业结构的比例为 24.1∶28.8∶47.1（见表 3-2、表 3-3、表 3-4）。对比可知，第一产业对应的高职专业毕业生比例低于产业结构，产业结构又低于就业结构，第一产业的产业结构、就业结构和对应的高职专业毕业生之间表现出明显的不协调；第二产业对应的高职专业毕业生与就业结构比例均远远低于产业结构；而第三产业对应的高职专业毕业生比例明显高于产业结构和就业结构，表明第三产业培养的毕业生过剩，在一定程度上会导致毕业生的结构性失业。

表 3-2　2020—2022 年三次产业对应的高职专业毕业生人数及比例

年份	第一产业对应的高职专业毕业生人数及比例	第二产业对应的高职专业毕业生人数及比例	第三产业对应的高职专业毕业生人数及比例
2020	6.3 万人，1.7%	85.6 万人，22.7%	284.8 万人，75.6%

续表

年份	第一产业对应的高职专业毕业生人数及比例	第二产业对应的高职专业毕业生人数及比例	第三产业对应的高职专业毕业生人数及比例
2021	6.8 万人，1.7%	85.0 万人，21.3%	306.6 万人，77.0%
2022	9.9 万人，2.0%	107.0 万人，21.6%	377.9 万人，76.4%

数据来源：根据教育部网站教育统计数据整理。

表 3-3　2020—2022 年我国三次产业结构比例

年份	第一产业/%	第二产业/%	第三产业/%
2020	7.5	36.9	55.5
2021	7.1	38.1	54.8
2022	7.1	37.9	55.0

数据来源：根据《中国统计年鉴（2022）》数据整理。

表 3-4　2020—2022 年我国三次产业就业人员构成比例

年份	第一产业/%	第二产业/%	第三产业/%
2020	23.6	28.7	47.7
2021	22.9	29.1	48.0
2022	24.1	28.8	47.1

数据来源：根据《中国统计年鉴（2022）》数据整理。

（2）专业结构趋同现象较为严重

根据表 3-3 和 3-4 可以发现，无论是从产业结构比重还是从就业人员构成来看，第三产业发展势头迅猛。与第三产业相关的计算机、旅游类、电子商务等专业，成本低见效快，许多高职院校在过去增设专业时缺乏理性、过度看重短期收益，忽视对产业发展趋势、市场需求等因素的考察分析，大多盲目选择这些专业开设，从而造成这类专业普遍出现了布点数量过于密集、专业结构趋同以至于无法形成具有特色优势专业等问题。以计算机应用技术专业为例，该专业在全国开设的院校高达 1070 所，占高职院校的比例高达 84.52%，成为全国普通高职（专科）院校中布点数量最多的专业①（见表 3-5）。

① 陈小娟. 高职院校专业结构调整：问题、成因与机制重构：兼论高职院校、政府与市场关系的转变［J］. 职业技术教育，2019，40（22）：17-22.

表 3-5　全国高职院校中布点数量居多的专业

专业代码	专业名称	开设院校/所	占高职院校比例/%	排名
590101	计算机应用技术	1 070	84.52	1
620505	物流管理	940	74.25	2
590102	计算机网络技术	895	70.70	3
640101	旅游管理	857	67.69	4
620405	电子商务	850	67.14	5

数据来源：中国高职院校最爱的专业排行榜 https://bbs.pinggu.org/jg/daxue _daxuezhuanyepaiming _34318 _2.html。

（3）专业培养规模与产业发展的适切性不足

《中国制造 2025》为我国从制造大国迈向制造强国指明了具体路径，确定了新一代信息技术产业、高档数控机床和机器人、航空航天装备等十大重点突破领域。据制造业十大重点领域人才需求预测（见图 3-4），我国高职制造大类人才缺口还很大，十大重点发展领域对应的高职在校生规模明显不足，有些专业如节能与新能源汽车、农机装备，高职在校生人数不足千人，在人才培养规模上远远不能适应产业发展重大战略要求。

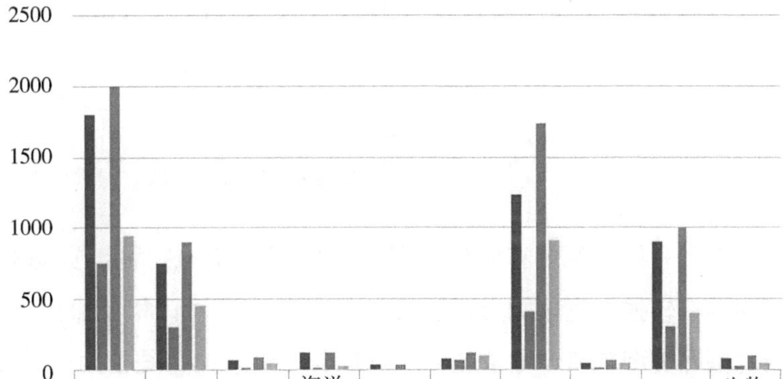

	新一代信息技术产业	高档数控机床和机器人	航空航天装备	海洋工程装备及高技术船舶	先进轨道交通装备	节能与新能源汽车	电力装备	农机装备	新材料	生物医药及高性能医疗器械
2020 年人才需求总量预测 / 万人	1 800	750	68.9	118.6	38.4	85	1 233	45.2	900	80
2020 年人才缺口预测 / 万人	750	300	19.8	16.4	6	68	411	16.9	300	25
2025 年人才需求总量预测 / 万人	2 000	900	96.6	128.8	43	120	1 731	72.3	1 000	100
2025 年人才缺口预测 / 万人	950	450	47.5	26.6	10.6	103	909	44	400	45

图 3-4　制造业十大重点领域人才需求预测

3. 生态位理论视角下的区域高等职业教育生态系统形式结构

生态学中，生态位反映的是某一物种在生态系统中的特定位置及与其他物种的相互关系。生态位理论主要包括生态位宽度（niche breadth）、生态位重叠（niche overlap）和生态位分离（niche separation）等，如图 3-5、图 3-6 所示（圆的半径大小表示某一物种的生态位宽度）。

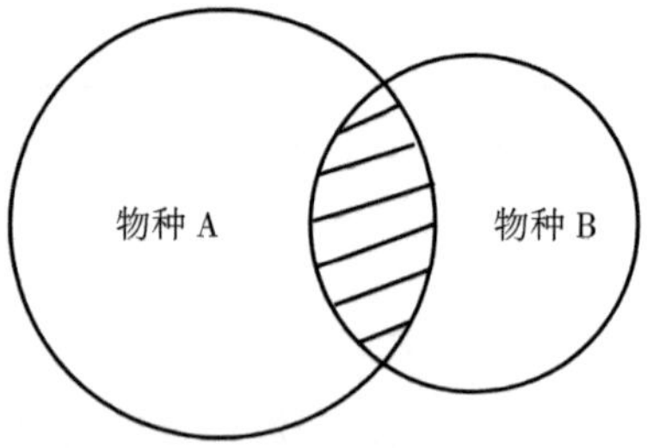

图 3-5　生态位重叠

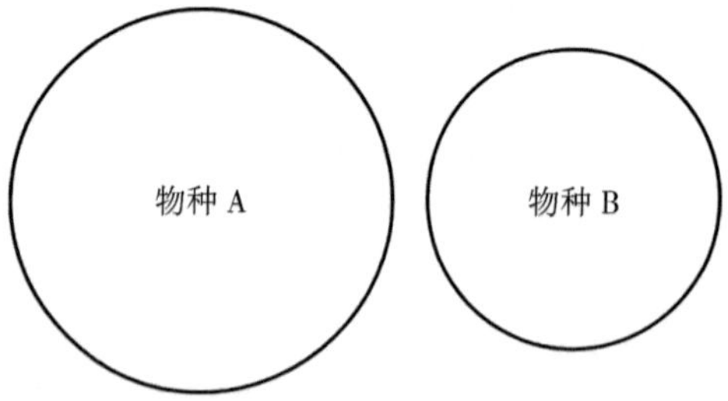

图 3-6　生态位分离

在可利用资源量有限的情况下，生态位宽的物种，资源利用的范围和类型越宽，往往具有较强的竞争能力，能适应更广泛的环境；相反，生态位窄的物种，资源利用的范围和类型较窄，竞争能力一般较弱。生态位重叠指两个或多个物种共享同一资源，生态位重叠越大，竞争就越激烈。自然界中，生态位的重叠难以避免，实现生态位分离，或者强化合作，进一步拓展生态位，是解决生态位重叠的主要途径。基于生态位理论的视角，我们可以发现，区域高等职业教育生态系统的形式结构主要存在着以下问题。

（1）生态位过度重叠，导致千校一面

生态位重叠主要是指办学理念、管理方式、教学方法和就业模式等方面相似，难以拉开距离形成独特竞争优势，从而导致培养出的人才在知识背景、能力倾向和思维模式等方面呈现出相同或相似的特征。

《国家中长期教育改革和发展规划纲要（2010—2020 年）》明确指出，要引导大学合理定位，形成各自的办学特色和风格，避免同质化倾向。然而，大多数的高职院校除了在地域、学科和规模等硬性指标上有所差异外，在教学理念、教学方法、就业模式与管理方式上并无本质区别，反映出生态位的高度重叠，突出表现在专业设置盲目、人才培养模式雷同和办学特色不足等三个方面。在专业设置方面，很多高职院校注重短期利益而忽视长远效益，既未对社会人才市场进行充分调研，也未结合自身特点进行规划布局，盲目跟风，设置热门专业，并照搬其他学校的专业建设方案，导致专业发展趋同。同时，有些高职院校对自身的发展历程和现实状况缺乏清醒的认识，定位不清，目标不明，缺乏符合自身发展需要的、独具特色的发展战略，加之教学模式和方法缺乏创新，导致人才培养模式大同小异，毫无特色可言。此外，高职院校大多由中职院校合并而来，往往是规模的叠加而非优势的整合，由于对高职办学经验不足，在办学实践中，出现按照中专或本科模式办高职的趋同倾向，这种缺乏特色的模仿趋同办学模式难以实现可持续发展。

相同的背景和相同的教育模式最终导致千校一面、千生一面，不仅造成重复建设和资源浪费，而且难以满足社会经济发展对多元化人才的需求，导致激烈的招生竞争和严重的就业压力，最终影响整个社会经济的发展。

（2）生态位宽度过小，生存发展受阻

在高职教育中，生态位宽度反映的是高职院校可利用的各种教育资源的总和。生态位宽度越大，表明高职院校可开发利用的教育资源越丰富，因而学校的竞争力也就越强；生态位宽度越小，表明高职院校可开发利用的教育资源较少，学校的竞争力相应较弱。现实中，同层次不同办学形式的高职院校，往往为了争夺教育资源发生竞争，竞争力强、生态位宽的院校发展较好，而竞争力弱、生态位窄的院校则发展受限。

在我国高等职业教育的办学实践中，民办高职和公办高职的权责存在明显差异，且政策资源、经费资源、师资资源等的配置优势是向公办高职倾斜的。作为公办高职的良好补充，民办高职无论是在政府眼中，还是在学生、家长心中，社会地位普遍较低。在经费投入方面，政府作为公办高职的主要投资者，给予公办高职院校的经费投入力度较大，无论是财政性拨款还是生均投入，公办高职院校与民办高职院校的差距较大。民办高职院校的主要经费来源完全依靠举办者投资、学费收入等，而随着学校后续发展需求的不断增大，投资者的投资无法满足学校需要的时候，民办高职院校只能依靠收取学生的学费维持学校的正常运转和发展。不仅如此，在师资队伍建设方面，民办高职院校也明显薄弱，由于政府的高度重视，公办高职院校的教师无论是社会地位方面，还是实际待遇方面，都远远超过民办高职院校教师。由于法律法规不健全，政策制度不完善，民办高职教育的发展堪忧。民办高职院校想要在竞争中占有一席之地，必须利用自身灵活的体制条件，提炼自己的办学特色，并树立自己的品牌，提升自身可持续的发展潜能，扩展自己的生态位宽度。

4. 物种群聚理论视角下的区域高等职业教育布局结构

“种群的疏密程度随生物的种类和环境条件的变化而变化，过疏或过密都会起限制作用，所以，每种生物都应有自己的最适密度。”这是物种群聚理论的基本原理，又称阿利氏规律。基于物种群聚理论，我们会发现，区域高等职业教育生态系统的布局结构存在以下问题。

（1）区域布局不均衡

从省域层面看，我国高职院校的布局差距明显。目前，我国高职院校数量排名前五位的省份是江苏、广东、河南、山东和安徽，分别是 90 所、87 所、79 所、78 所和 74 所，与宁夏、青海和西藏等省（自治区、直辖市）的差距相当明显，其中，排名第一的江苏省高职院校数量（90 所）是西藏自治区（3 所）的 30 倍（见图 3-7）。从城市层面看，总体上我国高职院校的布局覆盖面广，全国除西藏、青海和宁夏等西部少数省份（自治区）外，有 18 个省（自治区、直辖市）的高职院校地市覆盖率达到 100%，其他各省（自治区）的高职院校地市覆盖率均在 75%以上（见表 3-6）。即便如此，我国高职院校的布局还很不均衡，突出表现为省会城市集聚度大和东西部城市比例失衡。一方面，由于各地市级行政单位的发展状况存在差异，每个省份在地市级行政单位的高职院校的数量规模都会不尽相同。每个省的省会城市往往是各省政治经济文化发展的绝对重心，功能完备设施齐全，配套服务完善，能聚集更多往来的人流、物流、资金流和信息流，因此相较而言，省会城市高职院校的集聚度明显高于非省会城市。例如，全国有 17 个省份（自治区、直辖市）省会城市的高职院校占比为 50%及以上，其中西藏的高职院校全部位于拉萨市，宁夏有 91%的高职院校分布在银川市（见表 3-6）。另一方面，全国高职院校的数量和规模在不同省份的城市之间尤其是东西部地区城市之间也存在显著的差异。东西部区域经济、环境、人口、文化的差异往往导致东部沿海地区城市的高职院校数量远远大于西部地区城市。例如，全国高职院校数为 10 所及以上的 33 个城市中，位于西部地区的城市只有 10 个，仅占全国高职院校总数为 10 所及以上城市总数的 30%，广州市的高职院校数量最多，有 47 所，而同为省会城市的兰州市只有 10 所，前者是后者的 4.7 倍（见图 3-8）。

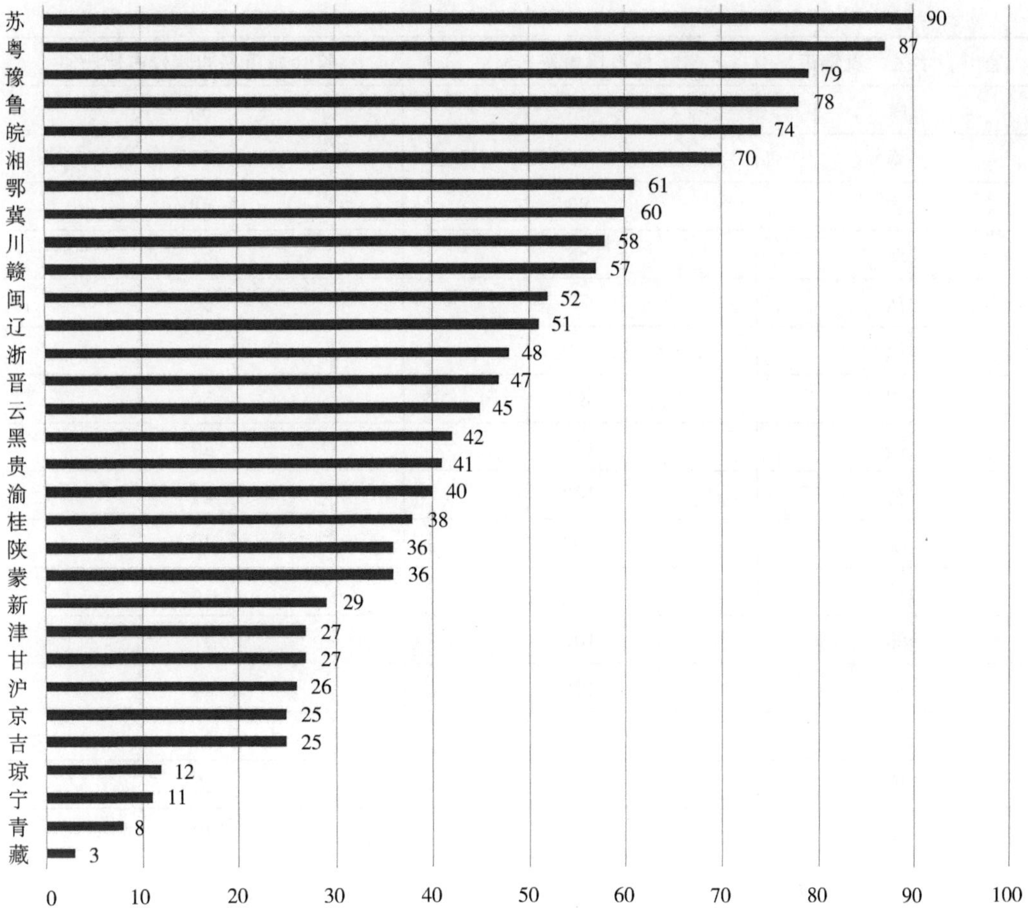

图 3-7　全国各省（自治区、直辖市）高职院校布局情况

表 3-6　全国各省（自治区、直辖市）高职院校地市覆盖率和省会城市高职占比情况

省（自治区、直辖市）	地市覆盖率/%	省会城市高职院校占比/%
京	100	100
津	100	100
沪	100	100
渝	100	100
藏	14	100
宁	40	91
青	38	75
云	75	64
鄂	100	62
黑	77	57

续表

省（自治区、直辖市）	地市覆盖率/%	省会城市高职院校占比/%
陕	93	55
粤	90	54
吉	89	52
新	86	52
桂	79	50
琼	100	50
川	89	50
赣	100	49
晋	100	49
皖	100	49
甘	86	48
湘	100	47
贵	100	44
豫	100	42
冀	100	42
浙	100	40
蒙	100	39
辽	90	37
闽	100	35
鲁	100	23
苏	100	20

数据来源：根据教育部公布的全国高校名单统计汇总。①

（2）区域协同进化不足

一方面，高等职业教育系统与社会生态系统相互联系、相互制约、协同共生。社会生态系统中的社会、经济、人口等因素的变化，促进高等职业教育系统生态位的扩展及其对环境适应能力的提升，高等职业院校根据社会生态系统多样化的需求培养人才。不同区域高等职业院校分布不均、同一区域高等职业院校在省会城市的集聚度过

① 王世斌，宋亚峰，潘海生. 我国高职院校空间布局的动态变迁与演化机理［J］. 高等教育研究，2018，39（9）：64-72.

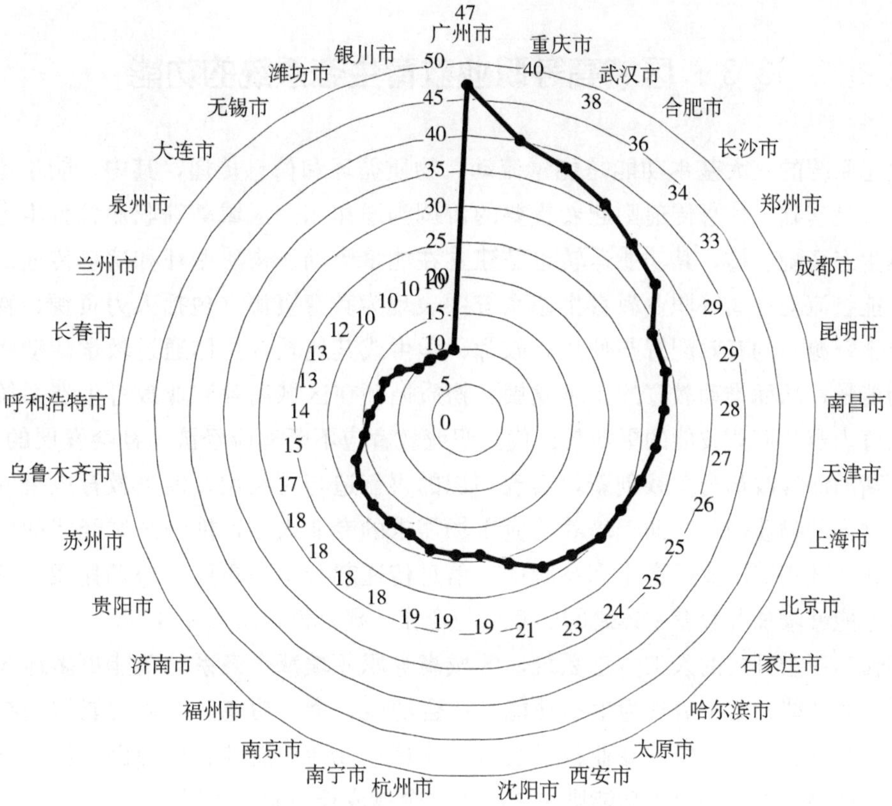

图 3-8　高职院校总数为 10 所及以上的城市①

高等现象，反映的是高等职业教育系统与社会生态系统之间的不协调。只有弥补高等职业教育系统的薄弱环节，进一步优化西部地区、少数民族地区和农村地区高职院校的布局，才能更好地发挥高等职业教育的社会服务功能，促进高等职业教育事业的发展。另一方面，在布局过程中，不同高职院校的生态位会发生重叠，随着重叠程度增大和高职院校密度的增加，竞争就越激烈。在生态学上，竞争是不同的生物在共同使用有限资源的情况下，彼此之间发生的一种相互作用，竞争可以促进双方协同发展。不同区域同类型的高职院校之间，或者相同区域同类型、不同类型的高职院校之间，都存在着协同共生和竞争的关系。现阶段，无论是区域内部还是区域之间，高职院校间合作与交流不够，协同进化性不强，无法利用自身优势去实现资源互补。要想优化我国高等职业教育的区域布局形态，缩小区域之间的差距，就要深化区域间和区域内的合作，增强高职教育发达地区对周边区域的带动和引导作用，改善弱势区域高职院校对社会生态环境的适应性，调整区域高职院校共同体的竞合机制。只有这样，才能促进高职院校之间的成长与共同进化。

---

① 宋亚峰，王世斌，潘海生．我国高职院校空间布局：形态、动因与优化［J］．中国职业技术教育，2018（36）：16-23.

3.3　区域高等职业教育生态系统的功能

生态系统的三大基本功能是能量流动、物质循环和信息传递，其中，能量流动和物质循环是基础，信息传递则起着重要的协调沟通作用。区域高等职业教育生态系统和自然生态系统一样，其功能运转也是建立在能量流动、物质循环和信息传递的基础之上。能量流动在高等职业教育生态系统中表现为教育资源（包括人力资源、物质资源和资金资源）的有效配置与使用。教师、学生或其他教育主体通过教学活动将知识转化为能量，从而推动教育的持续发展。物质循环在区域高等职业教育生态系统中体现在教育内容与职业技能的更新与迭代。职业教育应不断适应经济与社会发展的需求，通过不断的课程改革与实践创新，实现知识的再创造与再利用，促进教育成果的有效循环。这样的物质循环有助于培养适应市场需求的专业人才，推动区域经济的可持续发展。在区域高等职业教育生态系统中，信息传递起着至关重要的协调作用。信息的高效传递能够增加各教育主体之间的互动与合作，提升教育质量和效率。

但作为一个开放的人工生态系统，区域高等职业教育生态系统功能更多地表现为一定的服务功能，集中表现为生态功能、社会功能、个人功能。生态功能体现在其为区域经济与社会发展提供的专业技术与人才支持；社会功能则表现为提升社会整体素质与促进社会公平；而个人功能则关注学生的个体成长与职业发展。

首先，生态功能的有效发挥，使区域高等职业教育在实现经济与社会发展目标方面发挥了关键作用。在全球经济一体化和科技迅速发展的背景下，区域高等职业教育必须与地方经济紧密结合，积极响应社会对技能型人才的需求。通过与企业、行业协会和地方政府的合作，高等职业院校能够及时响应市场动态变化，调整专业设置，更新课程内容，以培养符合经济发展需求的专业人才。例如，在推动绿色经济和可持续发展的大背景下，职业院校应致力于培养环境保护、可再生能源等领域的人才，支持地方经济转型与升级。

其次，社会功能的提升在于促进教育公平和社会和谐。区域高等职业教育必须关注不同社会群体的教育需求，特别是经济较为落后地区的学生。通过实施奖学金、助学金政策，以及设立灵活的入学途径，职业院校可以帮助更多的学生接受高质量的职业教育，从而打破社会阶层的固化，进而提高教育公平性，增强社会的整体凝聚力和稳定性。同时，职业院校应积极参与社区服务和公益活动，促进知识和技能的传播与共享，推动社会发展。

最后，个人功能强调区域高等职业教育对学生个体发展的积极影响。教育不仅仅是知识的传递，更是对学生综合素质的全面培养。区域高等职业院校应注重学生的职业生涯发展，通过职业指导、实习安排和心理辅导等措施，帮助学生明确职业方向，增强其就业能力和适应能力。同时，学校还应引导学生树立正确的价值观与人生观，鼓励其积极探索自我，追求职业理想与个人成长。

区域高等职业教育生态系统的三大基本功能不仅仅体现在对外部经济与社会的服务上，更关键的是要注重自身的功能提升与转型发展。在能量流动方面，应持续优化教育资源的配置，提高教育质量与效率；在物质循环方面，需通过课程改革与实践创新，实现知识的动态更新与再创造；在信息传递方面，推动教育主体之间的有效沟通与协作，形成良性的教育生态链。

区域高等职业教育生态系统应积极适应时代变迁与社会需求，通过综合改革与创新，提升其生态、社会与个人层面的服务能力，促进高素质的专业人才的培养，推动区域经济与社会的可持续发展。

3.3.1　生态功能

区域高等职业教育生态系统的生态功能，是指区域高等职业教育生态系统能够利用内外系统提供的物质和能量等资源生产出产品的能力，具体来说，产品生产就是人才培养的过程。从生态学的角度来看，培养人才是一个帮助自然人进化为社会人的过程。区域高等职业教育生态系统通过人力（管理与服务人员）、物力（教学物资设备）、财力（教学经费）等有形能源，以及科学文化知识等无形能源的投入，实现各种能源在高等职业教育生态系统的各个环节中流动转化，保障系统功能的正常运转。同时，自然人通过高等职业教育，参加社会活动，习得知识技能，成为一个具有高素质高技能、能够独立适应社会的社会人，从而达到人才培养的目的。在实现其生态功能的过程中，高等职业教育生态系统需要不断地进行自我优化和调整，包括对教育资源的合理配置、对教育内容和方法的创新，以及对教育评价体系的完善。区域高等职业教育生态系统是一个多维度的生态网络，其功能的实现离不开各个环节的相互作用与协调。通过对高等职业教育生态功能的深入理解与实践探索，使系统能够有效地应对社会发展中的各种挑战，能够更好地适应社会经济发展的需要，实现其人才培养的生态功能。

1. 外部系统的输入

区域高等职业教育生态系统的能量来源于社会生态系统，区域高等职业教育生态系统的输入，既包括教师、学生、管理人员等人员输入，也包括教室、宿舍、实验室、各种科研设备、图书资料等物质设施输入，还包括教育经费输入和政策方针、规章制度等各种价值规范输入等。这些经费、人员和信息进入高等教育生态系统之后，在生物生产（人才培养）的过程中进行分流和消耗，提供动力或能量，维持系统的正常运行，并在这个过程中实现能量的转化，最终以培养出的人才和提供的服务作为能量的输出形式。

高等职业教育生态系统的外部输入是多方面的，必须不断优化这些外部输入要素，提高其质量和效率，通过教育过程的转化，使高等职业教育生态系统与社会生态系统形成良性互动，共同促进社会的可持续发展。首先，教师的专业发展是优化输入的重要环节。高素质的教师不仅是知识的传授者，更是教育生态系统中的关键要素。他们应具备扎实的专业知识和灵活的教学方法，以满足不同学生的学习需求。因此，系统内应建立持续更新的职业培训机制，激励教师参与学术交流、行业实践和科研活动，从而提升其综合素养和教学能力。其次，学生的参与度和反馈机制至关重要。学生是教育过程的接受者，也是反馈者和推动者。通过构建有效的反馈渠道，使学生能够对教学内容、方法以及环境提出建议，有助于教育体系的自我完善。同时，鼓励学生参与各类社会实践活动，促进其综合素质的提升，增强对社会需求的理解和适应能力。再者，物质设施的投入和更新同样是不容忽视的重要方面。随着科技的快速发展，教育技术的应用日益广泛，教育设施的现代化水平直接影响到教学效果。因此，区域高等职业教育机构应积极引入先进的教学设备和信息技术，创造良好的学习环境，以支持学生的全面发展。最后，政策支持与社会参与是维持教育生态系统活力的重要保障。政府应制定相关政策，保障教育经费的合理分配和使用，同时引导社会力量参与教育事业。通过建立校企合作机制，为学生提供实习和就业机会，为教育体系输入新的理念和资源，形成教育与产业的良性互动。

总之，区域高等职业教育生态系统的外部输入是一个复杂的系统工程，涉及教师、学生、设施及政策等多个维度。需要通过多方协作、资源整合和创新实践，才能实现教育资源的有效转化，培养出适应社会发展需求的高素质人才，为实现区域经济和社会的可持续发展提供强有力的支撑。

2. 内部智能的富集

区域高等职业教育生态系统的能量流动主要是通过教育生态链实现的，这些生态链中既包括横向的生态链，也包括纵向的生态链，还有纵横交错的生态链。教育生态链不仅存在着能量流的传递和转化，而且更多地表现为一种智能流的富集作用。沿着教育生态链，智能流在高等教育生态系统能量流动的过程中产生富集，在生物生产（人才培养）的过程中被学生吸收并进行知识的再生产。与自然生态系统中能量流的单向性特征不同，知识流的富集过程具有循环的特征，从薄到厚，再从厚到薄，使各级智能得到加强。知识的富集力和富集量越强，智能流动越流畅，转换率越高，学生的学习能力、应用能力、创造能力也越强。智能流的富集还体现在教育生态系统的自我更新能力上，教育生态系统正在迅速整合最新的知识与技术，持续优化其结构和功能，以适应外部环境的动态变化。这种自我更新能力是教育生态系统适应性和创新性的重要体现，也是区域高等职业教育生态系统保持竞争力和活力的关键。区域高等职业教育生态系统的能量流动和智能流的富集，是基于教育生态链的构建和优化实现的。这一过程促进了知识的传递和转化，推动了智能的积累和创新，促进教育生态系统的自我更新和可持续发展。

在教育生态链的轨迹上，这种智能流的富集不仅是知识向能力转化的重要机制，更是促进师生间互动、挑战传统教育模式和增强教育质量、壮大动能的有效途径。如同生物体细胞在交互与合作的过程中积累和转化能量，高等职业教育同样应以网络化、柔性化的生态链体系为支点，形成知识资源开放共享的良性循环。通过构建在线学习平台和知识主题共同体，教师和学生、行业专家及应聘者势必能够增强交流与协作，不断将优势互补并共同培养深厚的操作能力、认知能力与创新意识。

进一步说，这一智能流动和富集提高了教育决策的科学性与教育理念的前瞻性。在教育生态系统中，各类参与者不仅肩负着知识传递与人力资源培养的责任，更是推动教育理念变革的重要力量。通过数据分析和反馈机制，可以增强对教育过程的认知，发现并填补领域与产业发展间的空白，同时实现教育体系的彻底分解与重构。为实现更高层次的智慧流动与控制，让区域高职教育能够依据市场需求迅速调整和迁移，应周期性地更新技能任务与人才培养方案，从而确保高水平的输出与有效供给。

智能流的富集对于教师自身发展的影响同样不可小觑。每位教师作为循环生态节点，应避免自身经验和技能的不足。在这一过程中，教师应主动参与知识社区，共享最佳实践，持续深入学习关于教育方法、辅助工具与评估体系的新理念、新手段，以期捕捉社会变化与行业调整所带来的机遇与挑战。通过创建多角度实践实验室与虚拟实践区域等手段，激发学生创造实践能力以及提升教师沟通及创新技能等各方面，促进知识的创造与现实应用，这也意味着对教育资源的再供应与构建新型教育特色。

总之，区域高等职业教育生态系统是一个复杂且多变的综合体，其能量流动和内在智能的富集都将在这个系统中得到协调与提升。只有不断融合当前先进的科技理念，强化智能化协作机制，并加强知识链的构建与重塑，各类教育主体才能在微观和宏观层面构建起开放且富饶的生态网络，为未来动态的职业生涯奠定坚实的基础。这样精心营造的教育生态系统，将不局限于技术引导，还渗透着合作与创新思维，书写区域高等职业教育新的发展篇章。

3. 人才服务的输出

区域高等职业教育生态系统的输出，也可以视为区域高等职业教育生态系统的产出。区域高等职业教育生态系统的主要产出是人才，即培养出一定数量和质量的合格人才。所有被输入高等职业教育生态系统的物质能量，将在生物生产（人才培养）的过程中被吸收，然后转化成人才素质，主要体现在认知、道德和职业准备等方面。认知能力的提升是人才培养的重要目标之一。高等职业教育应注重学生批判性思维、创造性思维和解决问题能力的培养。伦理与道德素养的培养同样不可忽视。在当前社会背景下，职业道德成为了专业人才的基本要求。高等职业教育需要在课程设置中融入道德教育，培养学生的社会责任感与职业伦理，确保他们在未来的工作中能够遵循法律法规，保持良好的职业操守。职业准备的全面性也是区域高等职业教育生态系统产出的关键。高等职业院校应建立与行业企业的合作机制，通过实习、实践课程和校企合作项目，提升学生的职业适应能力和就业竞争力。

新技术、新模式、新业态的不断涌现，对我国技术技能型人才培养规格提出新的挑战和要求。除了人才产出之外，输出新知识、新技术、新工艺，转化成现实生产力，提高劳动生产率，服务区域经济和社会发展也已成为高等职业院校的主要任务。新形势下，区域高等职业教育生态系统须结合实际，提升学生的专业技能以及职业素养。

生态系统通过创新和实践导向的方法，使学生具备解决实际问题的能力。开发与行业同步发展的课程、开展短期实习以及实施工作轮换和合作制培训，增强学生取材于真实职业场景的能力，确保学生具备良好的实际操作能力及迅速适应市场的综合素质。同时，作为知识生产的源泉，区域高等职业院校还应承担社会技术革新和知识更新的职责。院校与当地企业和科研机构宜建立产学研一体化的合作关系，定期举办技术交流研讨会，通过共享资源和研究成果，促进知识的快速流动与积累，增强院校在新科技开发领域的参与感和影响力。除了培养技术技能人才外，区域高等职业教育生态系统还应在社会服务方面表现出更大的积极性。设置社会服务手段，比如实习项目的志愿考察、法律咨询、健康教育等，增加院校与社区之间的互动，通过课程走进社区，以提升综合素质，承担反哺社会的责任。

总之，外部社会系统输入的物质能量在区域高等职业教育生态系统内部进行分流、耗散和转移之后，最终以人才、知识和社会服务的形式返回社会。除了能量流动，区域高等职业教育生态系统内部还存在着一定的能量交换，比如高职院校之间、高职院校与企业之间的交流、师资的流入和流出等。在现代经济体系中，充分发挥校企合作关系尤为重要，企业是技能人才的主要需求方，而高职院校则是技能人才的供给方。二者之间的紧密联系能够有效地促进人才培养与市场需求之间的对接，从而实现教育与经济的良性互动。企业可以通过参与课程设计、提供实习机会和职业培训等方式，为高职院校输送实践经验和行业前沿信息，反过来，学校则为企业输送新鲜的人才和创新的思维模式。这种能量的双向流动不仅提升了教育的实用性，还增强了社会服务的能力。需要注意的是，区域高等职业教育生态系统是一个开放的人工系统，必须持续不断地向其输入能量，才能维持系统的正常运转和功能的正常发挥。首先，创新与改革是推动高等职业教育发展的核心动力。为了维持这个开放的人工系统的良性运转，我们需要不断注入新的教育理念、优质教学资源及实际案例。教师作为系统的主要“能量源”，其专业发展和教学能力的提升至关重要。培育教师的专业精神与创新意识，能够为学生带来更加优质和富有成效的学习体验。其次，课程设计与更新是维系该生态系统活力的重要环节。课程必须基于技能导向，以适应不断变化的社会需求和就业市场。通过深入了解市场需求，紧密结合实际，确保高等职业教育课程的时效性和有效性。此外，跨学科的课程设置也应当成为关注的焦点，以帮助学生全面发展其综合素质。强化与社会各界的合作同样是不可或缺的一环。高等职业学校需积极与行业企业建立互动关系，把商务、技术、管理等领域的动态变化引入课堂，为学生提供真实的项目和案例，从而构建实践导向的学习环境，加强学生的实务能力，让他们在探索自身职业兴趣的过程中建立自信。

区域高等职业教育生态系统的持续运转依赖于能量的持续输入，这包括教育理念的创新、课程的与时俱进、校企的深度合作。该系统通过能量输入，能适应经济社会发展的多重挑战，培养出更高素质、更符合市场需求的技术人才，为社会的可持续发展做出应有的贡献。

3.3.2　社会功能

1. 促进社会就业

就业问题不仅是涉及劳动者利益的个人问题，而且是关乎安全和稳定的社会问题。职业教育的本质属性是职业性，实现人的就业，“使无业者有业，使有业者乐业”，是职业教育的根本宗旨。职业教育不仅是知识的传递，更是与社会生产力发展深度融合的过程，它直接影响着经济的可持续发展及社会稳定。

当前，社会就业压力日益加大，社会就业问题严峻突出，大力发展高等职业教育能够促进就业、推动就业，是解决社会就业问题的有效途径。以就业为导向是高等职业教育的价值取向和生命力所在，也是一项长期的战略政策。为此，在专业设置上，高等职业教育普遍注重以市场需求为导向，坚持专业设置的多样性和动态调整，面向生产、管理、营销一线的就业需要开设专业，调节与解决区域社会结构性失业问题。在全球经济一体化和技术进步的背景下，职业教育的专业设置不应仅仅局限于传统行业，而应充分考虑新兴行业、跨行业的就业需求。因此，高等职业教育不仅需要不断拓展专业设置的广度，还要增强专业调整的灵活性，以适应市场的快速变化。在办学特色上，高等职业教育不仅让受教育者拥有某种职业能力和资格，而且关注受教育者核心竞争力的培养，在抓好理论教学的同时，特别重视实训教学，普遍采取校企合作、工学结合等方式，强化受教育者的职业素养和技能提升，夯实学生就业竞争力的基础。将学生引入真实的工作环境中进行实践，不仅能够使其掌握专业知识，更能培养适应实际工作的能力。这种工学结合的模式，不仅有助于学生提高动手能力、解决实际问题的能力，还能培养其团队协作精神和职业道德，从而增强其在职场中的适应性和竞争力。另外，高等职业教育还应重视建立职业技能认证与评价体系，使学生在毕业时能够获得社会认可的职业资格证书，进一步提升其就业吸引力。此外，高等职业教育还可以培养受教育者自营职业能力和自主创业能力，高职院校应积极为学生提供创业指导与支持，开设相关课程和培训，帮助学生树立创业意识，掌握创业所需的基本技能与知识。同时，通过搭建创业孵化平台、提供资金支持和政策咨询等，鼓励学生进行创新实践，形成良好的创业生态环境，使受教育者具备一种职业发展潜能，帮助他们寻求就业、保持就业和变更就业，进而为社会服务。高等职业教育在促进就业方面发挥着不可替代的作用。通过不断优化专业设置、强化实践教学、密切校企合作，高等职业教育正成为推动社会就业、促进经济发展的重要力量。通过加强就业导向的职业教育，提升受教育者的职业素养和综合能力，不仅能够提升学生的就业竞争力，还能促进社会经济的良性循环。在长期战略政策的推动下，高等职业教育的有效发展必将成为解决社会就业问题、促进社会稳定的重要途径。

2. 实现社会公平

公平正义是社会稳定、进步的基础和先决条件。社会公平的内涵极其丰富，涉及政治、经济、法律及教育等诸多方面。教育公平与社会公平相辅相成，二者相互影响、相互促进。社会公平以教育公平为基础，社会公平的一方面体现为教育公平，良好的教育能够消除社会不公现象，教育公平有助于促进社会公平发展；社会公平为教育公平的实现提供了条件，社会不公会影响教育资源和机会的分配，教育公平的实现有赖于社会公平，有了平等的教育资源和均等的教育机会，才能实现公平的教育。没有社会公平，也就无法实现教育公平①。而且，学生在学习过程中所获得的实际经验，能够有效提高其就业率，进而减少社会中因失业而导致的贫困现象。这种良性循环，反过来又增强了社会公平的实现基础。教育公平的目标是实现教育资源的公平分配，让人民平等共享教育改革与发展的成果，职业教育能够面向最大多数人，让他们找到适合自己学习和发展的空间②，成为促进社会公平的有效途径。作为高等教育大众化的重要组成部分，高等职业教育通过国家职业教育资助政策的广泛覆盖，让每个有职业教育意愿的贫困学生，能够顺利圆满地完成学习。同时，高职院校的教师团队也在不断努力提升教学质量，通过优化课程设置和实践教学环节，确保每一位学生都能获得应有的教育资源和支持。此外，高职院校的设立遍布地级甚至县级城市，给那些希望不离开本土就能接受高等教育的弱势群体和贫困学生提供了“在家门口上大学”的机会。据调查，近十年来，高等职业教育帮助全国两千万家庭实现了高等教育学历“零”的突破，实现了教育代际向上流动③。这一成就体现了高等职业教育在满足社会适龄青年接受高等教育的强烈需求方面所做出的巨大努力和贡献。高等职业教育最大限度地满足社会适龄青年接受高等教育的强烈需求，实实在在体现了社会主义教育的公平与公正。通过不断优化资源配置、提升教育质量以及加强实践与理论的结合，高等职业教育将能够更有效地为广大青年学子提供优质的教育服务，助力他们实现梦想，进而推动社会的整体进步与和谐发展。全社会共同努力，才能真正实现教育公平，构建一个更为公正、和谐的社会。

教育的公平性不仅是对个体权利的保障，更是对社会整体稳定与发展的重要支撑。政府、教育机构以及社会各界应共同努力，通过政策支持、资源配置与教育改革，推动教育公平的实现。同时，应重视教育公平的长远效应，形成良性的教育生态，进而推动社会公平的全面发展。只有在这样的环境下，才能确保每一个孩子都能站在公平的起点上，追求自己的理想，创造美好的未来，进而为实现全社会的和谐与进步贡献力量。

3. 实现人力资源向人力资本的转化

人力资源是指在经济上可供利用的人口数量，人力资本是指个体或群体所具备的、能够促进经济产出的知识、技能、经验和健康状况等非物质性资本的存量总合。人力

---

① 张应强．坚持以人民为中心的高等教育发展思想：新时代我国高等教育发展思想的重大转变［J］．重庆高教研究，2020，8（1）：5-13.

② 《温家宝谈教育》编辑组．温家宝谈教育［M］．北京：人民出版社，2015：84.

③ 马树超，范唯．高职教育：为区域协调发展奠定基础的十年［J］．中国高等教育，2012（18）：12-16.

资本决定经济的增长与发展，人力资本的积累是区域经济发展的源泉和永恒动力。我国高新技术广泛应用，技术水平有了很大提高；同时第三产业迅猛发展，经济结构和产业结构发生着巨大变化。新增的一些职业岗位较原岗位而言，呈现出智能结构复合性特征，因而工作要求更高、技术含量更强。新的改变和新的需求，对人力资源的供给提出了新的要求。高等职业教育作为技术型人力资本的重要供给方，以人力资本理论为依据，通过对人力资源进行深层加工与优势开发，让劳动者不断提升职业素养和业务素质，让其熟悉新工艺、新技术、新方法和新设备，把科学技术转化为现实生产力，提升人力资源在经济发展中的效益，实现人力资源向人力资本的转化，从而推动企业转型升级和区域经济的发展。该过程的核心在于将抽象的科学技术知识转化为具体的生产力，从而在经济发展中发挥其效益。高等职业教育在这一转化过程中起到了至关重要的作用。首先，高等职业教育通过课程设置、实践教学和产教融合，促使学生在校期间积累丰富的实践经验与专业技能，从而增强其就业能力。其次，课程内容的更新与教学方法的改革，使得学生能够紧跟行业发展的步伐，培养其创新意识和适应能力，这不仅为个人职业发展奠定基础，也为社会经济的发展注入了活力。此外，学校与企业之间的合作机制也显得尤为重要。通过校企合作，学校能够了解行业动态和市场需求，调整和优化专业设置，确保培养出的人才能够与社会需求相匹配。企业则通过参与教育过程，能够对未来人才的技能要求有更深刻的认知，进而促进企业的创新与发展。在实现人力资源向人力资本的转化过程中，政府政策的支持同样不可或缺。国家应加大对高等职业教育的投入，鼓励企业和社会力量参与职业教育的建设。同时，完善人力资本的评估机制，促进劳动者技能的有效认定与认证，从而增强人力资本的流动性和灵活性。

总而言之，高等职业教育不仅提升了个体的就业能力和职业发展潜力，而且通过提高劳动者的技能水平，增强了人力资源对经济增长的直接贡献。这种转化过程是实现人力资源向人力资本转变的关键，它涉及将传统的、以体力劳动为主的人力资源转变为以知识、技能和创新能力为核心的人力资本。实现人力资源向人力资本的转化是推动经济高质量发展的重要途径，高等职业教育作为这一过程的核心力量，必须不断适应经济与社会发展的新要求，全面提升人才培养质量，为实现中华民族伟大复兴的中国梦贡献智慧与力量。

4. 推动产业结构升级

产业结构升级需要科技作为保障。高等职业教育应从市场和社会的需求出发，强化技术研发，通过新技术、新工艺的运用，增强产业结构的能级，推动区域经济快速发展，形成产教融合的协同发展模式。这要求高等职业教育机构与行业企业开展深度合作，共同开发适应市场需求的课程和培训项目，实现教育内容与产业需求的精准对接。同时，产业结构转化升级需要一大批劳动者，这些劳动者应当具备较高的综合素质，劳动力素质的整体提高是区域生产力发展的重要动力。高等职业教育应注重不断更新、提升劳动者的技术素质和文化科学素质，提高劳动者适应技术变革的能力，使其成为经济建设必需的各类高素质专门人才。只有劳动力资源的整体素质提高了，才能在生产过程中端正劳动态度，提高劳动生产效率，从而促进经济的增长。高等职业教育的使命就在于培养出能够适应并推动产业升级和经济发展的高技能人才，为区域经济的持续发展提供强有力的人力资本支持。

在推动产业结构升级的过程中，高等职业教育还应关注跨学科的知识融合与创新。随着科技的快速发展，许多新兴行业和职业不断涌现，这要求职业教育不仅要传授专业知识，更要培养学生的创新能力和跨学科思维。教育机构需加强与科研机构的合作，通过共同研发、项目实践等形式，鼓励学生参与实际项目，提升其解决复杂问题的能力和创新思维。这不仅能帮助学生更好地适应未来职业的多样化需求，也能为产业升级提供源源不断的创新动力。此外，随着全球化的进程加快，市场需求和技术发展不断演变，高等职业教育还需强化国际视野的培养。通过与国际教育机构的交流与合作，借鉴先进的教育理念和实践经验，拓宽学生的国际视野，使其在全球竞争中具备更强的竞争力。在课程设置上，应引入国际认证标准和前沿技术，培养具有国际素养的高技能人才，以满足全球市场对人力资源的需求。最后，政策支持和社会认可也是推动高等职业教育与产业结构升级有效对接的重要因素。政府应通过政策引导和资金支持，鼓励高等职业教育机构与企业深度合作，搭建校企联合培养平台，推动教育链与产业链的紧密结合。同时，社会应增强对职业教育的认同，营造尊重技术、尊重劳动的良好氛围，激励更多青年选择高等职业教育，参与到产业结构升级的实践中来。

推动产业结构升级是一个系统性工程，需要高等职业教育与产业发展的深度融合。在这一过程中，教育机构应积极探索适应市场需求的课程体系，提升劳动者素质，促进科技与教育的协同发展，为区域经济的高质量发展提供强有力的人才支撑。通过不断创新和改进，充分发挥高等职业教育在推动产业结构升级和经济发展中的重要作用。

3.3.3 个人功能

高等职业教育的本质功能是以人为本，促进个人的全面发展。这一功能不仅体现在知识与技能的传授上，更深刻地反映在对学生德能并重、个体潜能和个性化发展的综合培养中。

在当今社会，知识经济的快速发展对劳动力市场提出了更高的要求，因此，高等职业教育不仅需要传授专业技能，更应关注学生的全面素质与个性发展。首先，高等职业教育应致力于培养学生的创新思维与实践能力。传统的教育模式往往侧重于知识的传授，而高等职业教育则必须注重培养学生的实际应用能力，使其能够将所学知识灵活运用到真实的工作场景中。其次，个人的德育素质同样不可忽视。在高等职业教育中，德育不仅是道德观念的灌输，更是学生人格的塑造与社会责任感的培养。教育者通过丰富的课程与活动，引导学生认识自我、关心他人、关注社会，以促进其道德素养的提升。这样的培养有助于学生在职场中建立良好的职业道德，为其未来的社会生活打下坚实的基础。此外，高等职业教育应关注个体潜能的挖掘与个性化发展。每位学生都有其独特的兴趣和发展方向，因此，教育者需尊重学生的个体差异，提供多元化的学习选择和发展路径。通过个性化的教育方案与指导，帮助学生发现自身的优势与潜能，实现自我价值的最大化。最后，随着信息技术的迅猛发展，高等职业教育还应与时俱进，融入现代科技元素，提升教学效果，激发学生的学习兴趣与创新精神。利用在线学习平台、虚拟实训等新兴方式，使学生能够在灵活的环境中自主学习，探索未知领域，实现个人的深度发展。

高等职业教育的个人功能不局限于知识与技能的传授，而是促进学生德、智、体、美、劳等多方面的发展。通过培养创新能力、道德素养，激发个体潜能及促进个性化发展，高等职业教育将为学生的终身发展奠定坚实的基础，推动其在未来的职业生涯中不断成长与进步。

1. 关注德能并重

传统职业教育常陷入"重技能、轻德育"的误区，将学生视为产业工具。而生态视角下的"德能并重"理念，强调职业道德与专业能力的共生关系。正如德国教育家凯兴斯泰纳所言："职业教育的最高目标是培养具有伦理自觉的技术公民。"

高等职业教育强调知识技能和综合素质的培养，一方面对受教育者实施职业技术和技能教育，进行专业培养，让受教育者掌握一定的基本技能和专业技术，提升他们的职业素质；另一方面，高等职业教育对受教育者实施德育、美育、体育和心理健康教育，让受教育者的思想素质和道德品质得到熏陶，塑造良好的个性品质和心理素质，使其学会在社会生活中与人沟通、合作和交往，学会正确面对和处理理想与现实之间的矛盾。高等职业教育在培养德能并重、全面发展的人，推动社会全面进步中体现了重要的社会地位。高等职业教育机构致力于构建一个综合课程体系，在专业技术课程的基础上，涵盖人文社会科学、道德伦理、艺术审美和体育健康等领域。跨学科的课程设置，让受教育者在掌握专业技能的同时，提升自身的文化素养和道德修养，从而促进受教育者全面发展。此外，德能并重的教育理念还要求高等职业院校在教学过程中注重实践与理论的结合。通过实习、社会服务、项目实践等方式，让受教育者在真实的社会环境中应用所学知识，提升解决实际问题的能力。这种实践教学不仅增强了学生的职业适应能力，更促进了他们对社会责任的认识，使他们在未来的职业生涯中，能够以更高的道德标准和职业伦理要求自己。这也对教师提出了新的要求，教师不仅仅是知识的传授者，更是学生成长过程中的引导者和支持者。他们应当关注学生的个体差异，因材施教，帮助每位学生发挥自身的潜力。在这一过程中，教师应通过情感教育、价值观引导和能力培养等方式，引导学生形成正确的世界观、人生观和价值观，使他们在德与能的双重培养中不断成长。为了更好地落实德能并重的教育理念，学校应积极与企业、社会组织及其他教育机构进行合作，建立良好的校企合作机制。通过共同制定人才培养方案、共同开发课程、组织联合实践等方式，确保教育与社会需求的紧密结合。这种协同育人机制将有效提升教育质量，确保在受教育者具备扎实的专业知识和技能的基础上，全面发展其德、智、体、美、劳等多方面综合素质，为社会培养出高素质的复合型人才。

高等职业教育在德能并重的培养目标下，强调专业技术与人文素养的协调发展，力求通过多样化的教学方式和广泛的社会合作，促进受教育者的全面素质提升。这样的教育符合新时代发展的要求，为构建和谐社会奠定了坚实的人才基础。高等职业教育通过不断探索与实践，必将在实现教育公平、提升国民素质、促进社会进步中发挥更大的作用。

2. 发展个体潜能

个体在从业生涯中，会面临从初次就业到职业发展再到岗位转换的多个过程，职业教育将伴随和影响个体的整个职业生涯。高等职业教育不仅关注了对个体一技之长、岗位适应能力的培养，使得个体能够实现顺利就业，而且还关注了个体的潜能发展，让个体具备在未来工作中的可持续发展能力和潜在后劲，从而实现自身的最大价值，成就自己的未来事业。另外，职业发展早已不再是一次性的事件，而是一个持续的过程。高等职业教育通过贯彻终身学习的教育理念，鼓励个体在学习过程中不断探索自己的兴趣和潜力，从而实现职业生涯的深度发展。现代社会的发展，加速了社会职业的分化和重组，传统职业逐渐迁移和消亡，新的职业迅速兴起。高等职业教育对学生复合型能力的培养，适应了社会发展对综合型人才的需求，同时也满足了个体进入社会之后竞岗转岗的需要，使得不同个体在面对不同的职业和岗位时能够各展所长，各得其所，实现个人与职业的最佳匹配。复合型能力的培养，不仅有助于个体在初次就业时展现出竞争力，在职业生涯的各个阶段都能够适应新的挑战和机遇，而且满足社会对综合型人才的需求。高等职业教育为个体的职业生涯提供了全面的支持，使个体能够不断更新知识结构，提升技能水平，增强应对市场变化的灵活性，从而在职业生涯中实现持续的成长和发展。其中，教育机构扮演着至关重要的角色。它们不仅是知识传授的场所，更是个体探索和发展的平台。通过提供丰富的课程、实践机会和职业指导，高等职业教育能够帮助学生建立自信，培养其解决实际问题的能力。与此同时，教育者应注重培养学生的批判性思维和创新能力，使其在不断变化的职业环境中具备应对复杂局面的能力。此外，建立良好的校企合作机制也是促进个体潜能发展的重要途径。通过与企业的密切合作，教育机构可以获得行业动态和市场需求的第一手信息，从而及时调整教学内容和方法。这种合作不仅能提高学生的就业率，还能为企业提供符合其需求的人才，实现教育与产业的双赢。

高等职业教育在个体潜能的发展中发挥着不可或缺的作用。它通过注重能力培养、提供实践机会和建立校企合作，帮助个体在职业生涯中不断成长、适应和创新。在未来的职业教育发展中，我们应继续探索和实践，以确保教育体系与时俱进，真正服务于个体的全面发展与社会的可持续发展。

3. 谋求个性发展

工业 4.0 时代，职业教育的终极目标不再是培养“标准化技术工人”，而是塑造具有独特职业身份的“技术艺术家”。如同生态系统中每个物种占据独特生态位，学生需在产业生态中找到个性化定位。高等职业教育以尊重和发展个体个性为目标，只有个体的个性得到发展，个体的创造能力和创新精神才能被激发，个体的潜能才能得到最大程度的发挥。为了实现个性发展，高等职业教育应提供多样化的课程和学习路径，以满足不同学生的兴趣和需求。

高等职业教育面对较为广泛的教育对象，遵循个体发展规律，让个体个性在应有的空间内实现自由发展。不同的个体可以根据自己的兴趣和能力，自由选择、设计和安排自己的生活和工作，甚至可以自由选择自己的专业、课程和学习方式。在选择和体验的过程中，个体浅层的动机转化成强烈的动力，满足自身生存的需要转化成自我发展和自我价值实现的需要，积极性和主动性进一步提高，从而激发他们潜意识层面的创新意识和创新素养，不仅让个体的才能得到充分施展，而且对社会的进步和发展产生促进作用。高等职业教育致力于构建一个支持个体发展的教学环境。这个环境鼓励个体探索自己的兴趣和激情，提供多样化的学习资源和灵活的学习路径，以及鼓励批判性思维和培养创造性解决问题的能力，从而提高其学习的积极性和主动性。这种自主性的学习过程不仅能够促进学习者的个人成长，还能够为其未来的职业生涯和社会参与提供支持。高等职业教育在尊重和发展个体个性方面承担着重要的使命。高等职业教育的课程设置应体现灵活性与多样性，以适应不同学习者的需求和发展潜力。课程不仅应关注基础知识的传授，更应重视实践能力的培养与个性特长的挖掘。教育者应根据学生的不同特点和兴趣，为他们提供个性化的学习计划，并引导他们在学习过程中主动思考和探索。个性化学习的核心在于激励学生自我驱动的学习兴趣。研究表明，具有高度内在动机的学习者更容易取得学业成功。高等职业教育应通过项目导向的学习方式和探究式的学习活动，激发学生对知识的渴望和对专业的热情。例如，开展以实际问题为导向的项目，可以让学生在解决实际问题的过程中，锻炼其批判性思维和创造性解决问题的能力。这种实践与理论的结合，不仅增强了学习的实用性，也为学生的个性化发展创造了广阔的空间。此外，高等职业教育还应鼓励跨学科的学习与合作。不同学科的知识交融往往能激发新的思维方式和创新理念。在这一过程中，学生通过与不同背景的同伴合作，能够拓展视野，增进对多样性的理解和包容。这种多元化的学习体验，不仅促进了个体的全面发展，也为社会的多元化与和谐发展贡献了力量。高等职业教育还需重视心理健康教育，关注学生的情感和心理需求。良好的心理素质是个性发展和创新能力提升的重要基础。通过心理辅导与支持，学生能够更好地应对学业压力，增强自信心，从而在学习和生活中更加主动和积极。

总之，谋求个性发展不仅是高等职业教育的目标，更是教育者和学习者共同的责任。通过构建支持个体发展的教育体系，实施个性化的教育策略，共同创造积极的学习环境，有利于激发学生的潜能，培养他们的创新意识，使每一位学习者在自己的发展道路上实现更大的成就。只有在尊重个体差异的基础上，才能真正推动教育的进步，实现教育的根本使命。

3.4　区域高等职业教育生态系统的运行机制

3.4.1　动力机制

动力机制是不同层级动力因素在推动事物运动发展过程中产生作用的机理和逻辑。区域高等职业教育生态系统是由诸多因素及其之间的关系构成的一个对立统一整体，这些因素都是开放的、动态的，它们的融合交织、运动变化引起系统的涨落和有序演化。涨落是指系统在发展过程中出现的波动和起伏，这些波动可能是由于外部环境的变化或内部因素的调整所引起的。有序演化则是指系统在经历了涨落后，通过自我调节和优化，逐步达到一种更加稳定和有序的状态。这种有序演化是区域高等职业教育生态系统不断进步和发展的关键。在这个过程中，动力机制起到了至关重要的作用。它不仅决定了各个因素如何相互作用，还决定了系统如何应对内外部的变化，从而保持其稳定性和可持续发展。因此，深入探究和理解动力机制，对于优化区域高等职业教育生态系统具有重要意义。

在区域高等职业教育发展过程中，存在政府企业、教育机构、个人、社会公众等众多利益相关者，这些利益相关者从不同的层面为区域高等职业教育发展提供了不同的动力机制，决定着区域高等职业教育生态系统的可持续发展。依据对区域高等职业教育发展规律研究的一般思路，区域高等职业教育生态系统的动力机制可以分为外在动力机制和内在动力机制两个方面。

外在动力机制是区域高等职业教育发展最主要的外部推动力量，主要包括企业的需求、政府的推动和社会的拉动。其一，政府对区域高等职业教育的推动主要包括做好顶层设计规划、制定法律法规、颁布政策文件、制定配套制度、保障资金投入、整合各类资源、搭建沟通桥梁、促进社会各界共同参与区域高等职业教育的发展，不断引导区域高等职业教育向更好的方向发展。其二，区域高等职业教育的生命力在于面向市场需求，为企业的发展提供人力资源。企业以校企合作的形式参与到区域高等职业教育的发展中，不仅为高等职业教育的毕业生提供就业机会，而且依据自己所需的人才标准参与到高职院校的专业设置、课程配置、订单培养与实训基地建设之中，甚至通过企业自主办学培养模式来满足市场对人才的需求①。其三，行业协会、科研机构、社会投资者、媒体等是推动区域高等职业教育发展的重要力量。多元主体的参与不仅能够保证区域高等职业教育更加适配市场的需求，而且还有助于改善办学主体单一和经费投入不足等现状，推动区域高等职业教育多样化发展。为强化区域高等职业教育的外在动力机制，政府充分发挥在政策引导与资金支持方面的作用，鼓励企业与

① 丁红，刘廷，曹鸿骅. 变革时代我国职业教育发展的动力机制探析［J］. 教育与职业，2018（22）：28-34.

教育机构之间的深度合作，形成多元化的资金投入机制。这既能有效缓解高等职业院校的资金压力，也能促进各方利益的协调与共赢。此外，行业协会、科研机构等应加大对高等职业教育的支持力度，形成多方协同发展的局面，推动区域高等职业教育的创新与改革。

外因往往通过内因起作用，内在动力机制是区域高等职业教育发展过程的最为根本、最为关键的推动力。内在动力机制主要体现为区域高等职业教育教育目的的实现，人才培养质量和服务区域经济社会发展能力的提升。这就需要高等职业院校加强自身发展的内生动力，主动对接经济产业转型升级需要，明确办学思路、更新办学理念，及时准确地调整自己的发展方向。有效的内部管理与创新机制能够提升教育的适应性和灵活性，从而更好地应对外部环境的变化。在这一过程中，教师的专业素养与教学能力、学生的学习动机与职业发展意识，都是影响教育质量和效果的关键因素。区域高等职业教育应加强师资队伍建设，优化专业结构，健全课程体系，营造校园文化，服务学生成长，从而更好地服务于区域产业的发展，服务于行业的发展，成为区域产业发展和行业进步的推动者。

区域高等职业教育需从多维度深化内在动力机制。一方面，高等职业院校应聚焦于教育内容与方式的创新，通过引入项目导向学习和实践基地的建设，增强学生的实际操作能力与创新思维，提高学生的就业竞争力，为企业提供符合市场需求的高素质人才。另一方面，院校应加强师资队伍的建设与培训，确保教师不仅具备扎实的专业知识，更应具备良好的教学能力与行业实践经验，使教师能够更有效地引导学生与行业接轨，促进教育与实践的良性互动。

此外，区域高等职业教育应进一步加强与地方经济的结合，形成教育与产业的紧密联系。通过建立企业实习、合作办学等模式，增强学生的实践体验，提升教育的针对性和实效性。同时，高校应主动参与地方经济发展规划，识别产业需求，适时调整专业设置和课程内容，以实现教育资源的高效配置与利用。这样的动态调整有助于培养符合地方经济发展需求的人才，能为区域经济的发展提供智力支持。高等职业院校加强内在动力机制，不仅能够提升自身的教育质量，还能够更好地服务于区域产业的发展和行业的进步，为区域经济社会发展做出积极贡献。

区域高等职业教育生态系统的动力机制是一个复杂而动态的过程，涉及多方利益相关者的共同作用与互动。理解和把握这一机制，不仅有助于揭示区域高等职业教育发展的内在规律，也为政策制定者和教育实践者提供了重要的参考与借鉴。结合外在与内在动力机制，区域高等职业教育生态系统的可持续发展要求在政策与实践中实现二者的良性互动。只有当外部环境能够有效支持内部机制的创新，区域高等职业教育才能在多变的社会经济背景下保持活力。为了实现这一目标，教育机构应积极与政府、企业及社会公众进行沟通与合作，共同构建以需求为导向的人才培养体系，从而提高教育的服务能力和社会价值。

3.4.2 信息流动与反馈机制

信息是区域高等职业教育生态系统内外各要素相互作用的一条纽带，区域高等职业教育生态系统内外各要素在相互联系的过程中，明显存在一条信息流，它是系统各要素相互作用的纽带。区域教育系统获取反馈信息，优化自身结构与功能的重要手段在区域政府、社会大众、高等职业院校、企业等用人单位的决策方面扮演着极为重要的角色。市场经济条件下，区域高等职业教育活动中的各参与者主要依靠完善的信息流动机制来了解供需信息，当信息流动与反馈机制不健全时，区域高等职业教育的可持续发展就会受到影响，信息传递机制是区域高等职业教育生态系统健康发展的一个重要机制。如果把区域高等职业教育生态系统比作是一艘航母的话，区域政府就是“方向盘”，高等职业院校就是“主心轴”，而企业则是“检测器”，这三大环节相互联系相互依存，其中某一环节出了问题，整个航母就会破败消亡。高等职业院校作为“主心轴”，其教育质量和课程设置直接影响毕业生的就业能力。院校应当积极与用人单位合作，开展人才需求调查，及时掌握行业动态和岗位需求。在课程改革中，应充分吸纳企业的意见与建议，确保培养的学生具备符合市场需求的技能和素质。这样，院校在提升自身的教学质量的同时，也能够增强毕业生的市场竞争力。企业作为“检测器”，在信息流中扮演着至关重要的角色。企业通过对毕业生的评估，提供了对教育质量的直观反馈，为院校后续的课程调整提供了依据。用人单位应建立与高等职业院校的长期合作关系，通过实习、培训等多种形式，参与到人才培养的各个环节，促进教育与实际工作的无缝对接。区域政府发挥“方向盘”作用，在进行宏观调控的过程中，需要不断从高等职业院校和企业获取相关信息，高等职业院校将毕业生推向市场，作为主要接收者的用人企业对毕业生进行质量检测，并将检测结果反馈给区域政府和高等职业院校，高等职业院校根据企业的反馈信息调整自己的人才培养模式，提高人才培养水平①。这种反馈机制可以帮助政府了解市场对职业教育的实际需求，从而优化政策导向，促进教育与经济发展的协同。通过建立常态化的信息交流平台，政府可以有效地收集和分析各类数据，以确保决策的科学性和前瞻性。

信息的流动和反馈，是政府、企业与学校等各个关联方增进彼此了解、制定相关政策、采取有效行动的途径和依据，是向整体利益最大化方向发展的重要保障。要强化信息交流意识，建立信息收集和反馈制度，健全有效的多元化的沟通渠道，形成政府、高等职业院校与企业间多向的信息沟通机制。一方面，区域政府和企业可以将一些政策、通告、需求、建议等输入给高等职业院校，高职院校可以根据输入的信息有针对性地进行变革和调整；另一方面，高职院校通过对人才培养方式和专业课程改革等进行信息输出，来回应区域政府对高等职业院校的指导管理以及企业对劳动力的现

---

① 马宽斌. 高等职业教育质量保障体系中政府、企业与学校的角色定位探析 [J]. 教育理论与实践，2011，31 (3)：24-26.

实需求。信息流动是双向的，以确保所有利益相关者都能参与到决策过程中，确保信息流动和反馈机制的有效性。

信息流动与反馈机制的有效建立与完善，是促进区域高等职业教育生态系统良性运作的基础性工作。在这一过程中，信息不仅是各参与者之间相互联系的重要纽带，也是决策与政策调整的核心依据。因此，搭建一个完善的信息流动机制、建立有效的反馈渠道，将是实现区域高等职业教育与经济社会协调发展的重要途径。首先，搭建区域信息平台至关重要。应建立一个统一的区域职业教育信息平台，实现政府、企业、高等职业院校之间的信息共享与互动。此平台可作为信息交流的中枢，及时发布政策、市场需求、院校信息、毕业生就业情况等，确保所有参与者都能获取最新的信息。此平台提高了信息传递的效率，增强了各方的信任感，为政策制定和执行提供客观依据。其次，建立多元化的沟通机制也是信息流动与反馈的重要环节。区域政府、高等职业院校和企业应定期召开交流会议，分享各自的需求、意见与建议。这种面对面的沟通有利于加深彼此的理解，促进信息的深入交流和问题的及时解决。例如，企业在用人过程中遇到的具体问题，可以通过这种机制直接反馈给高校，以便高校能够及时调整人才培养方案。另外，实施信息反馈制度是提高信息流动效果的关键。高等职业院校应定期向政府和企业反馈教育成果、学生就业情况及课程设置的调整情况，使得政府和企业能够及时调整政策和需求。同时，建立完善的信息反馈渠道，确保反馈信息的及时性和有效性。这一制度不仅能促进高校与用人单位之间的互动，还能促使区域政府在政策制定中更具针对性与科学性。最后，注重信息的质量与安全性。在信息流动过程中，确保信息的真实性和有效性至关重要。各参与者应加强信息审核机制，避免虚假信息的传播。此外，保障信息安全与个人隐私也应成为信息流动机制设计的重要内容，以增强各方参与信息交流的信心。

信息流动与反馈机制确保着区域高等职业教育生态系统稳定运行。通过建立统一的信息平台、完善多元化的沟通机制、实施信息反馈制度以及注重信息质量与安全性，可以有效推动区域高等职业教育的可持续发展，促进各方利益的最大化，实现教育、经济与社会的协调发展。随着信息技术的不断更新与迭代，区域高等职业教育的信息流动机制将更加高效，助力构建良好的教育生态系统。

3.4.3　培养机制

区域高等职业教育系统的培养机制是高职院校与政府、用人企业等参与者，在人才培养方面的相互制约和有机联系，是建立在高等职业教育与经济发展、市场需求相适应基础上，以政府领导、学校主导、行业协会指导和企业参与为主要特征的一体化人才培养机制。政府作为领航者，发挥着不可或缺的政策导向与宏观调控作用。它不仅通过制定一系列政策与法规，为职业教育的发展勾勒出清晰的蓝图，还利用财政补贴、税收优惠等激励措施，激发高职院校、企业及行业协会的参与热情。同时，政府建立起一套完善的监管与评估体系，确保人才培养活动始终沿着正确的方向前进，质量得到严格把控。另外，政府还需要协调高等职业院校与行业协会及企业之间的利益冲突。高职院校在这一机制中扮演着核心角色，它们依据政府政策导向与市场需求，灵活调整专业设置，精心开发既符合行业标准又贴近企业实际的课程体系。学校注重师资队伍建设，引进具有丰富行业经验的教师，提升教学团队的实践指导能力。此外，高职院校还积极与企业合作，共建实训基地，让学生在模拟或真实的工作环境中锻炼技能，增强职业素养。行业协会在这一人才培养机制中发挥着至关重要的指导作用。行业协会参与高等职业院校人才培养过程，指导高职院校根据行业动态，调整人才培养方案，制定规范标准。通过与行业协会、企业及相关机构的紧密联系，学校可以获取第一手的行业信息，进而分析市场对人才的具体需求。这种信息的共享有助于高职院校在课程设置、实习安排及师资培训等方面做出及时调整，以提高教育质量和学生的就业竞争力。同时，行业协会积极参与到高职院校的教学质量评估中，确保所培养的人才能够真正满足行业发展的需求。企业则是这一机制中的实践者与受益者。它们不仅为学生提供宝贵的实习实训机会，让学生在实践中深化理论知识，提升实操能力，还通过技术支持与经费支持，与高职院校共同开展科研项目和技术创新，推动产学研深度融合。更重要的是，企业深度参与到人才培养方案的制定中，将企业文化和行业标准融入教学内容，确保学生毕业后能够迅速适应职场环境，成为企业所需的高素质技能型人才。

尽管近年来我国区域高等职业教育系统取得了显著成就，但仍面临诸多挑战。在政策层面，尽管政府出台了一系列支持政策，但在实际执行中，由于区域经济发展水平差异、教育资源分布不均等因素，政策效果参差不齐。

在产教融合方面，党中央高度重视和关注高等职业教育的发展，多次强调和明确要深化产教融合、校企合作，创新工学结合，探索校企协同育人的培养模式。然而由于体制和机制的障碍，高等职业院校与企业的合作并没有预期中顺利，校企合作中普遍存在“学校热、企业冷”的现象①，校企深度合作的难度依然很大，其主要原因为：第一，政策引导与激励不足。政府在高等职业教育法律法规制定方面存在着明显的不足，校企合作中涉及的一些利益分配无法得到规范和解决；同时，激励政策的缺乏导致行业企业动力不足，行业企业在高职办学中应有的作用得不到有效发挥。第二，校企合作机制不健全。校企合作是产教融合的重要形式之一。然而，在实际操作中，校企合作机制往往不健全，导致合作层次浅、效果不明显。一方面，高职院校在与企业合作时往往缺乏主动权与话语权，难以根据实际需求调整专业设置与课程体系。另一方面，企业在参与校企合作时往往缺乏长期规划与战略眼光，更注重短期利益与眼前效益，导致合作难以持续深入。此外，校企合作中还存在利益分配不明确、知识产权归属不清等问题，进一步加剧了合作的难度与复杂性。第三，高职院校的服务贡献能

① 苏志刚．治理共同体：类型教育背景下高职教育治理结构的创新探索［J］．中国职业技术教育，2020（7）：61-65.

力有限。企业利用高等职业院校的科技力量和平台提高其生产力进而收获更高经济利益的想法无法得到实现，企业“无利可图”，也在一定程度上影响了企业参与高等职业教育的积极性①。第四，人才培养与市场需求脱节。产教融合的核心在于人才培养与市场需求的紧密对接。然而，在实际操作中，人才培养与市场需求往往脱节。一方面，高职院校在人才培养过程中往往过于注重理论知识与学科体系的完整性，忽视了实践技能与职业素养的培养。另一方面，企业在招聘过程中往往更注重应聘者的实践经验与工作能力，而忽视了其理论知识与综合素质的考察。这种脱节导致高职院校培养的人才难以满足企业的实际需求，而企业也难以找到符合自身需求的高素质技能型人才。第五，教学资源与产业资源不匹配。产教融合需要实现教育资源与产业资源的有机整合。然而，在实际操作中，教学资源与产业资源往往不匹配。一方面，高职院校在教学资源方面往往缺乏先进的实验设备与实训基地，难以满足学生实践技能培养的需求。另一方面，企业在产业资源方面往往拥有丰富的实践平台与市场需求信息，但缺乏与高职院校的深度合作与资源共享机制。这种不匹配导致教育资源与产业资源无法充分发挥其应有价值，制约了产教融合的发展进程。

在人才培养方面，部分高职院校在专业设置、课程设计上仍滞后于市场变化，导致人才培养与市场需求之间存在较大差距。此外，教学质量评估体系不完善、师资队伍结构与能力提升需求迫切等问题也亟待解决。

针对这些挑战，我们需要采取一系列策略来优化区域高等职业教育系统的培养机制。首先，要强化政策引导与执行力度。政府应细化政策设计，结合区域经济发展特点与行业发展趋势，制定更具针对性、可操作性的政策措施。同时，加大财政投入，特别是对贫困地区和薄弱环节的投入，缩小教育资源分配差距。此外，建立政策执行监督机制，定期对政策执行情况进行评估与反馈，确保政策得到有效落实。

其次，要深化产教融合与校企合作。一是强化政策引导与支持力度。政府在产教融合中应发挥主导作用，强化政策引导与支持力度。政府应制定针对产教融合的具体政策与规划，明确产教融合的目标、任务与措施。同时，政府应加大对产教融合的投入力度，提供财政补贴、税收优惠等支持措施，激发企业与高职院校参与产教融合的积极性。此外，政府还应建立产教融合的监督与评估机制，定期对产教融合的实施情况进行评估与反馈，确保政策得到有效落实。二是构建多元化的校企合作模式。校企合作是产教融合的重要形式之一。为了深化校企合作机制，我们需要构建多元化的校企合作模式。一方面，高职院校可以与企业共同开展联合培养、工学交替、订单式培养等多种形式的合作，拓宽产教融合的路径与渠道。另一方面，高职院校可以与企业共建实训基地、研发中心等机构，实现资源共享与优势互补。此外，高职院校还可以与企业开展产学研用一体化合作，推动技术创新与产业升级。通过这些多元化的合作模式，我们可以深化校企合作机制，提升产教融合的效果与价值。三是优化人才培养

---

① 童卫军，范怡瑜. 行业企业参与职业教育运行模式研究 [J]. 教育发展研究，2012，32（11）：25-28.

与市场对接机制。产教融合的核心在于人才培养与市场需求的紧密对接。为了优化人才培养与市场对接机制，我们需要采取一系列措施。高职院校应根据市场需求与行业趋势调整专业设置与课程体系，确保人才培养的针对性与实用性。同时，高职院校应加强与企业的沟通与协作，共同制定人才培养方案与教学计划。此外，高职院校还可以建立人才培养质量监控体系，对人才培养过程进行全面监控与评估，确保人才培养质量始终符合市场需求。通过这些措施的实施，我们可以优化人才培养与市场对接机制，提升人才培养的质量与效率。四是促进教学资源与产业资源的高效整合。产教融合需要实现教育资源与产业资源的有机整合。为了促进教学资源与产业资源的高效整合，我们需要采取一系列措施。一方面，高职院校应加强与企业的沟通与协作，共同建设实训基地、研发中心等机构，实现资源共享与优势互补。另一方面，高职院校可以积极引进企业的先进设备与技术成果，提升教学资源的水平与质量。此外，高职院校还可以与企业开展产学研用一体化合作，推动技术创新与产业升级。通过这些措施的实施，可以促进教学资源与产业资源的高效整合，提升产教融合的效果与价值。

同时，我们要提升人才培养质量与市场适应性。优化专业设置与课程体系，根据市场需求与产业发展趋势，动态调整专业设置，优化课程体系，增强人才培养的针对性与实用性。强化实践教学环节，加大实践教学比重，建设高水平实训基地，提升学生实践能力和创新能力。建立人才培养质量监控体系，涵盖教学、实训、就业等各环节，确保人才培养质量始终符合市场需求。

此外，完善教学质量评估与反馈机制也至关重要。制定科学合理的教学质量评估标准，确保评估结果的客观性与公正性。增强评估透明度，公开评估过程与结果，接受社会监督，提升评估的公信力。强化评估结果应用，将评估结果作为改进教学、调整专业设置、优化资源配置的重要依据。

在师资队伍建设方面，我们需要加强培训与能力提升。优化师资队伍结构，引进高水平教师，提升整体教学水平。加强教师培训与发展，定期开展教师培训与交流活动，提升教师专业技能与创新能力。建立教师激励机制，激发教师的工作热情与创造力。

除了上述策略外，我们还可以探索一些创新路径来推动区域高等职业教育系统的发展。例如，推动教育信息化与智能化发展，利用大数据、云计算、人工智能等现代信息技术，构建智慧教育平台，实现教育资源的优化配置与高效利用。加强国际交流与合作，引进国外先进教育理念与教学资源，提升高等职业教育的国际化水平。构建终身学习体系，适应经济社会发展对人才持续学习的需求，为不同年龄段、不同背景的学习者提供多样化的学习机会与资源。强化人文关怀与素质教育，在注重专业技能培养的同时，加强人文素质教育，提升学生的综合素质与社会责任感。

总之，区域高等职业教育系统的培养机制是连接教育与产业、促进区域经济社会发展的重要纽带。面对新的发展机遇与挑战，我们必须不断深化产教融合、加强校企合作、优化人才培养质量、完善教学质量评估体系、加强师资队伍建设与能力提升。

同时，推动教育信息化、国际化发展，构建终身学习体系，强化人文关怀与素质教育。通过这些策略的实施，我们可以有效解决当前存在的问题与挑战，推动区域高等职业教育系统的创新与完善。未来，随着全球产业结构的不断调整与升级，对高技能人才的需求将更加迫切。因此，我们需要紧跟时代步伐，不断创新人才培养模式与机制，为区域经济社会的可持续发展提供强有力的人才支撑与智力支持。

3.4.4　调控机制

区域高等职业教育生态系统是一个复合生态系统，具有自然调控和人工调控两种机制。一方面，区域高等职业教育生态系统和自然生态系统一样，在与环境的适应过程中，可以总结出一些有利于系统趋向稳定的方式规律，维持自身的生存和发展。也就是说，高等职业教育系统能够遵循自身的发展规律，明确发展定位，主动适应社会需求，来维持自身的稳定和发展。另一方面，作为一个人工生态系统，区域高等职业教育生态系统能够在人的合理安排与调控下，进一步优化结构并强化功能，使系统的稳定性得到大大增强。区域高等职业教育生态系统的稳定与发展，需要在自然与人工调控机制的有效互动下，明确角色定位、促进内部协同、提升可持续发展能力。这不仅是高职教育自身发展的内在要求，也是推动区域经济社会发展的重要保障。

自然调控机制体现在高等职业教育生态系统对外部环境的自我适应与调整。在此过程中，高等职业院校必须根据社会、经济、技术等多方面的变化，及时调整自身的教育目标、课程设置和人才培养模式。例如，随着新技术的不断涌现，高等职业院校应当积极引入现代信息技术，更新课程内容，以培养学生适应未来职业发展的能力。这种自我调整的过程不仅体现了高等职业教育对社会需求的敏感性，也展现了其在生态系统中持续发展的潜力。

此外，自然调控机制还涉及区域高等职业教育的反馈机制。通过对学生就业率、用人单位满意度及行业发展趋势的持续监测，高等职业院校能够获取关于自身教育质量与市场需求匹配程度的实时信息。这些反馈信息将有助于院校及时发现自身在教学与管理方面的不足，从而进行必要的调整与改进，以增强其在市场中的竞争力和适应性。

区域高等职业教育生态系统的人工调控机制主要有市场调控机制和政府宏观调控机制，反映政府、市场和区域高等职业教育机构之间的内在联系，这对于实现资源的优化配置、提高系统的生产力、满足人类日益增长的需要，具有十分重要的作用。政府应明确其在宏观调控中的角色，主要负责教育政策的制定、教育公平的保障、教育质量的监管以及对市场失灵的纠正。市场在资源配置中起决定性作用，市场调控则应侧重于通过供求关系、价格机制等市场信号实现教育资源的有效配置。政府在必要时介入，以补充市场调控的不足，如通过采购教育服务来调节教育资源的分配。政府应避免过度干预，同时在市场失灵的领域，如教育公平、区域均衡发展等方面发挥积极作用。

区域高等职业教育办学面向两大市场，即劳动力市场和生源市场。这两大市场分别反映了社会和个人对高等职业教育的需求，其中，劳动力市场反映的是社会对高等职业教育人才的需求，生源市场反映的是个体接受高等职业教育的需求。劳动力市场和生源市场的供需适配，是区域高等职业教育生态系统维持平衡稳定的动力和源泉。从根本上说，区域高等职业教育要实现更好更快的发展，需要形成市场机制引领专业建设和人才培养模式，需要主动对接区域经济转型和产业结构调整升级需求，根据劳动力市场对不同类型层次、不同规格人才的要求调整专业设置和人才培养模式，达到招生、培养、就业三个环节的有效联动的新格局。为了实现招生、培养和就业三者之间的有效联动，区域高等职业教育还应加强与行业企业的深度合作，建立多元化的就业渠道。通过定向培养、订单式教育等形式，确保毕业生能够在毕业后快速适应工作岗位，减轻企业的用人压力，从而实现经济与教育的双赢。此外，市场经济必然存在竞争，恶性竞争的方式和手段往往是不正当的，对于市场规则来说，其结果一般是带有破坏性的；良性竞争可以促进事业的发展，对于区域高等职业教育生态系统来说，良性竞争最终会转化为系统的协同进化，因而良性竞争是我们极力倡导的市场调节手段。良性竞争在区域高等职业教育生态系统中应被视为一种重要的发展动力。教育机构之间应开展合理的竞争，促进资源的有效配置和人才的合理流动。通过设立学术交流平台、举办职业技能大赛等方式，推动各院校之间的良性互动，提升整体教育质量。区域高等职业教育的发展应在深刻理解市场需求的基础上，构建一个协同发展的生态系统，以应对复杂多变的经济环境，培养出高素质、适应性强的职业人才，为区域经济的持续发展提供有力支撑。

除了市场调控外，区域高等职业教育生态系统的稳定发展还需要政府调控。政府调控主要是利用行政权力，对区域高等职业教育发展中的一些重大问题进行协调控制的行为。一方面，有些问题是市场不能解决或解决不好的，如区域范围内高等职业教育应如何规划、以什么样的规模和速度发展，才能为区域经济发展和产业转型升级提供强有力的人才支持？这些必须依靠政府的宏观调控。另一方面，政府通过出台适当的教育政策和教育法规等，对高等职业教育进行监管和调控，指导高等职业教育健康快速发展。再者，政府还能构建高等职业教育的评价监督机制，结合用人单位评价和社会声誉评价，对高等职业院校的办学质量和社会效益进行考核，并适时向社会公布当地高等职业院校的招生、办学和就业等情况，加强社会舆论监督。同时构建奖惩制度，有奖有惩，对责任主体实行有效激励和约束。比如，设立优秀职业院校奖项，鼓励那些在办学质量、学生就业等方面表现突出的院校；对于表现不佳的院校，则通过减拨资金、限期整改等措施，促使其尽快改善。此外，建立健全的职业教育成果展示机制，让社会了解高等职业教育在地方经济发展和产业结构优化中的贡献，进一步增强各方对高等职业教育的信任和支持。整个高等职业教育生态系统有压力和动力，从而促进系统的稳定和健康发展。在这样的体系下，政府、院校、企业及社会各界共同参与，共同推动区域高等职业教育的可持续发展，形成多元化的教育合作模式，为区域经济的创新与转型提供持续的人才保障。只有在政府的有效调控和各方共同努力下，区域高等职业教育才能在复杂多变的社会经济环境中找到稳定的发展路径，真正实现其为经济与社会发展服务的使命。

区域高等职业教育生态系统的调控机制既包括自然调控机制的自我适应与反馈，也包括人工调控机制的政策引导与资源配置。只有将这两种调控机制有机结合，区域高等职业教育才能在不断变化的环境中保持稳定与发展。高等职业院校应加强对自然调控规律的研究，灵活运用人工调控手段，以适应社会经济的发展需求，促进区域高等职业教育的可持续发展。通过有效的调控机制，区域高等职业教育将为社会培养出更多符合市场需求的高素质人才，为区域经济的发展注入新的动力。

3.5　高等职业教育生态系统的演替

生态系统的演替就是指随着时间的推演，一种类型的生态系统被另一种生态系统取代的过程①。生态系统具有动态性，因此生态系统会有发生、形成和发展的过程，会随着时间的延续一直处于不断的发展、变化和演替之中。高等职业教育生态系统和自然生态系统一样，会从幼年期到成熟期，在结构和功能方面不断发生改变，经历从不完善到完善、不成熟到成熟的发育过程。高等职业教育生态系统的进一步发展并非孤立存在，而是在更广泛的经济、社会及教育结合的大背景下进行的。随着时间的推移，我国的高等职业教育生态系统经历了深刻的变革，从而不断适应并回应社会需求的变化以及科学技术的进步。回顾我国高等职业教育生态系统的演替，其主要经过了萌芽状态的高等职业教育生态系统、雏形状态的高等职业教育生态系统、曲折发展状态的高等职业教育生态系统以及日趋成熟的高等职业教育生态系统四个阶段。

3.5.1　萌芽状态的高等职业教育生态系统

教育生态系统的发展、变化和演替，是系统内部因素在外部因素变化的情况下，不断进行调整的结果。在古代，原始社会时期的社会分工形成了不同的职业，进而形成了较早意义上的职业性教育。这种职业性教育，可视作我国高等职业教育发展的萌芽状态。这个阶段，职业教育的实施的方式多种多样，如夏商周时期的为奴隶主培养接班人的“大学”教育，春秋战国时期的技艺家传、私学教育，秦汉魏晋南北朝时期的设官教民，隋唐时期的职业性专门学校，宋元明清时期的科技研讨与交流传播，这一系列的教育实践活动，培养了一大批政治、军事、管理和具有各类技艺的专门人才，促进了各种专门知识和技能技艺的延续、发展与传播，大大提升了古代社会的生产力水平，加快了古代社会政治经济的发展。这是职业教育早期形式的体现，这些教育形

① 蔡晓明. 生态系统生态学［M］. 北京：科学出版社，2001：297.

式虽不完全等同于现代意义上的高等职业教育，但早期社会对技能传授和职业培训的重视，奠定了后世职业教育的基础。教育的目标主要是为社会培养所需的各类专业人才，促进经济发展和社会稳定。

在夏商周时期，社会逐渐形成了分工，经济活动日趋复杂，职业的多样性开始显现。这一时期，教育的主要功能在于传承技艺与知识，主要通过家族传承和师徒制度实现。比如，工匠、农民和商人等职业的技能通过实践和口耳相传的方式得以延续。从而出现了师徒制，师徒制是这一时期职业教育的重要形式。师傅传授技艺，徒弟通过长期的实习和实践，逐渐掌握专业技能。这种教育方式不仅传递了具体的职业技能，也加强了职业道德和责任感的培养。

秦汉魏晋南北朝时期，建立从中央到地方的职业教育管理体系，汉代设少府，下属各作坊实行“物勒工名”责任制，工匠需通过严格培训。同时，出现早期专科教育形态，如东汉灵帝设鸿都门学，首开书画艺术专科教育；魏晋设律学、算学等专门学校。同时，这个阶段农业职业教育体系初步形成，如贾思勰《齐民要术》系统总结农业技术，成为职业培训教材。

隋唐时期，随着社会经济的繁荣，职业教育开始逐步得到重视。特别是在唐代，国家设立了许多与职业技能相关的机构，如“官学”，并在各地设立了“国子监”及其附属学校，进行较为系统的职业教育。职业教育不断机构化，职业教育逐渐由家庭和师徒传承向社会化、制度化发展，学校成为教育的主要场所。通过设置不同类型的课程，职业教育的内容不断丰富，涉及农业、手工业和商业等多个领域。唐代政府大力倡导技术创新，对工艺技术的革新持开放态度，积极鼓励工匠们探索新技术和新工艺，从而促进了职业技能水平的提升。

进入宋元明清时期，职业教育的发展进入了一个新的阶段。社会经济的进一步发展促进了职业教育的普及与深化，尤其是在城市化进程加快的背景下，手工业和商业兴起，催生了对职业技能人才的迫切需求。宋代开始出现专门的职业学校，如“书院”，这些学校不仅教授传统的文化知识，也关注实际的职业技能培训，形成了较为系统的职业教育体系。随着市场经济的发展，商人阶层逐渐崛起，社会对商贸人才的需求增加，职业教育开始向商学、工艺学等领域扩展，课程内容愈加多样化。在这一时期，职业教育逐渐与社会经济结合紧密，很多地方开始设立工坊、商会，组织相关职业的技能培训，提升行业整体素质。

在古代职业教育的发展中，萌芽状态的高等职业教育生态系统主要表现以下特征：一是教育内容的初步多样化。尽管职业教育尚未形成完整的课程体系，但随着经济的多样化和分工的细化，各类职业技能的培训逐渐丰富；二是学习方式的非正式化。以家族传承和师徒制为主的学习方式，使得职业教育的普及程度和影响力相对有限，难以形成较为系统的教育体系；三是社会需求驱动。古代职业教育的发展高度依赖社会经济的需求，经济的发展直接影响了职业教育的内容和形式。

总的来说，萌芽状态的高等职业教育生态系统在古代职业教育的发展中初见端倪，通过师徒传承和家庭教育等形式，为社会培养了大量技术人才。这一阶段的教育虽然不够完善，但为后续高等职业教育的发展奠定了基础。随着历史的推进，职业教育的制度化和专业化逐步成为必然趋势。

3.5.2　雏形状态的高等职业教育生态系统

随着资本主义经济的萌发、西方文化科技的传入，我国具有近代意义的高等职业教育逐渐产生。专科教育成为这一阶段我国高等教育近代化的主力，对后来我国高等教育的发展产生重要影响。

19 世纪 60 年代，清政府为应对列强冲击，启动洋务运动，兴办近代工业，催生了对技术人才的需求。洋务派提倡“师夷长技以制夷”，旨在通过引进西方的科学技术与教育理念，培养外交、军事和实业等方面的人才，以应对国家的现实需求。1862 年京师同文馆成立，侧重语言与军事技术；1866 年福州船政学堂开设造船、航海专业，标志实业教育起步。洋务派兴办了包括京师同文馆、福建船政学堂等在内的三十多所洋务学堂，培养洋务人才。这些学校强调科学和技术的教学，通过引进西方的教育模式，尝试结合中国的传统文化，以培养适应时代发展的人才。洋务学堂的课程设置开始注重实用性，开设了航海、机械、化学等与经济和国防密切相关的科目。教学方法上，采用了更加灵活和实践导向的方式，这些变化为后续高等职业教育的发展奠定了初步基础。这一时期的洋务学堂被视为我国高等职业教育发展的雏形。真正近代意义的高等职业教育的形成，是在 20 世纪初《壬寅学制》《癸卯学制》颁布之后，将实业教育纳入学制，设初等、中等、高等三级实业学堂。高等实业学堂（3—4 年制）招收中学毕业生，开设农、工、商、商船四科，定位为高等教育层次。癸卯学制是中国近代第一个正式实施的学制，它将具有高等职业教育性质的高等实业学堂和师范馆等学堂列入其中，体现了“中学为体，西学为用”的教育思想，也意味着要构建一种更加开放和实用的教育体制。这一学制的实施，不仅为后来中国高等教育的发展奠定了基础，而且对教育内容和教学方法的现代化产生了深远影响，标志着我国高等专科教育进入一个新的发展时期。

1912 年“壬子·癸丑学制”改实业学堂为实业学校，分甲种（中等）、乙种（初等），但高等职业教育并未明确。1917 年，黄炎培等人创立中华职业教育社，提出“使无业者有业，有业者乐业”的宗旨，倡导职业教育与职业需求紧密结合。出版《教育与职业》杂志，创办中华职业学校，反对传统教育“重理论轻实践”，践行“手脑并用”“做学合一”理念。1922 年“壬戌学制”效仿美国“六三三”学制，将高等职业教育定位于“专门学校”（专科层次），学制 3 年以上，涵盖农、工、商等科，课程强调实用性，成为高等职业教育主体。1932 年《职业学校法》的颁布，明确了职业学校分类，鼓励增设高级职业学校，纳入高等教育体系。1934 年《职业学校课程标准》的颁布，强化了理论与实践课时比例（1∶1），规定农科需学习土壤学、作物栽培，工科需掌握机械制图、车间操作，实习占比不低于 50%。

雏形状态的高等职业教育生态系统起源于对西方技术的反思与借鉴，经历了洋务派知识传承的初期展望，以及20世纪初理论与实践结合的创新体制设定。这一时期高等职业教育生态系统呈现出的主要特征以及局限主要表现为：一是从“中体西用”到“职业救国”的教育理念转型。洋务运动时期职业教育局限于军事、工业技术，强调“器物学习”；民国时期黄炎培提出“职业救国”，将职业教育与国家存亡挂钩；之后晏阳初将职业教育与扫盲、公民教育结合，职业教育成为国家现代化战略组成部分。二是分层分类的学制探索。从1904年《癸卯学制》模仿日本，到1922年“壬戌学制”转向美国模式，再到1934年国民政府标准化，逐步形成分层分类体系。三是多元主体参与的“产教融合”雏形。政府、企业、教育家协同推进，如张謇创办大生纱厂，同步设立纺织专门学校（1912年），形成“厂办校、校促厂”的闭环，实现了实业与教育结合的“南通模式”。四是区域失衡。1930年全国162所职业学校中，江苏、浙江占38%，内陆省份如甘肃、青海仅2所。同时，职业教育资源集中于城市，农村职教机构覆盖率不足5%。

这一切是我国教育现代化的重要缩影，其发展历程体现了救亡图存背景下教育与社会经济的深刻互动，不仅推动近代工业化进程，也奠定了我国现代职业教育体系的基础。

3.5.3　曲折发展状态的高等职业教育（专科）生态系统

新中国成立后，政治经济领域发生的巨大变化，对高等职业教育生态系统的要素和结构产生干扰和影响。从新中国成立到“文革”这段时期，我国高等专科教育发展几经起落，经历了较为曲折的发展过程。

新中国成立后，急需恢复经济并推进工业化，技术人才短缺成为瓶颈。教育体系以“为工农服务、为生产建设服务”为方针，职业教育被纳入计划经济体系。随着社会主义改造和建设的推进，职业教育迎来了新的历史发展阶段。职业教育为国家培养了大量技术人才，有力地支持了新中国初期的工业体系建设，职业教育整体上呈现出学习苏联模式并初步发展的特点。1951年《关于改革学制的决定》提出建立中等专业学校（中专）和技工学校，虽属中等教育层次，但为职业教育奠定了基础。1952年仿照苏联模式进行高等教育院系调整，拆分综合性大学，设立专门学院（如工业、农业类），虽以本科为主，但部分专科教育也开始萌芽。部分高校开设专科班，如工科类专科，学制2—3年，但规模较小，定位模糊。这一时期，职业教育以中专为主体，高等职业教育尚未独立成型，但专科教育在工科领域有所发展。专科教育被视作本科的“压缩版”，缺乏独立的教学目标和课程体系，专科常被视为“次等学历”，教育资源向本科倾斜。专科教育在资金、师资和政策上被边缘化，导致其长期依附于本科体系，难以独立发展。

此后一段时间，专科教育以大学增设专修科的形式继续发展，但很快又因为减少专修科的招生任务，全国专科生数量逐年降低。1958年的“大跃进”和人民公社化运动，教育革命热潮高涨，1958 年提出“两条腿走路”（全日制与半工半读），兴办农业中学、半工半读学校，部分专科院校盲目扩招。各地纷纷增设专科学校，全国专科学校从 1957 年的 47 所增至 1960 年的 360 所，但质量参差不齐。这种“大跃进”式的发展导致了职业教育的混乱局面。由于办学条件和教学质量无法保障，1961 年国家对高等专科教育进行调整，采取了一系列调整措施，包括缩减办学规模、合并学校、精简教职工队伍以及整顿教学秩序。在“调整、巩固、充实、提高”的政策下，大量专科学校被撤销或合并，1963 年仅保留专科学校 45 所，因调整过度，专科生数量锐减。学生数量的减少直接影响了学校的运作与发展，导致职业教育的活力受到制约。1966 年高校停招，中专、技校多数关闭，教师下放，职业教育体系崩溃。1970 年后部分高校以“工农兵学员”模式恢复招生，但强调政治挂帅，技术教育被弱化。70 年代推广“七二一大学”（工厂办大学）和“五七大学”（农村办大学），实际教育质量低下，无法等同于正规职业教育。“文革”期间，我国高等专科教育在长达十余年的时间里基本上处于停滞状态。这一时期的教育中断，对高等职业教育生态系统造成了严重的破坏，影响了教育的连续性和人才的培养。1977 年恢复高考，中专、技校逐步复课，但高等职业教育仍未形成独立体系。1978 年全国教育工作会议提出“调整、改革、整顿、提高”，为后续职业教育改革铺路。

职业教育的发展必须与国家所处的发展阶段相契合。新中国成立初期，国家对高级专门人才的需求促使高等专科教育得到了一定的发展。然而，由于历史时期的特殊性，政府政策对教育生态系统的发展产生了重要影响。

这一时期高等职业教育生态系统经历了复杂的演变历程。在政治、经济变革的背景下，职业教育从一开始的蓬勃发展，到经历一系列曲折，再到通过国家调整政策与市场适应逐步恢复。这一过程虽然充满挑战，但也为后来的高等职业教育体系的完善与成熟奠定了基础。

3.5.4 日趋成熟的高等职业教育生态系统

20 世纪 70 年代以来，伴随着改革开放和社会主义现代化建设，我国高等职业教育生态系统内部的要素处于相对稳定的平衡状态，高等职业教育的层次、形式、专业等结构逐渐多元化，我国现代高等职业教育生态系统日趋成熟和稳定。纵观这四十几年的发展历程，主要可以分为以下几个阶段：

1. 高等职业教育的创建与探索阶段（1980—1998 年）

1980 年前后，我国的高等教育在经历了“文革”十年的严重破坏之后，开始恢复发展。高等教育规模不足，无法满足社会经济建设对人才的需求，在此背景下，全国开始探索多种形式发展高等职业教育。1980 年，国务院和各地方政府相继出台了一系列政策，鼓励各类高等职业院校的创办与发展。同时，政策支持下的职业教育获得了更多的财政资金投入。国家教委批准建立了我国首批 13 所职业大学，标志着我国当代高等职业教育的开始。1983 年又批准建立了 33 所，在随后的若干年里，职业大学有了较大发展，最多时达到128所。1985年《中共中央关于教育体制改革的决定》对职业大学的定位、办学体制等问题进行探讨，首次明确了“高等职业技术教育”的内涵，提出要逐步建立起一个从初级到高级、行业配套、结构合理又能与普通教育相互沟通的职业技术教育体系。同年7月，开始了高职五年制的探索。

改革开放十年后，国家实行治理整顿和深化改革，由于理解的偏差和整顿的考虑，“分流说”政策出台，对短期职业大学实行分流，严重影响了我国高等职业院校数量和在校生规模的扩大，我国高等职业教育的发展出现了挫折。尽管这一政策旨在优化教育资源配置，提升教育质量，但其短期内的负面影响却不可忽视。许多高职院校在生源减少的情况下，不得不调整办学方向，甚至关停专业，导致一部分学校面临生存危机。这一现象不仅影响了教育体系的多样性，也损害了学生的学习机会和职业发展潜力。

进入90年代，随着经济的快速发展和市场化改革的深入，高等职业教育的社会认知逐渐提升，教育生态系统的内部结构也在不断调整。从1993年开始，我国高等职业教育发展进入了一个新时期。随着《中国教育改革和发展纲要》的出台，高等职业教育开始探索“产教结合、工学结合”的办学模式，以地区经济社会建设为出发点、以市场需求为导向培养人才，形成了高职教育与经济发展相互促进的良性循环。1994年，国务院通过“三改一补”的措施，发展高等职业教育。“三改”即改革、改组和改制，主要对象是职业大学、部分高等专科学校和成人高等学校，通过其改革和调整发展高职教育；“一补”即补充，是利用少数符合条件的中专学校改办高职等方式来补充。“三改一补”措施促进了高等职业教育的规模扩张，也为教育质量的提升奠定了基础。1996年《中华人民共和国职业教育法》和1998年《中华人民共和国高等教育法》的颁布，明确了高职教育是我国高等教育的重要组成部分，确定了高职学校的法律地位。法律的实施为高职教育的健康发展提供了规范和指导，确保了高职院校的办学自主权和教育质量，使高职院校在课程设置、教学改革和管理模式上有了更多自主空间。同年，教育部提出“三教统筹”的高职发展战略和“三多一改”发展方针，进一步明确了高等职业教育的发展方向。三教统筹”即教学、教育和就业的统筹协调，强调职业教育的整体性与综合性。通过这样的方式，高等职业教育不仅注重技能的培养，还重视学生的全面素质发展，增强了对社会经济需求的适应性。与此同时，“三多一改”方针则强调增加专业设置、丰富课程内容、探索多种教学模式。这种变化使得高职院校能够更好地服务于区域经济和社会发展，促进了高等职业教育的多样化和灵活化，增强了高职教育的适应性和服务能力。在这一时期内，通过多渠道、多模式发展高职教育，我国高等职业教育内涵不断丰富，层级不断提升，总体呈现繁荣发展的局面。

日趋成熟的高等职业教育生态系统，充分反映了我国在现代教育历史背景下对职业教育的重视与投入。通过政策支持、法律保障和实践探索，我国的高等职业教育体系已经逐渐形成，适应了经济社会的快速发展需求。

2. 高等职业教育的扩张与跨越阶段（1999—2005 年）

1999 年至 2005 年是中国高等职业教育快速发展的关键时期，此时期的高等职业教育不仅在规模上实现了快速扩张，更在体制机制、教育质量及社会认知等方面发生了深刻变革。这一过程不仅体现了教育自身的发展逻辑，还反映了社会经济对职业教育的需求变化。

1999 年是高等职业教育发展的转折点。为应对亚洲金融危机和扩大内需，国务院批转《面向 21 世纪教育振兴行动计划》，提出高等教育毛入学率 2000 年达 11%、2010 年达 15%的目标，将高职教育纳入高等教育扩招主渠道，明确高职院校承担 60%以上的高等教育增量任务。这一年，《中共中央、国务院关于深化教育改革全面推进素质教育的决定》（以下简称《决定》）颁布，指出要大力发展高等职业教育，培养一大批具有必要理论知识和较强实践能力的技术应用型人才。《决定》厘清了高等职业教育的地位，明确了高等职业教育的办学管理体制和培养目标，指明了高等职业教育教学改革的方向。同时，教育部和国家计委确定了举办高等职业教育的六类机构，提出对高等教育结构进行调整，扩大招生规模。2000 年《高等职业学校设置标准（暂行）》出台，推动 382 所成人高校、中专升格为高职院校。同年《国务院办公厅关于国务院授权省、自治区、直辖市人民政府审批设立高等职业学校有关问题的通知》将高职审批权下放省级政府，激发地方办学活力。

从此，高等职业教育开始进入发展黄金期，规模实现了跨越式提升。1999—2005 年，全国独立设置的高等职业学校从 1998 年的 432 所增至 2005 年的 1091 所，年均增长 15.4%，高职高专的招生数也大幅度增加，从 1998 年的 43 万人增至 2005 年的 268 万人，占高等教育招生比例从 39%跃升至 53%，2004 年全国 318 个地级市中，219 个设立高职院校，覆盖率从 1999 年的 36%提升至 68.8%，民办高职院校从 1999 年的 37 所增至 2005 年的 225 所，占总数的 20.6%[①]，高等职业教育成为高等教育的半壁江山。

社会经济的发展，对职业人才质量的要求逐渐提高。职业教育的规模已趋于稳定，并开始向内涵式发展转变。2002—2005 年，高等职业教育在体制机制、人才培养质量等方面进行深化改革。2002 年教育部启动“高职高专教育专业教学改革试点”，推广宁波职业技术学院“校企合作、工学结合”模式。2003 年启动高职院校人才培养工作水平评估，设置“办学指导思想”“师资队伍”“教学条件”等 6 项一级指标。2004 年规定专业教师中“双师型”比例需达 50%以上，建立教师企业实践制度。2004 年 4 月，《教育部关于以就业为导向深化高等职业教育改革的若干意见》颁布，进一步明确了高等职业教育发展的走向，即“以服务为宗旨，以就业为导向，走产学研结合的发展道路”，要求毕业生同时获取学历证书和职业资格证书。这一政策的实施，推动了高等职业教育与行业企业的深度融合，提升了教育的实践性和针对性。2002 年《国务院关于大力推进职业教育改革与发展的决定》和 2005 年《国务院关于大力发展职业教育的决

---

① 国家统计局. 中国统计年鉴［M］. 北京：中国统计出版社，2018.

定》均强调建立现代职业教育体系，为职业教育的发展提供了政策支持，也为建立现代职业教育体系指明了方向。职业教育不仅关注对学生的知识传授，更加注重实践能力的培养，努力提高学生的就业能力。这种转变不仅满足了市场对高素质技能人才的迫切需求，也增强了高等职业教育的社会认可度。

这一阶段高等职业教育生态系统不仅在规模上实现了快速扩张，更在教育理念、体制机制和社会认知等方面进行了深刻变革。高等职业教育扩招政策直接驱动规模扩张，政府通过审批权下放激发地方办学积极性；前期侧重外延式增长，后期转向内涵建设（评估、双师队伍）；专业设置从学科导向转向产业需求导向，初步建立校企合作机制。通过与社会经济的深度融合，高等职业教育不断适应市场需求，提升人才培养质量。这一时期为2006年后国家示范性高职院校建设计划奠定了基础，标志着中国高等职业教育从规模扩张向质量提升的战略转折。

3. 高等职业教育的内涵提升与高质量发展阶段（2006年至今）

2006年至今是中国高等职业教育深化内涵建设、推进类型教育定位的关键时期。这一阶段的发展以质量提升为主线，紧密对接国家产业升级战略，逐步构建现代职业教育体系。

2006年，高等职业教育的发展重点是提升内涵、强化质量，其重要战略举措体现为国家示范性高职院校和国家骨干高职院校建设项目的启动，标志着高等职业教育生态系统进入了新的发展阶段。2006年启动“国家示范性高等职业院校建设计划”，中央财政投入45.5亿元，分批遴选了100所高职院校进行重点建设。2010年，《国家中长期教育改革和发展规划纲要（2010—2020年）》（以下简称《纲要》）的发布，为高职教育的改革指明了方向，强调了“服务经济社会发展”与“促进人的全面发展”的双重目标。《纲要》不仅提升了高职教育的社会地位，也促使高职院校在课程设置、师资队伍建设和实践教学方面进行全面改革。此外，《纲要》首次提出“职业教育与普通教育相互沟通”。2010年，实施国家骨干高职院校建设项目，分批建设100所骨干院校，出现了一批较有影响的高职院校，这一政策旨在通过示范性和骨干院校的建设，提升整体高等职业教育的质量与声誉。这些院校通过引入先进的教育理念和管理模式，成为了职业教育改革的重要推动者，提升了职业教育在社会中的地位，大大促进了高等职业教育的改革和发展。2014年《国务院关于加快发展现代职业教育的决定》明确职业教育“类型教育”定位，提出“中职—高职—应用本科—专业学位”贯通培养。

2018年，我国高等职业教育进入高质量发展时期。2019年1月，《国家职业教育改革实施方案》（以下简称《方案》）出台，为职业教育的发展提出了长远目标。同年4月，“双高计划”实施，首轮立项建设50所左右高水平高职学校和150个左右高水平专业群，着力打造高职教育的“双一流”。同年教育部等四部门印发《深化新时代职业教育“双师型”教师队伍建设改革实施方案》，要求专业教师中“双师型”占比超过50％。《方案》和“双高计划”等政策文件的实施，开启了高职教育追求卓越和全面高质量发展的新阶段。

2021 年，中共中央办公厅、国务院办公厅印发《关于推动现代职业教育高质量发展的意见》，进一步明确了职业教育的发展方向和目标。该意见强调了职业教育与普通教育的协调发展，提出了建设技能型社会的目标，并强调了产教融合、校企合作的重要性。这标志着国家对于职业教育的重视程度不断加深，为未来职业教育的高质量发展指明了方向。2022 年新修订《中华人民共和国职业教育法》，明确职业教育与普通教育“同等重要”，允许企业举办股份制、混合所有制职业院校。2023 年 6 月，国家发展改革委等部门印发了《职业教育产教融合赋能提升行动实施方案（2023—2025 年）》。

此外，从 2010 年起，教育部、财政部先后实施专业教学资源库建设项目和提升专业服务能力项目，目的在于加强专业建设和课程建设，提高高等职业教育专业服务产业发展能力。2022 年教育部启动职业教育“数字校园”试点，建设国家级职业教育专业教学资源库 313 个。通过构建丰富的数字化教学资源，促进教育资源的共享与优化配置。这种资源的整合和共享极大地提升了职业教育的教学质量，推动了教育公平。

这一阶段我国高等职业教育生态系统经历了深刻的变革，通过国家政策的引导、示范院校的建设、资源的整合以及产教融合的推进，高等职业教育不仅在规模上实现了增长，更在质量和影响力上有了显著提升。主要表现在以下方面：一是类型定位确立，即从“层次教育”转向与普通教育并行的“类型教育”。二是高质量发展导向：从规模扩张转向内涵建设。截至 2023 年，累计发布高职专业教学标准 347 个、顶岗实习标准 70 个；2019 年启动“学历证书＋若干职业技能等级证书（1＋X 证书）”制度，截至 2023 年开发 X 证书 802 个，覆盖院校 2 867 所。三是产教融合深化：校企合作从“协议合作”升级为“实体化运作”。从 2014 年现代学徒制试点至 2023 年覆盖全国 600 余所高职院校，培养模式从“订单班”升级为“招生即招工”；截至 2023 年建成省级以上示范性产业学院 1 200 余个。四是现代职教体系化构建。形成“中职—高职—职教本科—专业硕士”完整通道，2022 年 29 省（自治区、直辖市）建立“文化素质＋职业技能”职教高考制度，本科招生计划占比达 10％；截至 2023 年设立 32 所职业本科学校（如南京工业职业技术大学），在校生 16.7 万人。五是国际化突破。从引进国际标准转向中国职教模式对外输出，截至 2023 年在 40 个国家建成 120 个鲁班工坊，输出“工程实践创新项目（EPIP）”教学模式；深圳职业技术学院（现为深圳职业技术大学）制定的《光伏工程技术专业教学标准》被埃及、泰国等 8 国采用。此外，无锡职业技术学院等 28 所高职院校通过工程教育国际认证；2022 年高职院校留学生达 5.3 万人，较 2015 年增长 4.6 倍。

第 4 章　区域高等职业教育生态系统承载力测评模型的建构

4.1　区域高等职业教育生态系统承载力的内涵解读

区域高等职业教育生态系统在发展过程中，要受到系统自身自我抗压、自我修复能力的约束，教育资源（资金投入、师资等）供给能力的影响，以及办学环境（政治、经济、文化环境 ）支持能力的限制。

4.1.1　区域高等职业教育生态系统生态弹性力

生态系统有自我维持、自我调节和自我恢复的能力，这是生态系统在应对系统外在冲击和压力时的一种弹性力。在一定的弹性幅度范围内，生态系统虽然因内部、外部的扰动或压力会对原来状态有所偏离，但自我调节机制会使其逐步恢复原有状态，体现出一种自调节能力。区域高等职业教育生态弹性力是指区域高等职业教育生态系统在弹性幅度内应对内部扰动及外部压力时的自我维持和自我适应的能力。生态弹性力是区域高等职业教育生存和发展的基础，它可以从弹性强度和弹性限度两个方面来考察。

系统的弹性强度是指系统弹性力的强弱，如同弹簧弹性强度的大小取决于弹簧的材质，系统弹性强度的大小取决于系统本身的状态。就高等职业院校而言，其办学条件、师资水平、生源质量、管理水平等决定了高等职业教育系统的状态，因而也决定了高等职业教育生态系统的弹性强度大小。不同的材质决定了弹簧的弹性强度，反过来，弹簧的弹性强度可以反映材质的好坏。因而，生态弹性强度可以反映区域高等职业院校的自身状态的好坏，衡量区域高等职业教育实际或潜在的承载能力大小，判定区域高等职业教育自我维持能力大小和稳定性以及衡量区域高等职业教育的发展方向，对区域高等职业教育的可持续发展有着极其重要的意义。

系统的弹性限度如同弹簧的可伸缩程度或可变化的余地大小，也就是系统的弹性范围。弹性限度的大小反映了区域高等职业教育生态系统缓冲与调节能力的大小。限度变化是在同一状态或层次间的波动，侧重于量变，是正常的、可逆转的变化，而强度变化则是系统从一种状态转向另一种状态，倾向于质变，往往是间断的、不可逆转的变化。因此，在区域高等职业教育的发展过程中，对生态承载力的分析，应将区域高等职业教育生态系统的弹性限度和弹性强度进行综合考虑，使两者适应配合，保持区域高等职业教育较高的弹性能力。总体来看，区域高等职业教育生态系统在平衡稳定、持续发展方面，应实行限度调节，保持发展态势；在变革思路、突破创新方面，可以实行强度调节，促进区域学校快速发展①。

4.1.2　区域高等职业教育生态系统资源承载力

从承载的限度上看，资源承载力分为最大资源承载力和适度资源承载力。最大资源承载力是通过各种手段可以达到的资源承载的上限能力，由于最大限度地进行挖掘，往往造成生态系统的损害，是一种“涸泽而渔”式的不可持续承载。适度资源承载力指的是一定质量和规模内，在不危害生态系统条件下的适度的资源承载能力。因此，我们强调的区域高等职业教育生态系统资源承载力是适度资源承载力，而非最大资源承载力。

教育生态系统发展变化的三个相关资源问题为：一是教育资源是否短缺，二是教育资源分布是否平衡，三是教育资源是否得到有效利用。因而，影响区域高等职业教育生态系统资源承载力的主要因素是教育资源短缺、教育资源分布失衡以及教育资源浪费。

1. 教育资源短缺

从理论上讲，高等职业教育的办学成本和所需经费资源，比普通本科教育更大更多。这是由于职业教育更注重职业技能的培训，因而在办学过程中需要投入大量经费，用于实践基地的建设，实训设施设备、材料的购置和维护。即使在国外，高职教育办学也存在同样的问题。例如，澳大利亚的高职教育的单位成本是普通本科教育的 2.62 倍，马来西亚的高职教育生均培养成本是普通本科教育的 2.84 倍②。也正是因为这个原因，国外一些国家对高等职业教育的投入远远高于普通本科教育。

近年来，我国各级政府对于高职教育的经费投入不断增长，企业、个人等社会基金投入高职教育的途径也不断增多，高等职业教育资源的配置和环境得到了不断改善。但总体而言，高等职业教育经费投入不足，经费投入并未随着高等职业教育规模的扩张而相应增加。从表 4-1 可以看出，2022 年普通高等教育总经费收入为 16 386.4 亿元，

① 黄长平. 生态型学校发展［M］. 成都：四川教育出版社，2015：219.

② 郭艳梅，李中国. 我国高职教育经费投入：数据分析与政策建议［J］. 教育学术月刊，2014（11）：49-54.

其中普通本科教育经费收入为 12 808.2 亿元，占普通高等教育总经费的 78.16%；而高等职业教育的经费收入为 3 389.7 亿元，只占到了普通高等教育总经费的 20.7%。普通本科教育获得了近 80%的经费投入，而高等职业教育占高等教育经费的比例才 20%出头，此外，普通本科教育所获得的生均经费收入也是高职教育的约 1.8 倍。

表 4-1　2021—2022 年我国本科教育与高职教育经费收入情况

年份	普通高等教育总经费收入/亿元	本科教育				高职教育			
		教育经费收入/亿元	占普通高教总经费比例/%	在校生人数/万人	生均教育经费收入/元	教育经费收入/亿元	占普通高教总经费比例/%	在校生人数/万人	生均教育经费收入/元
2021	15 435.6	12 171.1	78.9	1 893.1	44 819.1	3 070.4	19.9	1 590.1	24 957.7
2022	16 386.4	12 808.2	78.16	1 965.6	45 486.6	3 389.7	20.7	1 670.9	25 381.8

数据来源：根据 2022—2023 年《中国教育经费统计年鉴》整理。

由于经费投入不足导致的师资力量欠缺、教育基础设施薄弱等，也是导致教育承载力不足的重要原因。调查发现，高职院校的教师大多缺乏实践经验，由于资源匮乏，鲜有机会通过继续教育培训来提升自身实践教学能力。骨干专业教师不能跨校授课，企业的技术人员不愿来校工作，这一切造成了优秀教师资源无法合理利用。教育部要求高职高专院校的“双师型”的教师数不低于学校专业课教师总数的 80%①，但绝大部分高职院校不仅达不到这一标准，有些甚至相去甚远，实际情况不容乐观。

此外，从整体上看，高等职业院校虽然进一步加快了基础设施建设，办学条件得到逐步改善，但难以适应办学规模快速提升和人才培养的现实需求。高职院校办学条件的一些基础性指标，不仅没有相应地增长，反而呈下降态势，有的甚至已经降到了合格标准以下②。

2. 教育资源分布失衡

近年来，由于社会经济发展水平和政策支持力度的不同，区域高等职业教育生均经费支出差异较大。从表 4-2 中看，北京、上海的经济发展水平高，支持高职教育的财政经费数额较高，尤其是北京市的高职院校生均教育经费数额远远超出全国平均水平。其中，北京（最高）是河南（最低）的约 5.34 倍。

---

① 教育部职业教育与成人教育司. 高等职业教育师资队伍建设情况报告［R］. 北京：教育职业技术教育中心研究所，2009：5.

② 杨大荣. 高职院校教育资源配置的现状与对策探究［J］. 教育探索，2015（9）：70-73.

表 4-2　2022 年全国高职教育生均公共预算教育经费统计

省（自治区、直辖市）	生均经费总支出/元	省（自治区、直辖市）	生均经费总支出/元	省（自治区、直辖市）	生均经费总支出/元	省（自治区、直辖市）	生均经费总支出/元
北京	66 041.61	上海	35 235.07	湖北	13 597.85	云南	13 548.49
天津	15 838.04	江苏	18 545.6	湖南	13 401.7	西藏	52 506.51
河北	15 168.55	浙江	19 729.39	广东	20 031.93	陕西	14 151.58
山西	16 323.62	安徽	15 209.01	广西	12 704.99	甘肃	16 436.86
内蒙古	18 421.34	福建	15 513.34	海南	18 860.17	青海	36 493.17
辽宁	13 731.46	江西	13 905.67	重庆	15 636.34	宁夏	22 116.03
吉林	16 764.56	山东	15 486.67	四川	17 904.75	新疆	17 905.71
黑龙江	15 345.74	河南	12 375.67	贵州	17 282.97		

数据来源：《中国教育经费统计年鉴 2023》。

为逐步缩小并消除西部和少数民族地区与内地经济文化发展的差异，近年来，国家和政府开始加大对西部地区和少数民族的教育资源投入，因此，在数据上显示，西部和少数民族地区省份（自治区）与一些中部省份相比，经费投入差距缩小，有些甚至开始超过一些中部省份。例如，2022 年西藏自治区的高职院校生均公共预算教育经费高达52 506.51元，甘肃、青海、内蒙古等地也分别达到 16 436.86 元、36 493.17 元和18 421.34元。而河南、湖南、江西等中部省份高职院校的生均教育经费就较低，江西省为 13 905.67 元，河南省为 12 375.67 元，湖南省为 13 401.7 元。

3. 教育资源浪费

在区域高等职业教育生态系统中，教育资源在各个环节进行着流动，存在着不同程度的资源浪费。一方面，人才资源利用效率较低。由于管理制度的局限和激励机制的不足，高职院校师资队伍无论是在数量上还是在结构上，都面临着调整与优化困难的问题。教师的积极性不高，创造性缺乏，教师在行业和区域间的无序流动明显，大大影响了高职教师队伍的稳定，降低了师资队伍的配置效率。另一方面，实训资源使用效率不高。教学实训资源无法实现高职院校之间的共享，导致设备资源的利用次数较少，使用效率低，许多昂贵的基础设施变成了闲置资产，最终造成教学实训资源建设投入和产出极度失衡①。据教育部调查显示，2015 年全国高职院校实习实训设备的闲置率大约为 20％，一些昂贵的进口设备使用率不到 10％②。

---

① 杨晓莉，陈颢．高职教育资源配置问题及优化策略［J］．教育与职业，2020（3）：42-46.

② 王柯，刘琳．“无边界教育”理念在高职教育资源配置中的价值与推进策略［J］．教育与职业，2018（24）：12-17.

4.1.3 区域高等职业教育生态系统环境承载力

区域高等职业教育环境通常是指对区域高等职业教育有直接和间接影响的政治、经济、文化、人口等外部环境的总和。

1. 政策制度生态环境

政策制度生态环境是指围绕高等职业教育发展所形成的一系列政策、法规、制度及其相互作用关系的总和，涵盖政府主导的顶层设计、行业企业的参与机制、院校治理模式以及社会文化支持系统。这一环境通过资源配置、规范引导、激励约束等功能，塑造高职教育的运行逻辑和发展方向，具有系统性、动态性、协同性特征。政策制度生态环境通过规范、约束、激励、引导、调节等功能，保障区域高等职业教育生态系统的有序健康运行，对高等职业教育的性质、社会地位、发展方向、教育资源的分配及教育内容等产生深刻影响，是制约高等职业教育发展极为重要的因素。

从制度和政策的适用范围看，其可分为国家宏观层面的职业教育办学体制、职业教育管理体制、职业教育经费投入体制、职业教育政策法规等，以及中观、微观层面的职业教育产学合作制度、学校的规章制度、“双师型”教师制度、学生管理制度等，制度政策环境具有规范性、保障性、配套性和稳定性等特点[①]。

1996 年《中华人民共和国职业教育法》颁布实施后，我国的职业教育发展进入了法制化轨道，实现了有法可依、依法治教、违法必究。随后，国家又以一系列会议及文件作为政策载体，推动了我国高等职业教育飞速发展。其中包括 2002 年的《国务院关于大力推进职业教育改革与发展的决定》，2005 年的《国务院关于大力发展职业教育的决定》，2014 年的《国务院关于加快发展现代职业教育的决定》以及教育部等六部门印发的《现代职业教育体系建设规划（2014—2020 年）》，2019 年的《国家职业教育改革实施方案》，2019 年国家发展改革委、教育部印发的《建设产教融合型企业实施办法（试行）》以及 2019 年教育部、财政部印发的《关于实施中国特色高水平高职学校和专业建设计划的意见》[②]，等等。此外，各级地方政府也会根据国家相关法律政策，并结合当地实际进行细化，制定适合本地高等职业教育发展的相关政策，给予高等职业教育各种政策扶植。

不可否认，随着制度政策的不断完善和管理的不断规范，高等职业教育政策制度环境日益改善，在引领、推动高等职业教育的快速有序成长方面起到了积极作用。尤其是 2022 年新修订《中华人民共和国职业教育法》，首次明确职业教育与普通教育“同等重要”的法律地位，规定企业参与职业教育的法定义务，强化校企合作的法律保障。然而，在高等职业教育发展的过程中，出现了许多亟待解决的新问题，从某种意义上说，这些问题的出现归结于政策制度实践的滞后、公平性缺失、效率低下、制度

---

① 张健. 高等职业教育整合论［M］. 北京：教育科学出版社，2015：221-222.

② 周建松，陈正江. 改革开放以来我国高等职业教育发展政策的演进［J］. 教育学术月刊，2019（12）：3-8.

政策的配套跟进不力和可操作性不强等[①]。我国高职教育政策制度生态环境已进入“提质增效”关键期，既需巩固产教融合、数字化转型等既有成果，更需破解政策碎片化、区域失衡等深层次矛盾。未来应以新《中华人民共和国职业教育法》为纲领，通过制度创新、资源整合、评价改革，构建“政府有为、市场有效、院校有位、企业有责”的生态体系，为区域高等职业教育生态系统的高质量发展提供坚实支撑。

2. 经济生态环境

物质生产活动是最基本的社会活动，也是人类社会赖以生存和发展的基础。区域经济为区域高等职业教育的发展提供必需的物质条件支撑，是区域高等职业教育存在发展的物质基础，也是影响区域高等职业教育发展速度、规模和水平的最直接、最深刻的因素之一。区域经济发展对区域高等职业教育的结构和人才培养的规格提出客观要求，成为推进区域高等职业教育发展的社会动力。

第一，区域经济的发展决定区域高等职业教育的投入。

首先，区域经济的发展水平直接影响了地方政府的财政收入和可支配资源，进而决定了对高等职业教育的投入规模。经济发达的地区，如我国的东南沿海地区，由于经济总量大、财政收入高，通常能够投入更多的资金用于支持高等职业教育的发展。这些资金不仅用于改善教学设施、提升师资力量，还用于推动教育创新、提高教育质量。相反，经济欠发达地区由于财政收入有限，对高等职业教育的投入往往较为有限，这在一定程度上制约了这些地区高等职业教育的发展。此外，高等职业教育是准公共产品，除了政府财政专项拨款外，还需要通过个人或企业的投资、学生交纳学费、社会各方捐赠等多种形式获得支持，而这种支持力的大小有赖于公众经济实力和家庭消费结构水平的高低，这一切也取决于当地的经济发展水平。其次，区域经济的发展还为高等职业教育提供了必要的物质保障。这包括提供充足的教育用地、校舍等基础设施，以及采购先进的教学设备和实验器材等。这些物质条件的改善，为高等职业教育的发展提供了坚实的基础。再次，区域经济的活力也影响了高等职业教育与企业的合作深度和广度。在经济活跃的地区，企业为了提升竞争力，往往更加注重技术创新和人才培养。因此，这些企业更愿意与高等职业教育机构开展深度合作，共同培养符合企业需求的高素质技能型人才。这种校企合作模式不仅有助于提升学生的实践能力和职业素养，还能为企业提供源源不断的人才支持，实现双方的共赢。

第二，区域经济发展水平影响区域高等职业教育的发展速度和规模。

区域经济发展的速度，决定着高水平技能型人才需求的数量；区域经济发展的程度，决定了高水平技能型人才的质量要求。也就是说，区域高等职业教育要培养多少相应规格的专门人才，不是主观意志决定的，其发展速度和规模受制于当地经济发展需求。一般而言，经济发达地区劳动力需求大，毕业生就业机会多、收入高，教育的

① 张健. 高等职业教育整合论［M］. 北京：教育科学出版社，2015：222-224.

经济价值得到充分体现，激发各类主体对高等职业教育的投资热情，高等职业教育发展相对迅速；反之，区域经济落后，能吸纳的毕业生数量较少、收入低，民众对高等职业教育的投入热情就会减少，高职教育也会因经费制约，发展相对缓慢。此外，区域经济发展水平越高，通常意味着该地区的教育资源更加丰富和优质。政府和企业更有可能投入更多的资金用于改善教学条件、提升师资力量和科研水平。这些资源的积累和优化不仅能够提高高等职业教育的教学质量，还能够吸引更多的学生报考和就读，从而进一步推动其规模扩张。

第三，区域经济发展水平制约区域高等职业教育发展的专业设置和教学内容。

区域经济产业结构的变化直接决定了高等职业教育专业结构的变化方向。随着区域经济的发展，产业结构不断优化升级，新兴行业和领域不断涌现，对人才的需求也在不断变化。区域高等职业教育的专业设置、课程设置和教学内容必须考虑当地的产业结构，要符合当地区域经济发展的需要。在区域经济发展中，随着产业结构的升级，劳动力类型的需求也会随之变化，区域高等职业教育与区域经济要保持动态协调的状态，根据区域内社会的需求和职业岗位能力及时调整专业结构并改革教育教学内容和方法，从而确保其所培养的人才能够与市场需求之间实现无缝对接。例如，在制造业发达的地区，高等职业教育可能会更多地设置机械制造、自动化技术等专业；而在服务业繁荣的地区，则可能会更加注重旅游管理、电子商务等专业的设置。同时，区域经济需求是高等职业教育教学内容的重要导向。高等职业教育的教学内容需要与区域经济的特点和需求相适应，以培养出适应地方经济发展的人才。这就要求高等职业教育机构在教学内容的安排上，不仅要注重基础理论和专业知识的教学，还要紧密结合区域经济发展的实际需求，加强实践教学和技能培训，提高学生的实际操作能力和职业素养。同时，高等职业教育机构还需要不断更新教学内容，引入最新的技术成果和行业标准，以确保学生所学知识与市场需求保持同步。

3. 文化生态环境

文化环境对区域高等职业教育的影响虽不像政治经济那样明显直接，却是十分广泛的。区域高等职业教育文化环境并非局限在某一狭小空间和形态内，它由多种生态因素构成，包括区域高等职业教育生态系统内部的校园文化以及系统外部的区域文化、企业文化等因子。

（1）校园文化生态环境

校园文化环境是学校在长期办学过程中培育和发展起来的特有行为方式和规范、价值体系、群体意识、文化设施的总和，反映的是一所学校传统作风、发展状况、精神面貌和理想追求。校园文化生态环境是一个综合性的概念，它不仅包括校园内的物质设施、规章制度，还涵盖了师生的价值观念、行为方式、精神风貌等非物质因素。这些因素相互作用、相互影响，共同构成了校园文化的独特氛围。

校园文化生态环境对高职院校的重要性不言而喻，优良的校园文化环境有利于师生凝聚力的提升和良好校风学风的形成，有利于制度的完善优化和学校的可持续发展。

一方面，良好的校园文化生态环境能够提升学校的知名度和美誉度，塑造独特的品牌形象，这有助于吸引更多的优质生源和师资力量，提高学校的整体竞争力。另一方面，优质的校园文化生态环境能够营造积极向上的学习氛围和工作环境，激发师生的积极性和创造力，这种氛围有助于提高教学质量和科研水平，促进学校的持续发展。再者，校园文化生态环境对师生的思想品质、道德观念、行为习惯等方面具有潜移默化的影响，通过营造良好的校园文化生态环境，可以培养学生的综合素质和职业能力，为他们未来的职业发展打下坚实的基础。此外，校园文化生态环境是学校良好风气生成的土壤，能够增强师生的归属感和认同感，这种凝聚力和向心力有助于形成团结一致、共同奋斗的良好局面，推动学校的各项事业蓬勃发展。

校园文化生态环境分为校外生态环境和校内生态环境。校外生态环境包括自然生态环境、社会生态环境、文化生态环境等，校内生态环境则主要表现为物质文化环境、制度文化环境和精神文化环境。其中，物质文化主要指物质形态的内容，包括校园规模、绿化美化、建筑设计、人文景观等，是校园文化的载体。制度文化主要指制度形态的内容，包括各种规章制度、学校成员的行为方式、准则等，是校园文化的标志。精神文化主要指精神形态的内容，包括学校的传统理念、理想目标、校风校训、教风学风等，是校园文化的灵魂。

高职院校应高度重视校园文化生态环境的建设和管理，通过不断优化物质环境、完善制度环境、弘扬精神环境等措施，为师生创造一个更加优美、和谐、富有活力的学习和工作环境。

（2）企业文化生态环境

企业文化生态是企业在长期生产经营过程中，为适应环境而形成的文化心理和行为方式的总和，受企业领导者、地域环境、经济基础、社会结构等因素的影响。企业文化生态环境是企业在经营实践中创生的一种经营文化、管理文化环境，它是企业的灵魂所在，是企业核心竞争力的内在源泉。

区域高等职业教育是为企业培养高技能专门人才的教育，因此必须面向企业，与企业文化融合对接，走校企合作的发展道路。首先，在人才培养过程中，高等职业院校面向企业的需求，与企业密切联系，将企业岗位能力和企业文化元素融入教学计划的制订和课程内容的安排中，实现高技能人才职业能力的培养。如通过教材编写、教案设计等方式，将企业的精神、形象、制度和行为等内容融入课程；开设专门的企业文化课程，邀请企业管理人员和一线职工来校授课，传授企业文化和职场经验等。同时，高职院校很多教师具有一定的行业企业背景，或来源于企业，或到企业挂职锻炼。教师在课程教学过程中，融入企业文化因子，实现教学环境与企业文化零距离衔接，增强学生学习兴趣的同时，还能提高学生的综合职业能力和岗位适应能力，促进高职人才培育目标的达成。其次，通过校企合作或工学结合的模式，组织学生到企业进行参观学习，了解企业的实际运作和文化氛围；或开展分段顶岗实习，让学生在真实的工作环境中体验和感受企业文化。在校园内设置企业文化宣传牌、名言警句牌等，营造企业文化氛围。再次，举办企业文化展示活动，邀请企业家到校进行企业文化宣讲。校企共同承办文化活动，如技能竞赛、文艺演出等，增进双方的了解和友谊。同时鼓励和支持企业承办学校文化活动，如企业赞助的学术讲座、职业规划大赛等。

学校文化环境与企业文化融合对接，能使学生在实践中真实感受到企业为其提供的教学情境和文化氛围，在学习过程中潜移默化地接受企业文化的熏陶，深刻体会企业文化的精髓，对企业文化产生积极的文化认同，体验企业激烈的竞争机制，从而激励学习和创业精神，切实提升自己的专业技能，达到成人成才的目标。

（3）区域文化生态环境

区域文化是在长期的历史发展中形成的，具有区域特色的文化品质和价值取向，是影响区域高等职业教育的竞争力、影响力的重要环境因子。

第一，区域文化为区域高等职业院校建设提供发展依据。区域高等职业院校在办学过程中，一方面要遵循高等职业教育发展的一般规律，另一方面要依据自己的优势和特色办出个性。区域文化中的特色产业、传统手工艺、历史文化等可以成为职业院校专业设置和课程开发的灵感来源。例如，位于丝绸之路沿线的职业院校可以开设与丝绸文化、国际贸易相关的专业或课程；具有丰富民族文化的地区可以开发民族艺术、手工艺等特色课程，既传承了地方文化，又满足了行业对专业技能人才的需求。区域文化中的企业、工坊、历史遗址等可作为职业院校的实训基地或校企合作平台。通过与当地企业合作，学生可以在真实的工作环境中学习专业技能，同时促进地方经济的发展。结合区域文化特色，职业院校可以鼓励学生开展基于地方资源的创新创业项目。比如，利用当地特色农产品开发新产品，或依托地方文化资源发展文化旅游项目等，这不仅能够激发学生的创新思维和实践能力，还能促进地方经济的多元化发展。由此可见，区域文化就是区域高职院校的优势和特色所在，区域文化能够破解高等职业教育同质化发展的弊端，让高职院校在激烈的社会变革中，找到自身发展的平衡点和立足点。

第二，区域文化能够有效建构高职学生社会责任感和正确的职业价值观。首先，在社会责任感的培育上，区域文化中的价值观念、道德观念、历史传承等可以融入职业院校的校园文化建设中，形成独特的校园精神和教育理念，这有助于学生形成对本土文化的认同感和自豪感，同时培养学生的社会责任感和文化自信。其次，在职业价值观的塑造方面，区域文化与当地经济发展紧密相关，为学生提供了职业导向和职业素养的培养平台。一方面，高职院校结合区域特色，开设与本地产业发展相契合的专业课程，使学生在学习过程中就能了解到本地的职业需求和行业趋势，帮助他们树立正确的职业目标，明确个人定位。另一方面，区域文化中积淀的文化精髓是高职院校学生职业素质提升的养料，能够有效建构高职学生正确的职业价值观。区域文化中的诸如工匠精神、诚信经营等职业伦理，通过课堂教学、校企合作、实习实训等多种渠道，被有效地融入到学生的职业教育中。学生不仅学到了专业技能，更重要的是学会了如何在职业生涯中坚守职业道德，追求卓越，形成了正确的职业价值观。高职学生只有对区域文化产生认同感和归属感，才能全身心地投入工作，促进自身职业发展。进一步地，区域文化的认同感也促进了学生对所学专业的热爱和投入。当高职学生认识到自己的专业与当地经济发展息息相关时，他们往往会更加珍惜学习机会，努力提升自己的专业素养，以期将来能为家乡的发展贡献力量。这种基于文化认同的职业热情，不仅增强了学生的就业竞争力，也为他们未来的职业生涯奠定了坚实的基础。

第三，区域传统文化对区域高等职业教育的价值认同也产生较大的影响。长期以来，受到“学而优则仕”等传统观念的影响，社会舆论重视普通本科教育，轻视高等职业教育，高考“金榜题名”仍然是人们读书的奋斗目标和成功标准。在隐性的价值观层面，区域传统文化中的某些观念，如“重理论轻实践”“重学历轻技能”等，已经深深植根于人们的思维模式中。这些观念不仅影响着社会对高职教育的整体评价，也塑造了人们对教育成功的单一标准，即学历的高低而非技能的掌握。这种价值观的隐性作用，使得高职教育在社会认知中往往被视为“次等”教育，影响了其应有的社会地位和认可度。在政策层面，这种价值观的影响则体现在教育资源的分配、教育政策的制定以及教育评价的体系上。由于社会对高职教育的偏见，政府在制定教育政策时可能会更倾向于普通本科教育，导致高职教育在资金、师资、设施等方面的投入不足。同时，教育评价体系也往往侧重于学术成果的考核，而忽视了高职教育在技能培养、实践创新等方面的独特贡献。对于高职教育的管理主体而言，这种传统文化的束缚可能表现为管理理念的滞后。一些管理者可能过于注重理论知识的传授，而忽视了对学生实践能力的培养；或者过于追求短期的学术成果，而忽视了教育质量的长期建设。这种管理上的偏差，不仅影响了高职教育的质量提升，也限制了其与社会经济发展的深度融合。而对于高职教育的师生个体而言，区域传统文化的影响则体现在学习动力、职业规划以及社会认同等方面。学生可能因社会对高职教育的偏见而产生自卑心理，缺乏学习的积极性和主动性；教师则可能因职业发展的限制而缺乏教学创新的动力；同时，社会对高职毕业生的歧视也可能影响他们的就业选择和职业发展。可见，从隐性的价值观层面到可操作的政策层面，从高职教育的管理主体到高职教育的师生个体，区域传统文化对高职教育的影响和阻碍是多面的且根深蒂固的①。

4. 人口生态环境

高等职业教育的发展不仅受到政治、经济、文化等因子的影响，也受到人口因素的影响。人口因素主要包括人口数量、人口结构、人口迁移等，这些因子的变化分别对区域高等职业教育的规模、结构和布局产生深刻影响。

第一，人口数量。人口数量与高职教育发展之间存在密切的关系，这种关系主要体现在以下几个方面：其一，人口数量是高职教育发展规模的重要依据。人口规模的大小直接决定了潜在的高职教育受众群体的规模。在人口数量较多的国家和地区，由于高等教育适龄人口基数大，对高职教育的需求也相对较大，这有助于推动高职教育

① 周建松. 高等职业教育示范建设理论与实践［M］. 杭州：浙江大学出版社，2011：137.

的快速发展。相反，在人口数量较少的地区，高职教育的受众群体可能相对较小，发展规模也可能受到限制。其二，人口数量变化影响高职教育的生源结构。随着人口数量的变化，高职教育的生源结构也会发生相应的调整。例如，在人口出生率持续下降的背景下，高职教育的生源数量可能会逐渐减少。高等职业教育的学龄人口主要为17—18岁的普高和中职毕业的学生，而相关统计显示，随着2015—2020年我国学龄人口的逐年下降，18岁适龄人口下降明显，2020年，我国高等教育的适龄人口下降30%左右，学龄人口的减少对高职教育的招生、教学和管理等方面带来挑战。同时，随着人口老龄化的加剧，老年人口对高职教育的需求可能会增加，这为高职教育提供了新的发展机遇，也要求高职教育在课程设置、教学方式等方面进行相应的调整。其三，人口数量的变化还会影响高职教育资源的分配。在人口数量较多的地区，由于高职教育需求大，可能需要投入更多的教育资源来支持高职教育的发展。而在人口数量较少的地区，则需要更加合理地配置教育资源，以确保高职教育的可持续发展。

第二，人口迁移。人口迁移对高等职业教育的发展产生了深远的影响，这一现象体现在多个层面。一方面，人口的迁移，特别是那些寻求更好教育机会、就业机会和生活条件的迁移者，往往选择向教育资源更为丰富、经济发展水平更高的地区流动。这种流动直接导致迁入地高等职业学历教育学龄人口数的显著增加。这种增加不仅意味着更多的学生需要接受高等职业教育，而且加剧了区域内就学人数与教育资源配置之间的矛盾。原有的教育资源，如教室、实验设备、师资力量等，在面对突然增加的学生数量时，可能显得捉襟见肘，从而影响到教育的质量和效果。这种矛盾还可能导致教育承载力的起伏变化，即在某些时期，教育资源可能无法满足所有学生的需求，而在另一些时期，由于政策调整或资源投入的增加，教育承载力又可能得到提升。另一方面，城镇化进程的加速进一步推动了农村人口向城镇的转移。这一过程中，农村劳动力面临的一个重要问题是受教育年限相对较低，这与产业升级对劳动力素质技能的新要求之间形成了鲜明的矛盾。随着科技的进步和经济的发展，许多行业对劳动力的技能和素质要求越来越高，而传统的农村劳动力往往难以满足这些要求。因此，大力发展区域高等职业教育成为解决这一矛盾的关键。通过提供高质量的职业技能培训和教育，高等职业教育能够帮助农村劳动力提升自身素质，适应产业升级的需求，从而实现更好的就业和职业发展。这不仅有助于缓解城乡教育差距，促进教育公平，还能为区域经济的持续发展提供有力的人才支撑。

第三，人口年龄结构。随着人口老龄化进程加快，中国老年人口规模扩大，社会对养老服务、健康管理等领域的需求增加，高职教育需要适时调整专业设置和课程内容，以满足社会对高素质技能型人才的需求。例如，增设养老服务与管理、健康管理等相关专业，加强实践教学和校企合作，提高学生的实践能力和就业竞争力。同时，老龄化社会也催生了老年教育、继续教育等新的教育需求，这为高职教育提供了新的发展机遇。对于高职教育而言，需要开发适合老年人的教育课程和教学模式，以满足这一群体的学习需求。此外，还需要不断创新教学模式，针对老年人口的教育需求，可以采用灵活多样的教学方式，如线上教学、社区教学等，以满足老年人的学习需求和时间安排。高等职业教育可以根据人口年龄结构变化带来的市场需求，培养涉老专业人才，提升老年人的身心健康水平，让老年人“老有所为”，为国家提供再就业人才，从而延长我国的人口红利期。

4.2　区域高等职业教育生态系统承载力测评指标体系的构建

4.2.1　指标的遴选①

1. 基于文献研究法的指标遴选

如前文所述，生态承载力的组成要素主要分为两部分：一是承载部分，二是压力部分。要确定区域高等职业教育生态系统的承载情况，首先必须把握资源与环境的承载力大小以及被承载对象的压力大小即承载压力度。因此，区域高等职业教育生态承载力测评指标体系围绕生态弹性度、资源-环境承载力、承载压力度三个模块进行建构，包括区域高等职业教育生态系统的生态弹性度、区域高等职业教育生态系统的资源-环境承载力和区域高等职业教育生态系统的承载压力度三个模块的指标，其中生态弹性度和资源-环境承载力反映了区域高等职业教育生态系统的供容支持能力，承载压力度可以反映区域高等职业教育生态系统所承受的压力。本研究根据生态承载力的内涵，结合 2019 年出台的《国家职业教育改革实施方案》以及“双高计划”的新政策和新要求，参考了近年来《中国职业教育质量年度报告》中的高等职业教育质量评价的相关指标、《高职高专院校人才培养工作水平评估指标体系》中的考核指标、贺祖斌提出的“高等教育系统生态承载力”评价指标体系和一些学者关于高职高专院校建设相关评价体系的研究成果，初步获取了区域高等职业教育生态系统承载力的相关评价指标。

2. 基于访谈法的指标遴选

根据评价指标体系设计的科学性、系统性和可操作性等原则，本研究在对相关文献进行梳理的基础上，在高职院校范围内选取 30 位访谈对象进行访谈。在实施访谈的过程中，首先根据生态承载力的内涵解读和相关文献设计访谈提纲，并提前发放给访谈对象。然后将访谈记录进行整理，选取具有代表性的相关描述的关键词进行重新编码，并按照三个维度进行合并和归类，最后对所列的关键词是否覆盖全部的访谈内容进行检测。通过访谈，相关指标得到了进一步修改、补充和完善。

3. 基于问卷调查法的指标遴选

在前两轮指标遴选的基础上，实施问卷调查，邀请 50 位职业教育、高等教育、生

① 成希. 研究型大学创新创业教育生态系统构建研究［D］. 长沙：湖南师范大学，2018.

态学领域以及教育管理部门的相关专家，对较为重要的区域高等职业教育生态系统承载力评价指标进行选择。同时，采用隶属度分析对这些指标进行筛选。具体操作如下：假设在第 i 个指标上，专家所选择这一指标的总次数是 N，说明总共有 N 位专家一致认为该指标是区域高等职业教育生态系统承载力的评价指标，所有的 N 均值为 P，标准差为 S，那么该指标的隶属度可以通过以下公式获得。

$$R_i = \frac{N_i}{50}(i = 1,\ 2,\ \cdots)$$

如果 R 值非常大，说明该项指标很重要，应该予以保留；如果 R 值很小，说明该项指标不重要，应该对此项指标予以删除。

4.2.2 指标的确定

经过文献研究、访谈和问卷调查，对指标进行层层修改、筛选和完善，最终从生态弹性度、资源-环境承载力和承载压力度三个维度，确定了区域高等职业教育生态系统承载力评价指标。

1. 生态弹性度指标

区域高等职业教育生态系统生态弹性度的大小取决于区域高等职业教育生态系统的本身状态，高等职业院校办学经费、院校规模、专业（群）建设、毕业生质量、社会服务能力、产教融合等条件决定了区域高等职业教育生态系统的性质，是区域高等职业院校发展和系统稳定的关键因素，同时也是影响区域高等职业教育生态系统弹性度大小的关键性因素。

区域高等职业教育生态系统生态弹性度的指标体系，按照层次分析法，分为目标层、准则层和指标层。评价目标（目标层：A）为区域高等职业教育的生态弹性度（A_1）。根据区域高等职业教育的特点，评价准则（准则层：B）确定为办学经费（B_1）、院校规模（B_2）、专业（群）建设（B_3）、毕业生质量（B_4）、社会服务能力（B_5）和产教融合（B_6）六个方面。评价指标（指标层：C）为各准则层的指标特性和承载力意义。办学经费（B_1）的指标为：年生均财政拨款额（C_1）。院校规模（B_2）的指标为：每十万人口高职教职工数（C_2）、每十万人口高职在校生数（C_3）。专业（群）建设（B_3）的指标为：专业点布局数（C_4）、省级高水平专业（群）数（C_5）。毕业生质量（B_4）的指标为：毕业生就业率（C_6）、毕业生月收入（C_7）、毕业生自主创业率（C_8）。社会服务能力（B_5）的指标为：横向技术服务到款额（C_9）、纵向科研服务到款额（C_{10}）、技术交易到款额（C_{11}）。产教融合（B_6）的指标为：企业提供的校内实践教学设备值（C_{12}）、企业兼职教师年课时总量（C_{13}）、校企合作开发课程数（C_{14}）、校企合作开发教材数（C_{15}）（见表 4-3）。

表 4-3　区域高等职业教育生态系统生态弹性度指标体系

目标层（A）	准则层（B）	指标层（C）
区域高等职业教育生态弹性度（A_1）	办学经费（B_1）	年生均财政拨款额（C_1）
	院校规模（B_2）	每十万人口高职教职工数（C_2） 每十万人口高职在校生数（C_3）
	专业（群）建设（B_3）	专业点布局数（C_4） 省级高水平专业（群）数（C_5）
	毕业生质量（B_4）	毕业生就业率（C_6） 毕业生月收入（C_7） 毕业生自主创业率（C_8）
	社会服务能力（B_5）	横向技术服务到款额（C_9） 纵向科研服务到款额（C_{10}） 技术交易到款额（C_{11}）
	产教融合（B_6）	企业提供的校内实践教学设备值（C_{12}） 企业兼职教师年课时总量（C_{13}） 校企合作开发课程数（C_{14}） 校企合作开发教材数（C_{15}）

2. 资源-环境承载力指标

区域高等职业教育的资源-环境承载力由区域高等职业教育资源承载力和区域高等职业教育环境承载力构成。根据层次分析法，评价目标（目标层：A）为区域高等职业教育资源-环境承载力（A_2）。评价准则（准则层：B）为区域高等职业教育资源承载力（B_1）和区域高等职业教育环境承载力（B_2）。

其中，评价准则层区域高等职业教育资源承载力（B_1）的体系为：评价指标（指标层：C_i）为准则层的指标特性和承载力意义。区域高等职业教育资源承载力的指标为校舍状况（C_1）、师资队伍状况（C_2）、教学条件设施（C_3）。

评价分指标（分指标层：C_{in}）为指标层对象的具体化。校舍状况（C_1）的分指标为：生均教学及辅助或行政用房面积（C_{11}）；师资队伍状况（C_2）的分指标为：双师素质专任教师比例（C_{21}）、硕士及以上学位教师比例（C_{22}）、高级职称教师比例（C_{23}）；教学条件设施（C_3）的分指标为：生均教学科研仪器设备值（C_{31}）、生均图书（C_{32}）。

评价准则层区域高等职业教育环境承载力（B_2）的体系为：评价指标（指标层：C_i）为准则层的指标特性和承载力意义。区域高等职业教育环境承载力的指标为政策制度环境（C_4）、经济环境（C_5）、文化环境（C_6）。评价分指标（分指标层：C_{in}）为指标层对象的具体化。政策制度环境（C_4）的分指标为：政策法规（C_{41}）、管理机制

(C_{42})；经济环境（C_5）的分指标为：区域经济发展水平（C_{51}）、高等职业教育投入（C_{52}）；文化环境（C_6）的分指标为：校企文化（C_{61}）、区域文化（C_{62}）（见表 4-4）。

表 4-4 区域高等职业教育生态系统资源-环境承载力指标体系

目标层（A）	准则层（B）	指标层（C_i）	分指标层（C_{in}）
区域高等职业教育资源-环境承载力（A_2）	资源承载力（B_1）	校舍状况（C_1）	生均教学及辅助或行政用房面积（C_{11}）
		师资队伍状况（C_2）	双师素质专任教师比例（C_{21}） 硕士及以上学位教师比例（C_{22}） 高级职称教师比例（C_{23}）
		教学条件设施（C_3）	生均教学科研仪器设备值（C_{31}） 生均图书（C_{32}）
	环境承载力（B_2）	政策制度环境（C_4）	政策法规（C_{41}） 管理机制（C_{42}）
		经济环境（C_5）	区域经济发展水平（C_{51}） 高等职业教育投入（C_{52}）
		文化环境（C_6）	校企文化（C_{61}） 区域文化（C_{62}）

3. 承载压力度指标

按照层次分析法，承载压力度分为目标层、准则层和指标层。评价目标（目标层：A）为区域高等职业教育的承载压力度（A_3）。

评价准则（准则层：B）为影响区域高等职业教育生态系统承载压力度的主要因素：资源压力度（B_1）、环境压力度（B_2）。

评价指标（指标层：C）为各准则层的指标特性和承载力意义。资源压力度（B_1）的指标为：校舍压力度（C_1）、教师压力度（C_2）、教学条件设施压力度（C_3）。环境压力度（B_2）的指标为：经济压力度（C_4）。其中，校舍压力度（C_1）对应数据为生均教学及辅助或行政用房面积，教师压力度（C_2）对应数据为生师比，教学条件设施压力度（C_3）对应数据为生均教学科研仪器设备值。经济压力度（C_4）对应数据为人均 GDP（见表 4-5）。

表 4-5　区域高等职业教育生态系统承载压力度指标体系

目标层（A）	准则层（B）	指标层（C）
区域高等职业教育承载压力度（A_3）	资源压力度（B_1）	校舍压力度（生均教学及辅助或行政用房面积）（C_1） 教师压力度（生师比）（C_2） 教学条件设施压力度（生均教学科研仪器设备值）（C_3）
	环境压力度（B_2）	经济压力度（人均 GDP）（C_4）

4.2.3　权重的赋值

一个合格的评估指标体系，各项指标权重必须通过科学计量工具确定。在指标体系权重计量中，层次分析法长期占据一定的地位。把握层次分析法权重计算原理，利用层次分析法辅助性软件 Yaahp10.5，有助于结合定性与定量科学方法测量区域高等职业教育生态系统承载力评价指标体系的权重。

1. 层次分析法

层次分析法（analytic hierarchy process，AHP），由美国匹兹堡大学教授萨迪（T. L. Saaty）于 20 世纪 70 年代提出，是一种定性与定量相结合的层次权重决策分析方法。

层次分析法，首先要将复杂问题条理化和层次化，即对问题中涉及的相互关联的因素按照不同属性划分为若干个指标，形成纵横交错的多层次分析结构。同一层次因素受上层因素的支配，同时也受到下层因素的影响。多层次分析结构通常由三个层次构成，即最高层、中间层和最低层（见图 4-1）。其中，最高层也叫目标层，表示层次分析要达到的总体目标或理想结果；中间层也称准则层，表示实现目标涉及的中间环节或需考虑的准则；最低层也称措施层或方案层，表示实现目标的具体措施、解决方案。层次分析结构确定了上下层次间各因素的隶属关系，但准则层中各准则在决策者心目中所占比例不同，为了量化其具体的影响程度，层次分析法引入 1 至 9 比率标度办法（见表 4-6），并形成判断矩阵，根据判断矩阵计算下一层次相对于上一层次的相对重要性权重。

表 4-6　指标评价尺度

重要性	极其重要	非常重要	明显重要	重要	一般	稍微不重要	不重要	很不重要	极其不重要
数值	9	7	5	3	1	1/3	1/5	1/7	1/9

注：以上评价尺度之间的中间值分别为 2、4、6、8、1/2、1/4、1/6、1/8。

判断矩阵则是指为了确定下一层次相对于上一层次的权重，将同一层次中的不同项目的重要性进行两两比较，哪个重要，重要多少，对重要性程度按照 1—9 赋值（见表 4-6）。假设某项指标体系中共有 4 个一级指标，作为 AHP 的决策目标 A，其影响因素有 B_i（$i=1, 2, 3, 4$），设其权重分别为 W_i（$i=1, 2, 3, 4$），$A=B_1W_1+B_2W_2+B_3W_3+B_4W_4$，建立判断矩阵 A：

$$A=\begin{bmatrix} w_1/w_1 & w_1/w_2 & w_1/w_3 & w_1/w_4 \\ w_2/w_1 & w_2/w_2 & w_2/w_3 & w_2/w_4 \\ w_3/w_1 & w_3/w_2 & w_3/w_3 & w_3/w_4 \\ w_4/w_1 & w_4/w_2 & w_4/w_3 & w_4/w_4 \end{bmatrix}$$

同样的判断矩阵可运用于其他二级指标、三级指标权重的构建。

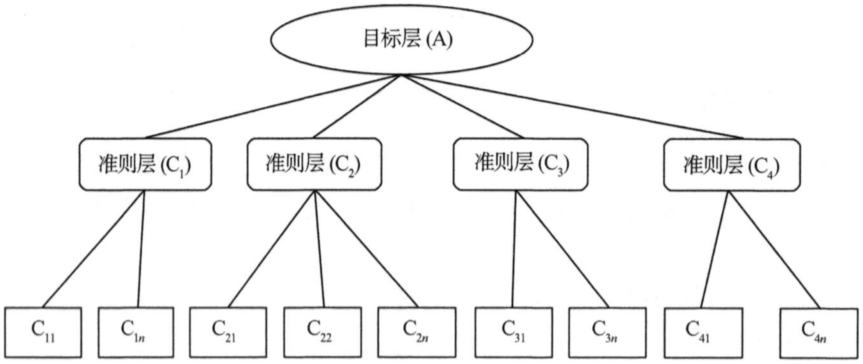

图 4-1　层次分析结构模型

为了确保权重计算结果的科学性，在此基础上，咨询多位相关领域内的专家学者(以 5 至 11 人为宜)，请求专家根据实际情况和理论判断，对同一层次不同指标之间进行两两比较，形成各自的判断矩阵。最后结合多个判断矩阵，计算各个指标的权重。具体计算步骤如下：

（1）计算判断矩阵各个指标权重的乘积 M_i ：

$$M_1=W_1/W_1\times W_1/W_2\times W_1/W_3\times W_1/W_4$$
$$M_2=W_2/W_1\times W_2/W_2\times W_2/W_3\times W_2/W_4$$
$$M_3=W_3/W_1\times W_3/W_2\times W_3/W_3\times W_3/W_4$$
$$M_4=W_4/W_1\times W_4/W_2\times W_4/W_3\times W_4/W_4$$

（2）计算 M_i 的 n 次方根 $\overline{W_i}$ ：

$$\overline{W_1}=\sqrt[4]{M_1}$$
$$\overline{W_2}=\sqrt[4]{M_2}$$
$$\overline{W_3}=\sqrt[4]{M_3}$$
$$\overline{W_4}=\sqrt[4]{M_4}$$

（3）对向量正规化，计量各项指标权重：

$$\sum_{i=1}^{n}\overline{W_i}=\overline{W_1}+\overline{W_2}+\overline{W_3}+\overline{W_4}$$

$$W_1=\frac{\overline{W_1}}{\sum_{i=1}^{n}\overline{W_i}}$$

$$W_2=\frac{\overline{W_2}}{\sum_{i=1}^{n}\overline{W_i}}$$

$$W_3=\frac{\overline{W_3}}{\sum_{i=1}^{n}\overline{W_i}}$$

$$W_4=\frac{\overline{W_4}}{\sum_{i=1}^{n}\overline{W_i}}$$

其他不同层次内各项指标权重同理可得。

（4）判断矩阵一致性检验：

第一步，计算判断矩阵的最大特征根：

$$\lambda_{\max}=\sum_{i=1}^{n}\frac{(AW)_i}{nW_i}$$

第二步，计算一致性指标 CI 值：

$$CI=\frac{\lambda_{\max}-n}{n-1}$$

第三步，层次总排序一致性检验：

$$CR=\frac{\sum_{i=1}^{m}a_iCI_i}{\sum_{i=1}^{m}a_iRI_i}$$

当 $CR<0.1$ 时，层次总排序结果具有满意的一致性，检验通过；当 $CR\geqslant0.1$ 时，层次总排序不符合一致性要求，检验未通过，需要对判断矩阵进行修正，或将判断矩阵废弃后重新构造。

2. 区域高等职业教育生态系统承载力评价指标体系权重赋值步骤

Yaahp（Yet Another AHP）软件是一款层次分析法辅助软件，Yaahp10.5 软件对于计算各级指标权重、构建评价指标体系，能够提供指导借鉴。经过多次开发完善，该软件具备了一系列包括层次模型构造、判断矩阵生成与检验、权重数据录入与计算、群决策与专家调查问卷生成、专家数据导入与检验、灵敏度分析、结合 AHP 的模糊综合分析在内的较为完备的功能。其中，专家群决策功能，是研究中各级各项指标权重获取的重要媒介。区域高等职业教育生态系统承载力评价指标体系权重赋值步骤具体如下：

第一，将反复论证筛选最终确定的区域高等职业教育生态系统承载力指标体系录入至 Yaahp10.5 软件，构建层次分析模型；

第二，利用 Yaahp10.5 软件中的“判断矩阵”功能，自动生成判断矩阵；

第三，向咨询专家解释层次分析法基本原理与 Yaahp10.5 软件操作办法，请求专家对准则层、指标层、分指标层中各项指标的重要程度进行判断。不同的专家学者分别针对指标体系进行判断，形成判断矩阵后，相应录入系统；

第四，导入咨询专家的层次分析数据，利用 Yaahp10.5 软件中的群决策功能，采用专家数据集结方法，各专家排序向量加权算术平均，计算各级指标权重。

第五，利用软件相关功能进行一致性调整、残缺补全、排序权重计算、群决策计算，生成权重计算结果，得到区域高等职业教育生态系统承载力测评指标体系的权重。

（1）区域高等职业教育生态系统生态弹性度指标权重，见表 4-7、表 4-8 和图 4-2。

表 4-7　第 1 个中间层中要素对决策目标的排序权重

中间层要素	权重
毕业生质量	0.313 9
社会服务能力	0.216 0
专业（群）建设	0.156 2
产教融合	0.124 6
办学经费	0.113 6
院校规模	0.075 6

表 4-8　第 2 个中间层中要素对决策目标的排序权重

中间层要素	权重
毕业生就业率	0.172 3
年生均财政拨款额	0.113 6
技术交易到款额	0.112 8
省级高水平专业（群）数	0.087 3
毕业生自主创业率	0.086 6
横向技术服务到款额	0.084 7
专业点布局数	0.068 9
毕业生月收入	0.055 0
企业兼职教师年课时总量	0.048 0
每十万人口高职在校生数	0.047 3
企业提供的校内实践教学设备值	0.040 6
每十万人口高职教职工数	0.028 3
校企合作开发教材数	0.020 0
纵向科研服务到款额	0.018 6
校企合作开发课程数	0.016 0

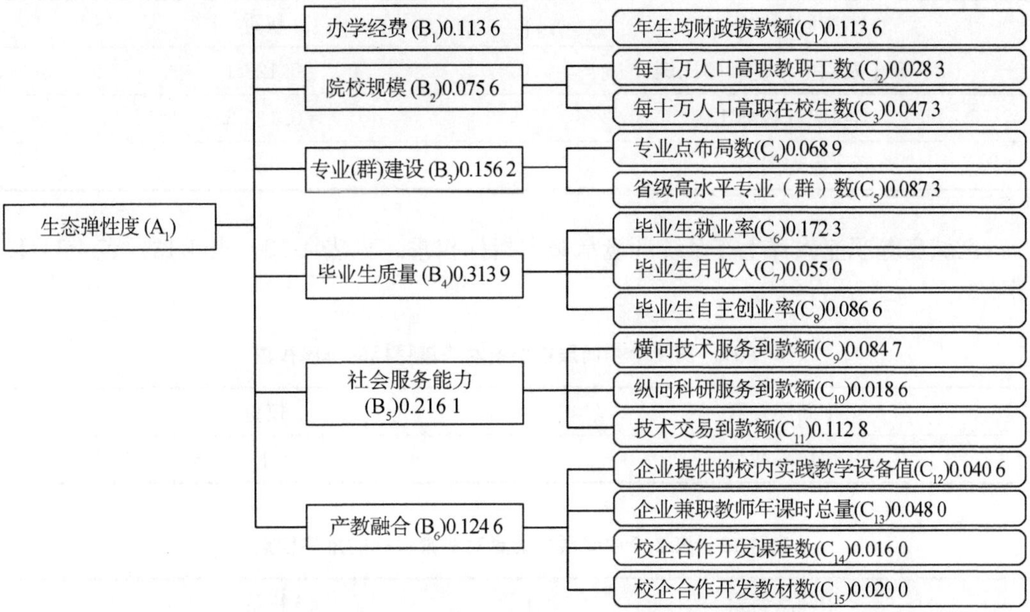

图 4-2　区域高等职业教育生态系统生态弹性度指标权重

（2）区域高等职业教育生态系统资源承载力指标权重，见表 4-9、表 4-10、表 4-11 和图 4-3。

表 4-9　第 1 个中间层中要素对决策目标的排序权重

中间层要素	权重
资源承载力	1

表 4-10　第 2 个中间层中要素对决策目标的排序权重

中间层要素	权重
师资队伍状况	0.531 9
教学条件设施	0.329 4
校舍状况	0.138 6

表 4-11　第 3 个中间层中要素对决策目标的排序权重

中间层要素	权重
双师素质专任教师比例	0.293 3
生均教学科研仪器设备值	0.266 1
生均教学及辅助或行政用房面积	0.138 6

续表

中间层要素	权重
硕士及以上学位教师比例	0.128 1
高级职称教师比例	0.110 5
生均图书	0.063 3

区域高等职业教育生态系统环境承载力指标权重，见表4-12、表4-13、表4-14和图4-3。

表4-12　第1个中间层中要素对决策目标的排序权重

中间层要素	权重
环境承载力	1

表4-13　第2个中间层中要素对决策目标的排序权重

中间层要素	权重
经济环境	0.485 8
政策制度环境	0.367 9
文化环境	0.146 7

表4-14　第3个中间层中要素对决策目标的排序权重

中间层要素	权重
区域经济发展水平	0.335 3
政策法规	0.272 7
高等职业教育投入	0.150 5
校企文化	0.107 4
管理机制	0.095 2
区域文化	0.039 3

（3）区域高等职业教育生态系统承载压力度指标权重，见表4-15、表4-16和图4-4。

表4-15　第1个中间层中要素对决策目标的排序权重

中间层要素	权重
环境压力度	0.560 0
资源压力度	0.440 0

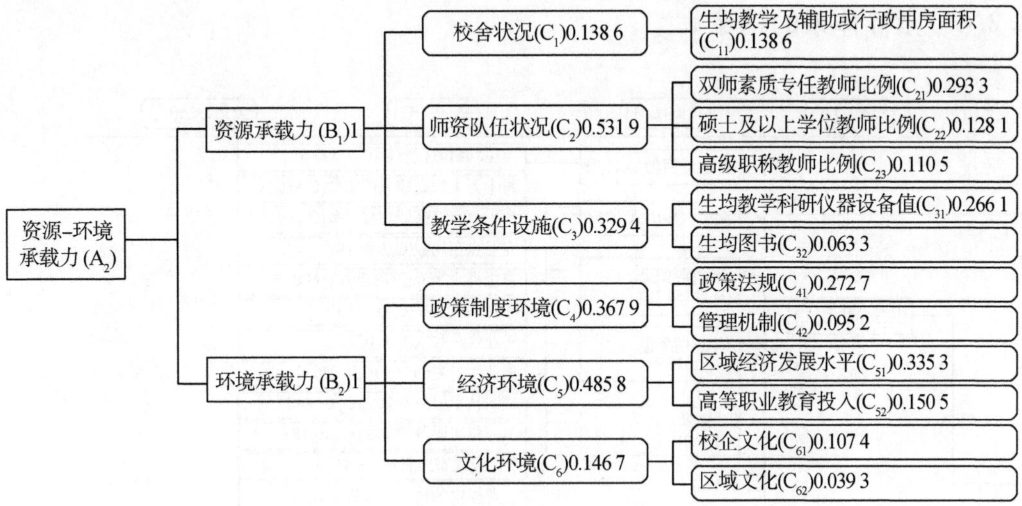

图 4-3　区域高等职业教育生态系统资源-环境承载力指标权重

表 4-16　第 2 个中间层中要素对决策目标的排序权重

中间层要素	权重
经济压力度（人均 GDP）	0.560 0
教师压力度（生师比）	0.266 8
教学条件设施压力度（生均教学科研仪器设备值）	0.119 2
校舍压力度（生均教学及辅助或行政用房面积）	0.053 9

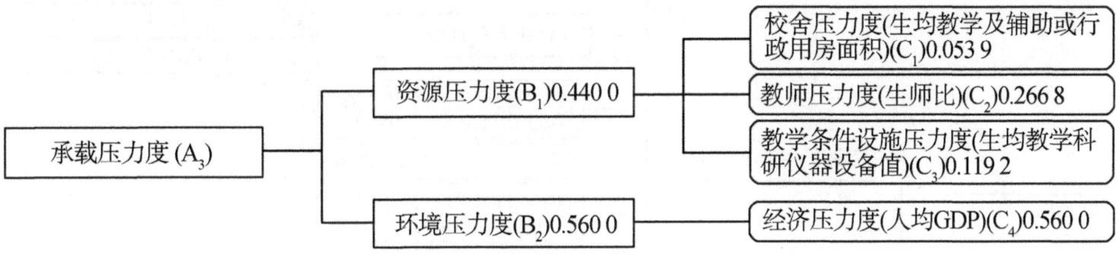

图 4-4　区域高等职业教育生态系统承载压力度指标权重

4. 2. 4 指标体系的构建

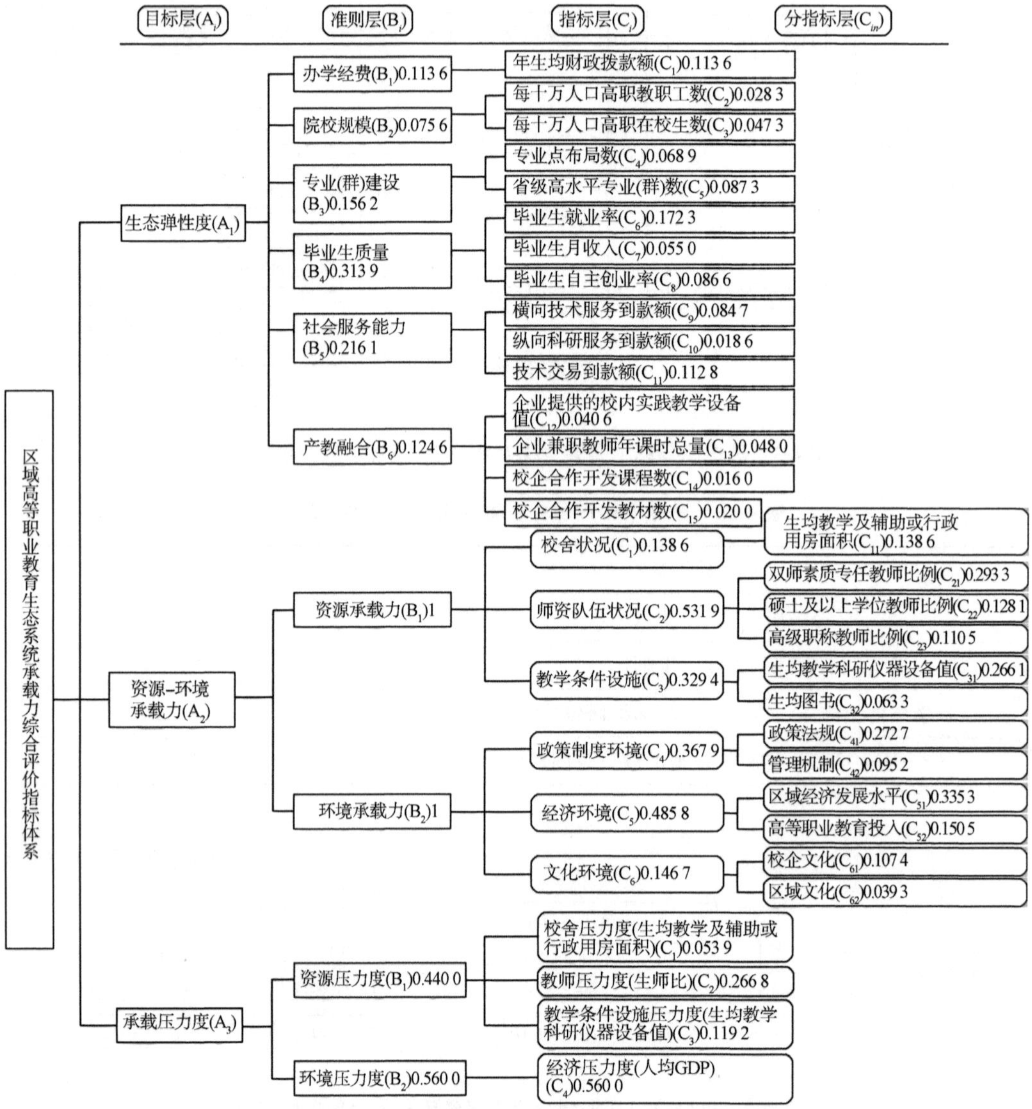

图 4-5　区域高等职业教育生态系统承载力综合评价指标体系

4.3　区域高等职业教育生态系统承载力的测量

4.3.1　生态承载力基本判定指标①

1. 承载指数

假设承载媒体 S 的承载能力是客观存在的，其承载力大小为 CCS，通常情况下，承载媒体的承载能力总是取决于 x_1，x_2，…，x_n 等 n 个因子，则该承载媒体的承载力大小 CCS 可用数学式表达为：

$$CCS = f(x_1, x_2, x_3, \cdots, x_n)$$

若 x_1，x_2，x_3，…，x_n 的相应承载分量或承载分值分别为 S_1，S_2，S_3，…，S_n，每个因子所占的权重为 W_i，则定义为：

$$CSI = CCS = \sum_{i=1}^{n} S_i \cdot W_i$$

CSI 称为承载指数。从中可见，承载指数的大小取决于各承载分量的大小 S_i 和各分量的权重值 W_i。CSI 越大，表示承载能力越大。

2. 压力指数

同样，假设承载对象 P 的压力是客观存在的，其压力大小为 CCP，承载对象 P 的压力大小取决于 y_1，y_2，y_3，…，y_n 等 n 个因子，则该承载对象的承载力大小 CCP 可用数学式表达为：

$$CCP = f(y_1, y_2, y_3, \cdots, y_n)$$

若 y_1，y_2，y_3，…，y_n 的相应承载分量或承载分值分别为 P_1，P_2，P_3，…，P_n，每个因子所占的权重为 W_i，则定义：

$$CPI = CCP = \sum_{i=1}^{n} P_i \cdot W_i$$

CPI 称为压力指数。CPI 越大，表示对系统的压力越大。

4.3.2　区域高等职业教育生态系统承载力的测量

与自然生态系统承载力一样，区域高等职业教育生态系统承载力的承载对象也是人，基本的承载媒体由师资队伍、资产条件状况等客观实在组成，且是可准确量化的值，因此区域高等职业教育生态承载力的基本判定指标可以借鉴自然生态承载力判定指标。

1. 区域高等职业教育生态系统生态弹性度的测量

在区域高等职业教育生态系统中，院校规模、办学经费、专业（群）建设、毕业

① 高吉喜. 可持续发展理论探索：生态承载力理论、方法与应用［M］. 北京：中国环境科学出版社，2001：57-63.

生质量、社会服务能力以及产教融合决定了区域高等职业教育生态系统生态弹性度的情况。区域高等职业教育生态系统的生态弹性度用以下公式进行计算：

$$CSI^{eco}=\sum_{i=1}^{n}S_i^{eco}\cdot W_i^{eco}$$

式中 CSI^{eco}——生态弹性度；S_i^{eco}——生态系统特征要素的分值，要素包括院校规模、办学经费、专业（群）建设、毕业生质量、社会服务能力以及产教融合等；W_i^{eco}——要素 i 相对应的权重值。

2. 区域高等职业教育生态系统资源-环境承载力的测量

在区域高等职业教育生态系统中，影响区域高等职业教育发展的主要资源承载力指标是校舍状况、师资队伍状况、教学条件设施等；影响区域高等职业教育发展的主要环境承载力指标为政策制度环境、经济环境和文化环境等。

（1）区域高等职业教育生态系统资源承载力用以下公式进行计算：

$$CSI^{res}=\sum_{i=1}^{n}S_i^{res}\cdot W_i^{res}$$

式中 CSI^{res}——资源承载指数；S_i^{res}——资源的组成要素的分值，要素包括师资队伍状况、教学条件设施、校舍状况等；W_i^{res}——要素 i 的相应权重值。

（2）区域高等职业教育生态系统环境承载力用以下公式进行计算：

$$CSI^{env}=\sum_{i=1}^{n}S_i^{env}\cdot W_i^{env}$$

式中 CSI^{env}——环境承载指数；S_i^{env}——环境的组成要素的分值，要素包括表政策制度环境、经济环境、文化环境等；W_i^{env}——要素 i 的相应权重值。

3. 区域高等职业教育生态系统承载压力度的测量

承载压力度主要包括资源压力度和环境压力度，二者又可以具体用校舍压力度、教师压力度、教学条件设施压力度和经济压力度作为指征。区域高等职业教育生态系统的承载压力度用以下公式进行计算：

$$CPI^{pop}=\sum_{i=1}^{n}P_i^{pop}\cdot W_i^{pop}$$

式中 CPI^{pop}——压力指数；P_i^{pop}——在校生数量；W_i^{pop}——在校生的教学质量权重值。

4.4　区域高等职业教育生态系统承载力的综合评价

首先，根据区域高等职业教育生态系统的生态弹性度、资源-环境承载力和承载压力度三项指标的计算结果，分别对这三项指标进行评价，然后综合三项指标对区域高等职业教育生态系统的生态承载力状况进行综合评价（见图 4-6）。

在区域高等职业教育生态系统承载力分级评价表中，对于生态弹性度的评价，主要反映的是系统的自我抗压能力和自我修复能力的高低，所以分值越高，表示系统的自我抗压和自我修复能力越强，系统承载稳定性越高。根据分值高低可以分为很稳定、较稳定、中等稳定、不稳定和弱稳定。对资源-环境承载力评价，分值的大小表示现实承载力的高低。根据分值高低，可以分为高承载、较高承载、中等承载、低承载和弱承载。对承载压力度评价，分值高低反映了生态系统的压力大小。根据分值高低，可以分为强压、较高压、中压、低压和弱压（见表 4-17）。

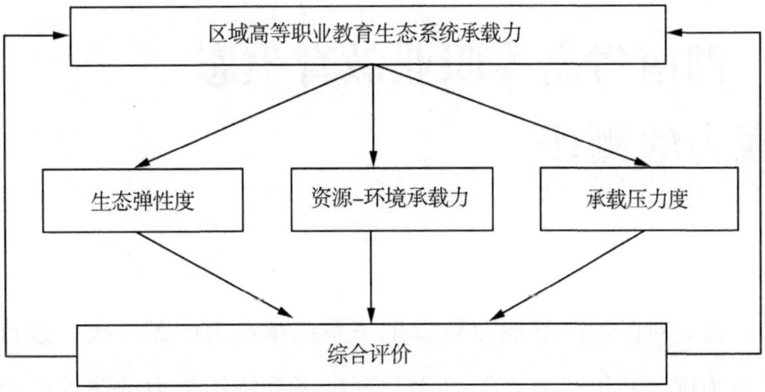

图 4-6　区域高等职业教育生态系统承载力综合评价模型

表 4-17　区域高等职业教育生态系统承载力分级评价表①

分值	生态弹性度	资源-环境承载力	承载压力度
20 分及以下	弱稳定	弱承载	弱压
21—40 分	不稳定	低承载	低压
41—60 分	中等稳定	中等承载	中压
61—80 分	较稳定	较高承载	较高压
80 分以上	很稳定	高承载	强压

① 参考高吉喜“生态承载力分级评价表”。

第5章 湖南省高等职业教育生态系统承载力的测评

上个章节，已经对区域高等职业教育生态系统承载力的测评模型进行了建构，因此本章以湖南省为例，利用区域高等职业教育生态系统承载力的测评模型，对湖南省高等职业教育生态系统的承载力进行测量与评价，为湖南省高等职业教育的可持续发展提供参考依据。

5.1 湖南省高等职业教育发展状况

湖南省高等职业教育起步于20世纪90年代中期，在国家教委的统一部署下，进行了以初中毕业生为招生对象的五年制高等职业教育试点，1998年开始设置独立的职业技术学院。近几年来，为适应湖南省社会经济发展和高等教育大众化的要求，高等职业教育得到了迅速发展。湖南的职业教育一直在改革中求发展，在发展中不断改革，通过改革解决发展中的问题。经过多年的改革，湖南省的职业教育无论是规模还是经验，在全国都具有较大的影响。

湖南省高职教育发展以人民群众对高职的需求以及经济社会发展对高职的要求为导向，强化卓越高职院校的引领作用，重视特色专业（群）示范建设，深化产教融合，关注高职教育的问题诊改和质量改进，着力打造现代职业教育体系，取得了较为显著的成效。

5.1.1　规模状况

2023 年，湖南省开展高等职业教育专业招生的高职高专院校为 85 所，围绕长株潭区域、洞庭湖区域、大湘南区域和大湘西区域，湖南省布局卓越高职院校和一般高职院校，并在长株潭、洞庭湖两大区域板块建设了长沙、株洲、常德 3 个职教城，基本形成了湖南省高等职业教育的三大方阵格局，即以国家示范和骨干院校为主的第一方阵、以省级示范和骨干院校为主的第二方阵和以其他高职院校为主的第三方阵①。近年来湖南省高职院校在校学生人数逐年攀升（见图 5-1），目前办学规模位居全国第 5。

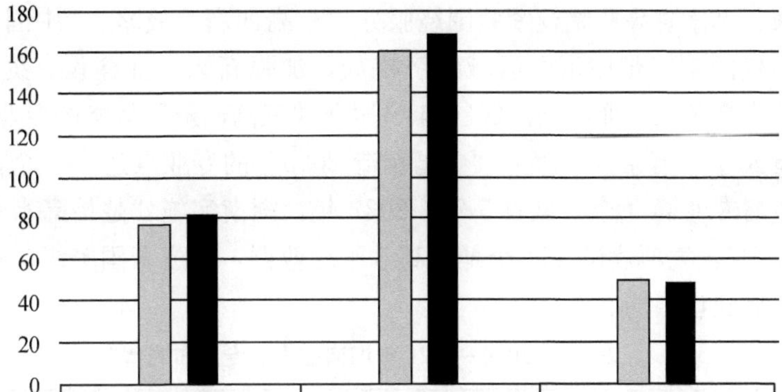

	高职院校全日制在校生人数/万人	湖南省高校在校生人数/万人	占比/%
2021年	77.76	159.61	48.72
2022年	81.59	168.51	48.42

图 5-1　2021—2022 年湖南省高职院校在校生数及在全省高等学校在校生总数占比

5.1.2　毕业生质量状况

湖南省高职人才培养宏观质量持续向好，培养了一大批高素质技术技能型人才，较好地服务了区域经济发展。2020 届和 2021 届毕业生就业率分别为 77.65％和 89.07％，2021 年较 2020 年上升 11.42 个百分点，高出本科高校（含独立学院）应届毕业生就业率 1.16 个百分点；2020 届和 2021 届毕业生对口就业率分别为 74.72％和 76.69％，增长率为 2.63％。此外，疫情期间，毕业生自主创业率呈现下降趋势，但毕业生月收入持续保持稳定增长，2021 年增长率为 2.46％（见表 5-1）。

---

① 罗源．“双一流”建设背景下湖南省卓越高职院校建设思考［J］．中国管理信息化，2017，20（18）：248-249.

表 5-1 2020—2021 年湖南省高职毕业生就业率、自主创业率及月收入情况

指标	2020 届	2021 届	增长率
就业率	77.65%	89.07%	14.7%
对口就业率	74.72%	76.69%	2.63%
自主创业率	1.71%	1.28%	−25.1%
月收入	3 607 元/月	3 696 元/月	2.46%

数据来源：根据 2021、2022 年《湖南省高等职业教育质量年度报告》统计。

5.1.3 专业（群）建设状况

近年来，湖南省高职院校紧紧围绕服务“三高四新”战略、“中国制造 2025”，聚焦全省“一核两副三带四区”区域经济格局，加强新兴专业建设，提高专业集聚度，形成具有湖南特色的专业布局。2021 年，服务“三高四新”战略的专业点达 1 214 个，输送高技能人才 8 万余人，服务“中国制造 2025”的专业点达 714 个，新增服务“三高四新”战略专业群 8 个（见表 5-2）；2022 年，湖南实施“楚怡高水平高职学校和专业群建设计划”，立项建设 150 个楚怡高水平专业群，形成了国家级、省级、校级三级高水平专业群建设格局。

表 5-2 2020—2021 年湖南省高职专业布局情况

	服务“三高四新”战略专业点/个	服务“中国制造 2025”的专业点/个
2020	1 130	677
2021	1 214	714

数据来源：根据 2020、2021 年《湖南省高等职业教育质量年度报告》统计。

5.1.4 师资队伍状况

总体来看，湖南省高职院校师资队伍结构日趋合理，全省高职院校领军人才的培养引进和教学团队建设成效显著。2022 年，全省高职院校专任教师总数为 34 973 人，生师比 18∶1；“双师素质”教师比例、硕士及以上学位教师比例、高级职称教师比例均达到预期（见图 5-2）。同时，湖南省启动“楚怡”高水平教师队伍建设，设立教学名师、教师教学创新团队、名师大师工作室、教师技艺技能传承创新平台等项目，加速名师大师培养。至 2022 年，全省高职院校通过实施“芙蓉学者”“芙蓉教学名师”“湖湘青年英才”等计划，引进、培养高层次领军人才 1 105 人，建立名师大师工作室 566 个，较 2021 年分别增加 2.4%、6.0%。

5.1.5 办学条件状况

一方面，生均经费政策落实到位。为了解决省属高职院校与市州高职院校投入发

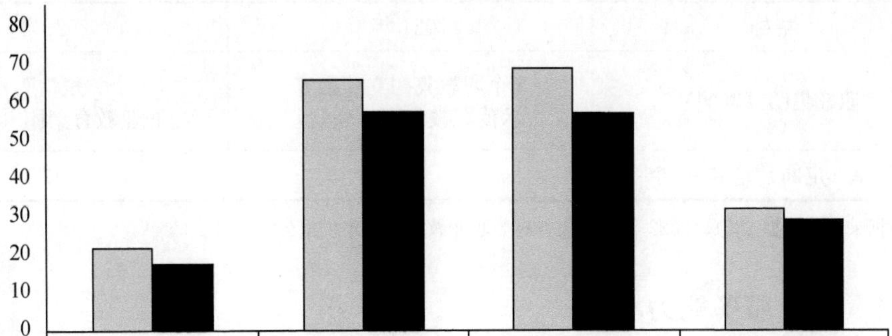

	生师比	双师教师比例/%	硕士及以上学位教师比例/%	高级职称教师比例/%
2021年	22.21	65.67	68.15	31.83
2022年	18	57.42	56.9	29.5

图 5-2　2021—2022 年湖南省高等职业教育师资队伍情况

展不均衡，市州之间财政投入差别较大的问题，近年来，对全省高职院校生均经费落实情况进行督查，及时了解市州高职院校生均经费投入的真实水平，督促尚未达到标准的市州全力整改。通过督查，全省高职院校生均投入均已达到或超过 1.2 万元标准。另一方面，基础能力建设得到支持。2022 年，全省高职院校教学仪器平均值为 9 089.64万元，生均教学科研仪器设备值为 8 715.39 元，新增实训面积 26.30 万平方米，生均校内实践教学工位数为 0.62 个。

5.1.6　产教融合状况

湖南省高职院校坚持以产教融合、校企合作为主线，推动产业优秀元素深度融入教育教学过程，促进教学革新和院校服务能力提升。数据显示，企业提供的校内实践教学设备值、企业兼职教师年课时总量、校企合作开发课程数和教材数逐年增长。同时，湖南省高职院校聚焦“湖湘工匠”培养，大力推进现代学徒制，2022 年，全省高职院校实施中国特色学徒制专业数达到 419 个，较 2021 年增长 10.96%。为进一步增强人才培养的适用性和针对性，湖南省高职院校还积极开展订单（定向）培养，2022 年订单（定向）培养班 2 657 个，在校生人数达 10.08 万人。此外，全省高职院校开展集团化办学，2022 年，湖南省遴选立项建设 30 个“楚怡”示范性职业教育集团（联盟），基本覆盖全省优势产业、特色产业和战略性新兴产业（见表 5-3）。

表 5-3　2021—2022 年湖南省高等职业教育产教融合情况

指标	2021 年	2022 年
中国特色学徒制试点专业/个	374	419

续表

指标	2021 年	2022 年
职教集团（联盟）	8 个职教集团立项国家示范职教集团（联盟）	30 个“楚怡”示范性职业教育集团（联盟）
订单（定向）培养班/个	30	42

数据来源：根据 2021、2022 年《湖南省高等职业教育质量年度报告》统计。

5.1.7 社会服务能力状况

湖南省高职院校紧密对接“一带一路”倡议、“中国制造 2025”等国家重大战略，服务湖南“创新引领开放崛起”“三高四新”等地方战略需要，充分利用专业和资源优势，主动拓展社会服务功能。各高职院校积极扩大职业培训规模，2022 年开展高质量职业培训总人数达 57.85 万人。同时，精准对接区域重点产业和先进制造业，主动融入产业链，积极与企业、行业、研究机构共建技术创新平台，为行业企业转型升级提供技术支撑。2022 年校企共建技术创新平台累计 462 个，纵向科研经费到款 8 372.62 万元。此外，高职院校也积极自主结对帮扶农村中职学校，为受扶中职学校培训师资，2022 年全省高职院校派出帮扶人员 2 630 名，为帮扶中职学校培训师资 3 823 名，较 2021 年分别增长 19.93%、45.86%（见图 5-3）。

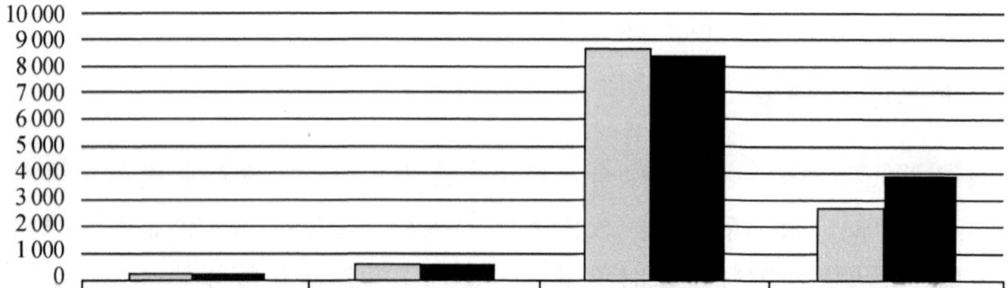

	高质量职业培训/万人	校企共建技术创新平台累计数/个	纵向科研经费到款额/万元	为帮扶院校培训师资人数/人
2021年	57.54	433	8 608.5	2 621
2022年	57.85	462	8 372.62	3 823

图 5-3 2021—2022 年湖南省高等职业教育社会服务能力情况

5.2　2021—2022 年湖南省高等职业教育生态系统承载力的测量

5.2.1　数据来源

基于数据的可获取性，本研究选取了湖南省 2021—2022 年高等职业教育发展数据，以江苏省的数据作为参考值①，对湖南省高等职业教育生态承载力进行实证分析。

本研究的大部分数据来源于《中国高等职业教育质量年度报告》（2022 年、2023 年）、《湖南省高等职业教育质量年度报告》（2021 年、2022 年）、《江苏省高等职业教育质量年度报告》（2022 年、2023 年）、《中国统计年鉴》（2022 年、2023 年）、《中国教育统计年鉴》（2022 年、2023 年）、《中国教育经费统计年鉴》（2022 年、2023 年）、教育部网站、国家统计局网站、中国高职高专教育网；此外，还有部分数据是通过湖南省教育厅数据中心获取的。

5.2.2　生态弹性度的测量

2021—2022 年湖南省高等职业教育生态系统生态弹性度的指标体系可见图 5-4。

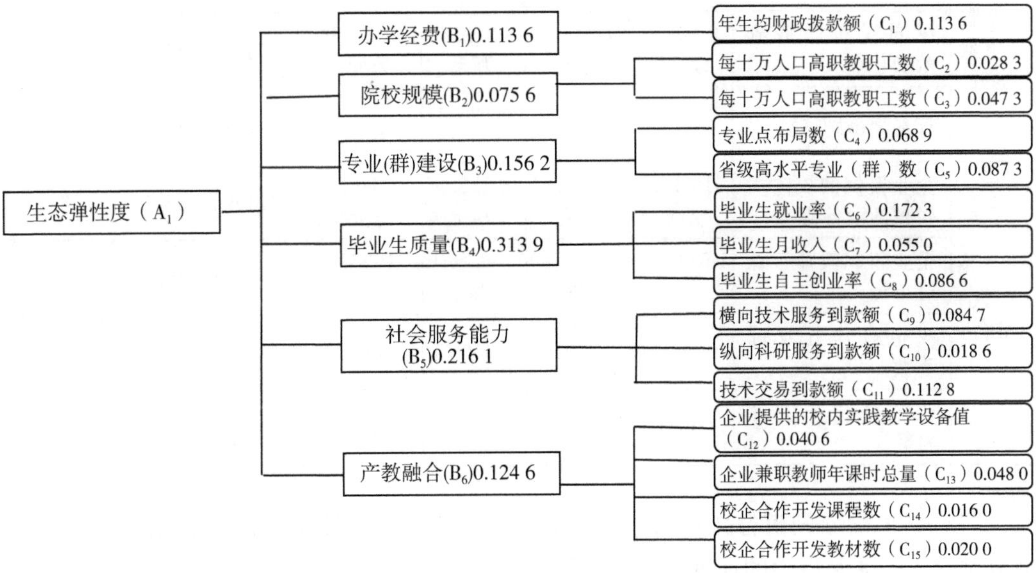

图 5-4　湖南省高等职业教育生态系统生态弹性度指标体系

---

①　测评湖南省高等职业教育系统承载力的分值，需要有相应的标准或参考值。以江苏省的数据作为参考值，一是因为江苏省高等职业教育发展优势明显、办学特色突出，堪称我国高等职业教育发展的一个缩影和典范，具有较强的参考意义和价值；二是由于某些指标的全国均值，并未在权威出版物和网站上公开发布，经向相关部门征询，有些数据涉及保密，无法获取。

表 5-4　2021—2022 年湖南省高等职业教育系统生态弹性度指标分值

准则层	指标层	2021 年		2022 年		权重	分值	
		湖南值	参考值	湖南值	参考值		2021 年	2022 年
办学经费	年生均财政拨款额	14 185 元	18 670.71 元	13 927 元	14 651.62 元	0.113 6	76.0	95.1
院校规模	每十万人口高职教职工数	65.14 人	59.23 人	67.32 人	64.95 人	0.028 3	110.0	103.6
	每十万人口高职在校生数	1 174.23 人	1 110.69 人	1 235.48 人	1 203.2 人	0.047 3	105.7	102.7
专业（群）建设	专业点布局数	620 个	822 个	640 个	845 个	0.068 9	75.4	75.7
	省级高水平专业（群）	150 个	144 个	150 个	144 个	0.087 3	104.2	104.2
毕业生质量	毕业生就业率	89.07%	91.05%	89.23%	77.71%	0.172 3	97.8	114.8
	毕业生月收入	3 696 元	4 275.16 元	4 120.85 元	4 426.3 元	0.055	86.5	93.1
	毕业生自主创业率	1.28%	0.62%	0.95%	1.22%	0.086 6	206.5	77.9
社会服务贡献能力	横向技术服务到款额	29 843.3 万元	100 087.37 万元	23 355.59 万元	83 064.53 万元	0.084 7	29.8	28.1
	纵向科研服务到款额	8 608.5 万元	27 647.86 万元	8 372.62 万元	18 020.69 万元	0.018 6	31.1	46.5
	技术交易到款额	9 542.4 万元	52 236.59 万元	1 566.01 万元	9 640.26 万元	0.112 8	18.3	16.2
产教融合	企业提供的校内实践教学设备值	31 011.7 万元	93 093.68 万元	36 112.55 万元	94 676.3 万元	0.040 6	33.3	38.1
	企业兼职教师年课时总量	1 541 565 课时	3 139 599 课时	1 636 786.15 课时	3 209 935.3 课时	0.048	49.1	51.0
	校企合作开发课程数	1 350 门	14 398 门	1 500 门	14 428 门	0.016	9.4	10.4
	校企合作开发教材数	900 本	9 209 本	1 233 本	2 948 本	0.02	9.8	41.8

2021—2022 年湖南省高等职业教育系统生态弹性度的测量方法是将表 5-4 中的数值分别代入资源承载力的计算公式进行测算：

$$CSI^{eco}=\sum_{i=1}^{n}S_i^{eco}\cdot W_i^{eco}$$

式中 CSI^{eco}——生态弹性度；S_i^{eco}——生态系统特征要素的分值，要素包括院校规模、办学经费、专业（群）建设、毕业生质量、社会服务能力以及产教融合等；W_i^{eco}——要素 i 相对应的权重值。

经过测算可以得出，2021 年湖南省高等职业教育生态系统的生态弹性度为 79.75，

2022 年的生态弹性度为 74.62（见表 5-5）。

表 5-5　2021—2022 年湖南省高等职业教育生态系统生态弹性度

因素	得分	
	2021 年	2022 年
办学经费	8.63	10.8
院校规模	8.11	7.79
专业（群）建设	14.29	14.31
毕业生质量	39.49	31.64
社会服务能力	5.17	5.07
产教融合	4.06	5.01
生态弹性度	79.75	74.62

5.2.3　资源-环境承载力的测量

1. 2021—2022 年湖南省高等职业教育生态系统资源承载力的测量

2021—2022 年湖南省高等职业教育生态系统资源-环境承载力的指标体系见图 5-5。

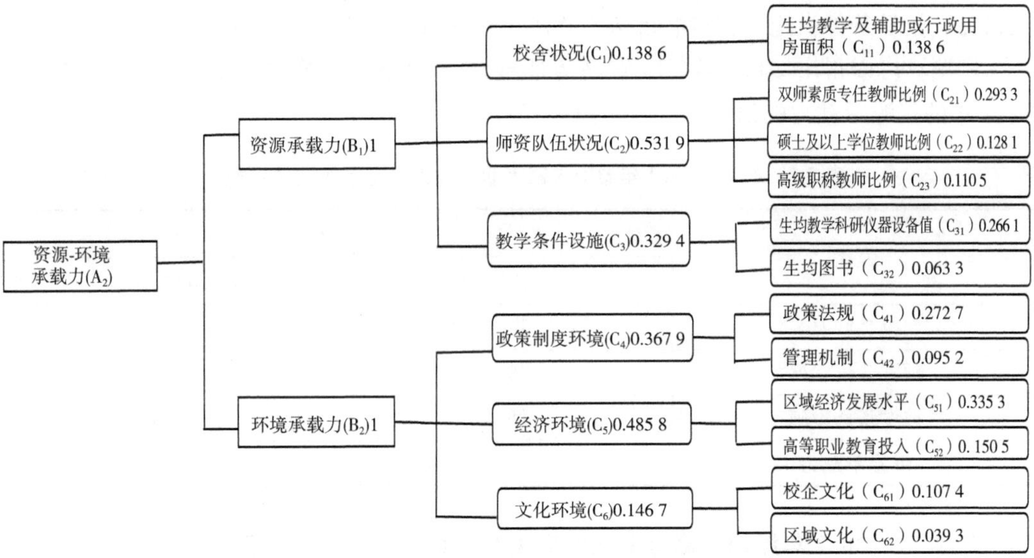

图 5-5　湖南省高等职业教育生态系统资源-环境承载力指标体系

表 5-6　2021—2022 年湖南省高等职业教育生态系统资源承载力指标分值

指标层	分指标层	2021 年		2022 年		权重	分值	
		湖南值	参考值	湖南值	参考值		2021 年	2022 年
校舍状况	生均教学及辅助或行政用房面积	23.58 平方米	23.06 平方米	18.49 平方米	19.17 平方米	0.138 6	102.3	96.5
师资队伍状况	双师素质专任教师比例	65.67%	80.23%	57.42%	75.15%	0.293 3	81.9	76.4
	硕士及以上学位教师比例	68.15%	72.38%	56.9%	73.67%	0.128 1	94.2	77.2
	高级职称教师比例	31.83%	38.56%	29.5%	36.88%	0.110 5	82.5	80.0
教学条件设施	生均教学科研仪器设备值	8 622.92 元	17 090.28 元	8 715.39 元	15 664.24 元	0.261 1	50.5	55.6
	生均图书	68.65 册	86 册	64 册	75 册	0.063 3	79.8	85.3

将表 5-6 中的数值代入区域高等职业教育生态系统的资源承载力计算公式：

$$CSI^{res}=\sum_{i=1}^{n}S_i^{res}\cdot W_i^{res}$$

式中 CSI^{res}——资源承载指数；S_i^{res}——资源的组成要素的分值，要素包括师资队伍状况、教学条件设施、校舍状况等；W_i^{res}——要素 i 的相应权重值。

经测算可以得出 2021 年湖南省高等职业教育生态系统资源承载力的值为 77.7，2022 年的资源承载力的值为 74.4（见表 5-7）。

表 5-7　2021—2022 年湖南省高等职业教育生态系统资源承载力

因素	得分	
	2021 年	2022 年
校舍状况	14.2	13.4
师资队伍状况	45.2	41.1
教学条件设施	18.3	19.9
资源承载力	77.7	74.4

2. 2021—2022 年湖南省高等职业教育生态系统环境承载力的测量

区域高等职业教育生态系统环境承载力的指标主要包括政策制度环境、经济环境和文化环境等，可以用以下公式进行计算：

$$CSI^{env}=\sum_{i=1}^{n}S_i^{env}\cdot W_i^{env}$$

式中 CSI^{env}——环境承载指数；S_i^{env}——环境的组成要素的分值，要素包括政策制度环境、经济环境、文化环境等；W_i^{env}——要素 i 的相应权重值。

其中政策制度环境承载力、文化环境承载力的相关指标无法量化，也缺乏相关的可替代数据，且环境承载指数对湖南省高等职业教育生态系统承载力的分析意义主要在于表明理论层面的关系和作为定性分析的指标。因此，对环境承载力不做量化分析，仅进行定性分析。我国当下的政策法规、管理机制和主流文化是有利于湖南省高等职业教育系统发展的；区域经济对区域高等职业教育的发展起着非常重要而明显的作用，政府财政对湖南省高等职业教育的资金投入逐年增长，在对湖南省高等职业教育系统的支持上是稳定且有保障的。

5.2.4　承载压力度的测量

2021—2022 年湖南省高等职业教育生态系统承载压力度的指标体系见图 5-6。

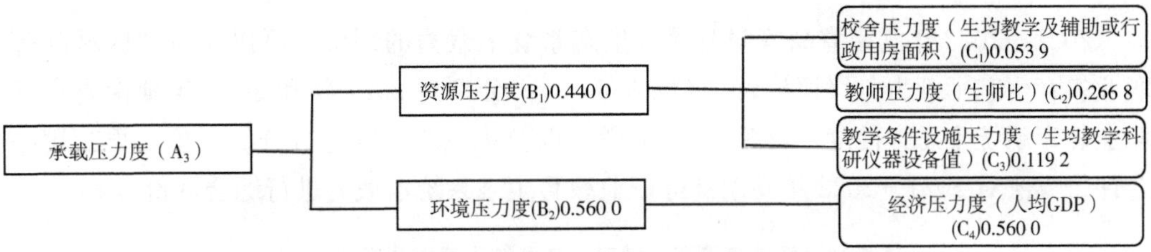

图 5-6　湖南省高等职业教育生态系统承载压力度指标体系

表 5-8　湖南省高等职业教育生态系统承载压力度指标分值

准则层	指标层	2021 年		2022 年		权重	分值	
		湖南值	参考值	湖南值	参考值		2021 年	2022 年
资源压力度	校舍压力度（生均教学及辅助或行政用房面积）	23.58 平方米	23.06 平方米	18.49 平方米	19.17 平方米	0.053 9	102.3	96.5
	教师压力度（生师比）	22.21	14.97	18	13.48	0.266 8	148.4	133.5
	教学条件设施压力度（生均教学科研仪器设备值）	8 622.92 元	17 090.28 元	8 715.39 元	15 664.24 元	0.119 2	50.5	55.6
环境压力度	经济压力度（人均GDP）	6.6	13.73	7	14.4	0.56	48.1	48.6

将表 5-8 中的数值代入区域高等职业教育生态系统的承载压力度测算公式：

$$CPI^{pop} = \sum_{i=1}^{n} P_i^{pop} \cdot W_i^{pop}$$

经计算，可以得到 2021 年湖南省高等职业教育生态系统承载压力度为 78，2022 年承载压力度为 74.6（见表 5-9）。

表 5-9　2021—2022 年湖南省高等职业教育生态系统承载压力度

因素	得分	
	2021 年	2022 年
资源压力度	51.1	47.4
环境压力度	26.9	27.2
承载压力度	78	74.6

5.3　2021—2022 年湖南省高等职业教育生态系统承载力的评价

2021—2022 年湖南省高等职业教育生态系统承载力的评价，可以参考“区域高等职业教育生态承载力分级评价表”（见表 5-10），分别对 2021 年和 2022 年湖南省高等职业教育系统生态弹性度、资源-环境承载力以及承载压力度进行分级评价，再利用综合评价方法对 2021—2022 年湖南高等职业教育生态系统承载力进行综合评价。

表 5-10　区域高等职业教育生态系统承载力分级评价表①

分值	生态弹性度	资源-环境承载力	承载压力度
20 分及以下	弱稳定	弱承载	弱压
21—40 分	不稳定	低承载	低压
41—60 分	中等稳定	中等承载	中压
61—80 分	较稳定	较高承载	较高压
80 分以上	很稳定	高承载	强压

5.3.1　生态弹性度评价

2021 年和 2022 年湖南省高等职业教育系统的生态弹性度得分分别为 79.75 和 74.62，对照“区域高等职业教育生态系统承载力分级评价表”可以发现，2021 年和 2022 年湖南省高等职业教育系统生态弹性度均处于较稳定状态，表明 2021 年和 2022 年湖南省高等职业教育系统自我维持、自我调节、抵抗系统外的各种压力和冲击的能力较强，系统的承载稳定性较高，2022 年较 2021 年略有下降（见表 5-11）。

① 参考高吉喜“生态承载力分级评价表”。

表 5-11　2021—2022 年湖南省高等职业教育生态系统生态弹性度评价

年份	2021 年	2022 年
分值	79.75	74.62
状态	较稳定	较稳定

但同时我们也可以看到，湖南省高等职业教育系统生态弹性度指标体系中的关键性指标，如专业（群）建设、社会服务能力和产教融合等，分值偏低。其中，2021 年湖南省高职专业（群）建设、社会服务能力和产教融合的得分分别为 14.29、5.17 和 4.06；2022 年湖南省高职专业（群）建设、社会服务能力和产教融合的得分分别为 14.31、5.07 和 5.01。尽管 2022 年专业（群）建设、产教融合指标值较 2021 年略有提升，但对照“区域高等职业教育生态系统承载力分级评价表”后可以发现，2021 年和 2022 年湖南高职在专业（群）建设、社会服务能力和产教融合等方面均处于弱稳定状态（见表 5-12）。因此，必须进一步加强专业（群）建设、产教融合，提高高职社会服务能力，才能相应地提升湖南高等职业教育系统生态弹性度。

表 5-12　2021—2022 年湖南省高等职业教育生态系统专业（群）建设、社会服务能力和产教融合指标评价

因素	得分		状态	
	2021 年	2022 年	2021 年	2022 年
专业（群）建设	14.29	14.31	弱稳定	弱稳定
社会服务能力	5.17	5.07	弱稳定	弱稳定
产教融合	4.06	5.01	弱稳定	弱稳定

5.3.2　资源-环境承载力评价

2021 年和 2022 年湖南省高等职业教育生态系统资源承载力得分分别为 77.7 和 74.4，对照“区域高等职业教育生态系统承载力分级评价表”可以发现，2021 年和 2022 年湖南省高等职业教育生态系统资源承载力均处于较高承载状态，系统承载能力较强，但 2022 年资源承载力较 2021 年有所下降。同时，政策制度环境、经济环境和文化环境的状况均使湖南省高等职业教育系统的环境承载力处在有利于高等职业教育发展的状态（见表 5-13）。

表 5-13　2021—2022 年湖南省高等职业教育生态系统资源-环境承载力评价

年份	2021 年	2022 年
分值	77.7	74.4

续表

年份	2021 年	2022 年
状态	较高承载	较高承载

同时我们也可以发现，湖南省高等职业教育系统资源承载力指标体系中的关键性指标，如师资队伍状况、教学条件设施等，分值较低。其中，2021 年湖南省高职师资队伍状况、教学条件设施的得分分别为 45.2、18.3，2022 年湖南省高职师资队伍状况、教学条件设施的得分分别为 41.1、19.9，2022 年师资队伍状况的得分较 2021 年有所下降。对照“区域高等职业教育生态系统承载力分级评价表”，可以发现 2021 年和 2022 年湖南高职在师资队伍状况、教学条件设施等方面分别处于中等承载和低承载状态（见表 5-14）。

表 5-14　2021—2022 年湖南省高等职业教育生态系统师资队伍状况、教学条件设施指标评价

因素	得分		状态	
	2021 年	2022 年	2021 年	2022 年
师资队伍状况	45.2	41.1	中等承载	中等承载
教学条件设施	18.3	19.9	低承载	低承载

5.3.3 承载压力度评价

2021 年和 2022 年湖南省高等职业教育系统承载压力度得分分别为 78 和 74.6，对照“区域高等职业教育生态系统承载力分级评价表”可以发现，2021 年和 2022 年的湖南省高等职业教育系统的承载压力度处于较高压状态（见表 5-15）。

表 5-15　2021—2022 年湖南省高等职业教育生态系统承载压力度评价

年份	2021 年	2022 年
分值	78	74.6
状态	较高压	较高压

5.3.4 生态系统承载力综合评价

根据以上对 2021 年和 2022 年湖南省高等职业教育系统的生态弹性度、资源-环境承载力和承载压力度的分级评价，可以对湖南省高等职业教育生态系统承载力进行综合评价：目前湖南省高等职业教育系统自我维持和自我调节能力较好，资源-环境子系统的供容能力较强，但 2022 年较 2021 年而言，生态弹性度、资源-环境承载力均有所下降。总体上来看，湖南省高等职业教育生态系统承载力状况良好，湖南高等职业教育处于一种良好健康的发展状态（见表 5-16）。

表 5-16　湖南省高等职业教育生态系统承载力综合评价表

因素	得分		状态	
	2021 年	2022 年	2021 年	2022 年
生态弹性度	79.75	74.62	较稳定	较稳定
资源-环境承载力	77.7	74.4	较高承载	较高承载
承载压力度	78	74.6	较高压	较高压

第 6 章　湖南省高等职业教育生态系统承载力的调控对策

6.1　湖南省高等职业教育生态系统承载力的问题分析

通过第 5 章中对湖南省高等职业教育生态系统承载力的测量与评价，我们可以看到，目前湖南省高等职业教育系统自我维持和自我调节能力较好，资源-环境子系统的供容能力较强，生态承载力状况良好。但同时我们也可以发现，2021—2022 年湖南省高等职业教育系统生态弹性度仍然不够稳定，系统的资源环境承载力有待增强，系统承受的压力较大，指标体系中的一些关键指标值，如专业（群）建设、社会服务能力、产教融合、师资队伍状况、教学条件设施等因素分值较低，处于弱稳定、中低承载状态（见表 6-1），与全国各省高等职业教育平均水平相比，尤其是相对于江苏、广东等发达地区的高职而言，仍存在着较大差距。

表 6-1　湖南省高等职业教育生态系统承载力评价指标体系中的关键指标值

因素	得分		状态	
	2021 年	2022 年	2021 年	2022 年
专业（群）建设	14.29	14.31	弱稳定	弱稳定
社会服务能力	5.17	5.07	弱稳定	弱稳定
产教融合	4.06	5.01	弱稳定	弱稳定
师资队伍状况	45.2	41.1	中等承载	中等承载
教学条件设施	18.3	19.9	低承载	低承载

6.1.1　专业设置不尽合理

第 5 章中生态弹性度的测评结果显示，2021 和 2022 年湖南省高等职业教育专业（群）建设的得分分别为 14.29 和 14.31，均处于弱稳定状态。现阶段，湖南省高等职业教育专业建设还需加强，主要表现在区域布局结构、专业结构以及专业布点结构等有待优化。

1. 区域布局结构不合理

一方面，高等职业院校的地域分布结构不尽合理。从湖南 70 余所高职高专院校的地域分布来看，在长株潭地区，高职高专院校数就占到了七成；从所立项的 21 所卓越高职院校来看，16 所位于长株潭地区，占总数的 76.2%，呈现向长株潭高度聚集的特点。此外，调查显示，66.8%的专业基本集聚在长株潭核心引领示范区，而湘南地区、湘西地区、洞庭湖地区与区域经济转型、产业发展方向密切相关的专业和专业点偏少偏弱。另一方面，在一流特色专业建设上，各区域的高职院校也存在巨大的差距。2018 年，湖南省立项 138 个一流特色专业群，有 97 个一流特色专业群在长株潭地区，占总数的 70.3%，而湘西、湘南、洞庭湖地区只有 41 个一流专业群，只占到总数的 29.7%。

这种分布格局的出现，与长株潭区域经济发展状况密切相关。长株潭地区经济社会的强劲发展，推动了其区域内高等职业院校数量和质量的快速扩张与提升，但同时产生的强大虹吸效应，也导致周边地区高等职业院校的发展减缓，造成长株潭地区与其他地区的差距日益扩大，这势必导致区域产业经济转型和发展所需的人才供给不足，影响一流特色专业群助力区域产业经济发展的作用发挥。

2. 专业结构与产业结构不匹配

据统计，2019 年湖南省三次产业结构比为 9.2∶37.6∶53.2，一、二、三产业分别增长 3.2%、7.8%和 8.1%，一、二、三产业对经济增长的贡献率分别为 3.6%、44.4%和 52.0%，湖南省产业结构实现了“三二一”的标志性转变①。

2019 年 12 月，《湖南省服务业高质量发展三年行动方案（2020—2022 年）》发布，方案中强调要聚焦服务业关键领域和薄弱环节，加快推动服务业质量、效率和动力变革，大力提升服务业对经济增长、税收贡献、民生改善的作用，构建服务业高质量发展体系，建设全国服务业强省。2018 年湖南省共立项 138 个一流特色专业群建设项目，在这些所立项项目中，第三产业的一流特色专业群仅为 62 个，占一流特色专业群总数的 44.93%（见图 6-1），数量明显偏少，占比数明显偏低，这与湖南省“三二

① 湖南省统计局，国家统计局湖南调查总队. 湖南省 2019 年国民经济和社会发展统计公报［EB/OL］.（2020-03-19）［2020-7-20］. http://hunan.gov.cn/hnszf/zfsj/tjgb/202003/t20200319_11815838.html.

一”的产业经济结构体系不符[①]。

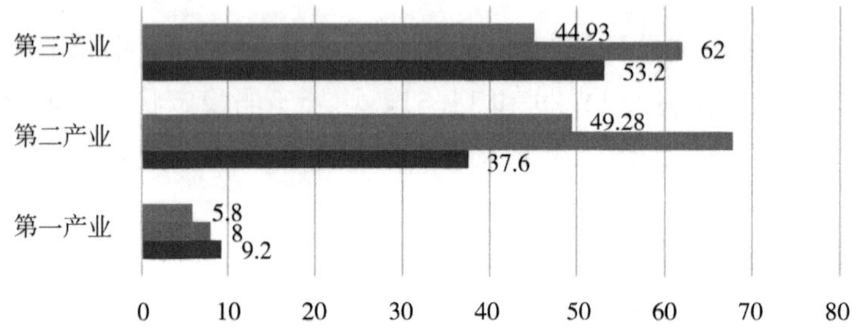

	第一产业	第二产业	第三产业
■一流专业群占比/%	5.8	49.28	44.93
■一流专业群数量/个	8	68	62
■产值比重 /%	9.2	37.6	53.2

图 6-1　2018 年湖南省产业结构与一流特色专业群数对比

3. 专业布点结构与产业转型升级发展需求不适应

湖南高职高专院校面向高端装备制造、新材料研发、生物技术、新一代信息与通信技术、绿色低碳环保、数字经济等战略性地位的专业及专业点较少。这种情况的出现，势必造成人才需求与供给的不匹配，进而影响湖南产业转型与升级。此外，从生态学的角度看，生态位过度重叠，湖南部分高职高专院校专业设置分散，专业特色不明显。同时，校内和校际之间专业（群）关联性不强，专业聚集度不高。如 2018 年湖南省高等职业教育专业点在 30 个以上的有 12 个，其中会计专业最多，高达 73 个[②]（见图 6-2）。院校之间专业设置重复度高，专业“同质化”现象严重，不仅导致部分专业人才供给过剩，而且造成教育资源的大量浪费，极大制约了区域产业经济的发展。

6.1.2　社会服务能力偏弱

近年来，湖南高职院校服务能力有较大提升，但 2021 年和 2022 年湖南省高等职业教育社会服务能力的得分分别为 5.17 和 5.07，均处于弱稳定状态，尤其是与发达省份高职院校比较，仍然存在较大差距，主要表现为以下几个方面的问题。

1. 社会服务团队有待整合

从教师的思想意识看，部分教师思想观念更新缓慢，对外界环境的变化和当今世界高职院校的发展形势缺乏全面深入的了解，在认识上存在一定的偏差，在他们看来，社会服务产生不了多大的经济效益和社会效益，因而无须投入太大的人力、物力、财

① 陈超群. 契合区域经济发展的湖南省高职一流特色专业群建设的现实审视与推进策略 [J]. 黑龙江高教研究，2020，38 (5)：155-160.

② 雷久相，郭广军，欧阳波仪. 湖南高职教育适应经济新常态的问题与对策 [J]. 教育与职业，2019 (3)：12-19.

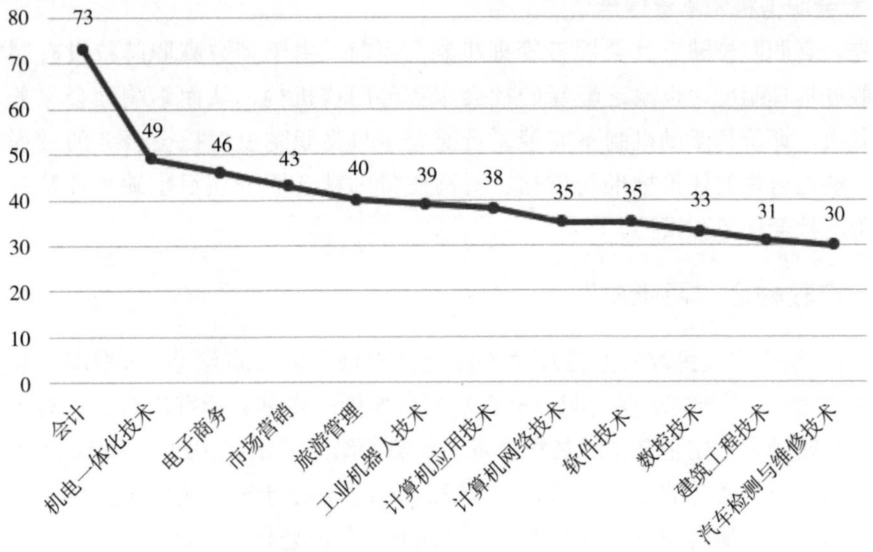

图 6-2　2018 年湖南高等职业教育布点 30 个及以上的专业

力开展社会服务。从教师的时间精力看，近年来高职院校教师教学任务繁重，在较重的教学压力下，教师疲于应付教学和科研工作，往往没有足够的时间和精力投身服务企业，也较难形成有影响力的技术领军人物和社会服务型专家。从教师的科研能力看，教师科学理论研究不够深入，专业实践技能和技术创新能力不强，导致运用理论解决实际问题的能力不足，高新技术的研发能力和科技转化能力偏弱。此外，受科研考核和职称评定的影响，很多教师倾向于个体发展和争取独立项目与成果，缺乏跨学科跨专业间的科研合作和知识共享，开展社会服务仍普遍处于单打独斗的局面，社会服务团队缺乏，社会服务的持续性、系统性和多样性受到较大影响①。

2. 社会服务平台不够完善

近年来，在国家示范（骨干）高职院校和省级示范高职院校建设项目的引领带动下，建立了一批社会服务平台，但这些平台在运行过程中存在企业参与动力不足、平台协作性不够等问题。由于对高职院校的科研技术能力和社会服务能力缺乏认同，大型企业往往只愿寻求知名高校的支持与合作。而中小型企业也对“互利共赢”的合作缺乏信心，认为得到的实质性服务较少，付出的精力较多，承担的责任较重，缺乏主动参与社会服务平台建设的积极性。此外，由于职能分工、目标需求等差异，部门或机构间沟通不够，协调不畅，往往导致条块分割和各自为政现象，直接影响了社会服务平台的正常运行②。

① 胡正明. 高职院校社会服务“三螺旋”模式研究 [J]. 教育发展研究，2017，37 (11)：49-54.

② 石青青. 基于互惠共赢的社会服务平台长效机制构建 [J]. 湖南工业职业技术学院学报，2016，16 (2)：101-103.

3. 社会服务机制不够健全

首先，高职院校缺乏社会服务管理机制。当前，由于多数高职院校没有制定专门的社会服务管理制度，也缺乏配套的社会服务部门或机构，从而影响社会服务工作的开展。其次，评价和激励机制不完善。目前大多数高职院校对社会服务的过程以及服务成效，缺乏合理的评价标准与依据，对高质量的社会服务项目也缺少评奖机制，削弱了教师的社会服务积极性。

6.1.3 产教融合“两张皮”

近年，《湖南省人民政府办公厅关于深化产教融合的实施意见》《湖南省职业教育改革实施方案》《关于推动现代职业教育高质量发展的意见》相继出台，这对政校行企协同推进产教融合、校企合作颇具积极意义。测评结果显示，2021 年和 2022 年湖南省高等职业教育产教融合的得分分别为 4.06 和 5.01，均处于弱稳定状态。由于产教融合长效机制的缺乏，湖南职业教育产教融合“两张皮”问题依然存在。

1. 政府主导与行业指导不够

一方面，政府作为产教融合的主导者和外部支持主体，在推进职业教育的产教融合中具有义不容辞的责任。目前，由于地方政府在政策制定、制度建设、协调管理等职能发挥过程中的缺位或执行不到位，导致规范系统的校企合作政策、制度缺乏，院校和企业在合作的过程中对出现的问题缺少具体可操作的政策、制度依据。另一方面，行业作用发挥不够。无论是《国务院办公厅关于深化产教融合的若干意见》（国办发〔2017〕95 号），还是《职业学校校企合作促进办法》（教职成〔2018〕1 号），其中强调的“强化行业协调指导”，“行业主管部门和行业组织应当统筹、指导和推动本行业的校企合作”，皆明确了行业对于推动校企合作、提升技术技能型人才培养质量的重要地位和作用。然而在具体落实过程中，由于行业参与高职教育人才培养的责、权、利问题不够明晰，行业参与高职教育办学的实际状况与政策强调的重要性之间存在一定的差距。

2. 企业参与动力不足

产教融合的关键，在于企业和高职院校的良性互动。企业的首要目的是追求经济利益最大化，企业参与高职院校产教融合，主要是为获得较为优质的、符合企业需求的人力资源。然而，由于高职院校专业设置缺少动态的调整机制，人才培养和产业需求衔接不够，高职院校培养的学生往往难以适应行业企业生产发展实际，无法满足企业的人才需求，削弱了企业参与校企合作的内在驱动力。即便可以获得较为优质的人力资源，企业仍需承担较大成本和风险，其中不仅包括实习实训场地、材料设备、学徒工资等在内的显性成本，而且包括日常管理、安全管理在内的隐性成本[①]，且学生实践时间短、流动性大，为企业创造的经济效益和价值不高。企业投入成本高与回报收

① 万兵. 产教融合背景下高职校企合作的问题与路径［J］. 教育与职业，2019（15）：32-38.

益小之间的矛盾，导致企业主动参与高职院校办学的意愿不强。同时，高职院校整体科研能力薄弱，研发能力不强，对企业急需解决的现实技术难题无法提供有效支持，企业的合作热情明显不够。此外，维护运营产教融合、校企合作的政策支持与制度保障尚未建立，未能在学校追求的社会利益和企业追求的经济利益之间实现有机对接，统一协调的、自觉的整体行动难以形成，企业在校企合作中完全处于被动应付的地位，产教融合停留在形式化和浅层次上，与深化产教融合的初衷背道而驰。

3. 产教融合机制缺乏

其一，政策制度机制。产教融合相关政策机制尚不健全，如行业企业参与高职院校办学权责不明、细化要求不足、作用发挥不够，财税优惠减免、金融扶持倾斜等相关激励补偿政策落实不到位，这些在一定程度上都削弱了产教融合在高职院校人才培养过程中的价值作用。其二，资源共享机制。高职院校和企业合作的目的在于互补性资源的共享。高职院校从企业获得设施设备、产品等硬性资源，企业从高职院校获得人才知识、信息技术等软性资源①。当前，高职院校和企业之间资源对接不够畅通，互通共享不够全面，如高职院校师资水平不高，成果转化率低；技术人员、能工巧匠走进高职院校参与人才培养的机制缺乏。其三，监控与评价机制。对产教融合组织进行监测、对校企合作成效进行评价，是优化校企合作模式的关键依据。由于缺乏相应的组织机构对校企合作项目进行质量审查和监控，也缺乏科学合理的成果标准对组织运行结果开展评价，问题的诊断与改进过程受阻，影响产教融合工作效率的提升。

6.1.4　师资队伍建设滞后

作为区域高等职业教育系统资源承载力的重要指标之一，湖南省高等职业教育师资队伍建设在 2021 和 2022 年的得分分别为 45.2 和 41.1，均处于中等承载状态，存在的差距较为明显，具体表现在以下几个方面。

1. 高水平人才数量不足

有研究者就师资队伍建设问题，将湖南主要高职院校与深圳职业技术学院（中国高职教育的“旗帜”）的部分数据进行对比，研究发现，湖南省高职院校师资队伍建设，尤其是高层次人才数量和质量方面有待加强②。以长沙民政职业技术学院为代表，2017 年，该校高级职称和博士学历的专任教师人数占比分别为 37.24％和 1.67％；而深圳职业技术学院这两项占比分别为 73.1％和 29.53％（见表 6-2）。可见，长沙民政职业技术学院具有高级职称和具有博士学历教师比例均远远低于深圳职业技术学院。

---

① 周丙洋. 江苏省高职产教融合发展的机制梗阻与路径优化 [J]. 教育与职业，2020 (5)：34-39.

② 聂小武，蔡明灯. “双一流”视阈下高职院校一流师资队伍内涵发展路径研究：以湖南省为例 [J]. 职教论坛，2019 (2)：88-93.

表 6-2 2017 年长沙民政职业技术学院与深圳职业技术学院师资队伍对照表

院校	具有高级职称人数/人	占校内专任教师比例/%	具有博士学历专任教师数/人	占校内专任教师比例/%
长沙民政职业技术学院	178	37.24	8	1.67
深圳职业技术学院	865	73.1	349	29.53

此外，在国家级和省级教学名师、国家级和省级教学团队、省级专业带头人、省级青年骨干教师数量上，长沙民政职业技术学院也较深圳职业技术学院有一定差距。对比可见，湖南省高职院校在专任教师尤其是高层次、高水平人才队伍建设方面还需要进一步加强。

2. “双师型”结构不尽合理

高等职业教育具有双重属性，即高教性和职教性。职教性是高职教育的基础属性，这一属性特征决定了高职院校师资结构问题在师资队伍建设中的重要地位。当前，能够体现职教属性的师资结构特征就是“双师”结构。

“双师”结构教师团队要做到结构合理、运行和谐，既要有专业核心课教师又要有公共基础课教师；既要有能讲授理论课的教师，也要有能从事实践指导的教师；既要有来自高职院校本身的专职教师，也要有来自企业工作经验丰富的兼职教师。同时，教师个体要求具备“双师资质”和“双师素质”，其中，“双师资质”是指既具有高校教师资格证，又具备行业执业资格证；“双师素质”是指既具有全面系统的理论知识，又有较高的技能，既能够从事高职院校的专业教育教学，又具备较为丰富的企业岗位工作经验①。

目前，由于多层次立体化教师职业发展支持制度和机制的不够健全，湖南省高职院校师资结构失调，“从校门到校门，接受学科学术型培养”的教师较多，有实际工作经验教师较少；专职教师较多，兼职教师较少。

3. 教师专业能力有待提升

高职院校教师专业发展能力的关键要素主要包括专业素养、教育素养和服务素养。其中，专业素养主要指高职院校教师的专业知识水平和专业实践能力；教育素养主要指高职院校教师的教育教学能力水平；服务素养主要指高职院校教师的研究创新能力和社会服务能力②。高职院校教师专业发展能力不够强，“会做和会教之间存在双重缺陷”③，具体表现在：首先，部分高职院校教师专业知识粗浅，对课程专业培养目标不清，对先进专业技术、新专业规范和新工艺的敏感性不够，追踪产业发展的意识有待

① 周建松. 提高质量：高职院校师资队伍建设的着力点 [J]. 教育研究，2012，33 (1)：138-140+157.

② 贺星岳，曹大辉，程有娥，等. “双高计划”建设背景下高职院校教师专业发展的逻辑及推进策略 [J]. 现代教育管理，2019 (9)：96-101.

③ 周建松. 基于高水平目标的高职院校教师队伍建设方略 [J]. 高教探索，2018 (12)：92-96.

加强；大多数教师企业工作经历缺乏，企业实践经验不足，开展实践教学的能力不强，“双师”素质不达标。其次，兼职教师大多具有行业、企业工作经历，因而对行业发展态势比较了解，具备较丰富的实践经验和较熟练的操作技能，但往往教育教学能力不足，对职业教育的内涵和规律缺乏了解，对教育的法规政策所知甚少。

6.1.5　经费投入力度不够

资源承载力测评结果显示，2021 年和 2022 年湖南省高等职业教育教学条件设施的得分分别为 18.3 和 19.9，均处于低承载状态。目前我国高等职业教育正处于大发展的关键时期，离不开包括教师队伍、教学设施、实验设备与实训基地、图书与信息资源等在内的基本办学条件的支撑，这些都需要大量的资金投入作为保障。然而，当前湖南省高等职业教育的经费投入仍然存在一些突出问题，主要表现在以下几个方面。

1. 湖南省高职教育经费投入整体水平偏低

近年来，在各级政府的重视下，湖南省加大对高职高专院校教育经费的投入，但是，从我国高职教育经费发展水平以及湖南高职教育在高等教育体系的整体地位来看，湖南省高职教育经费投入的整体水平仍旧偏低。

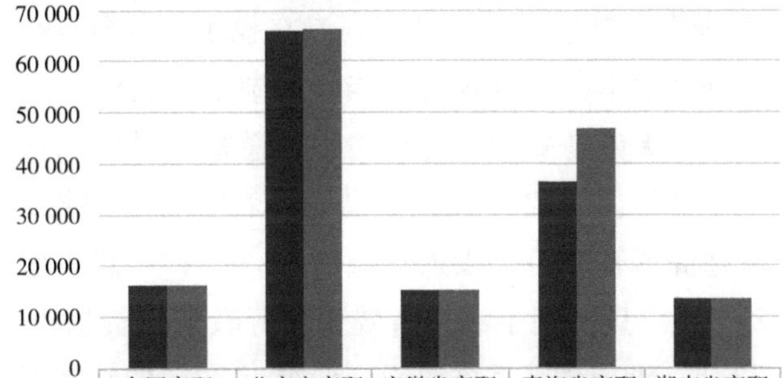

	全国高职	北京市高职	安徽省高职	青海省高职	湖南省高职
■2022年（单位：元）	16 167.17	66 041.61	15 209.01	36 493.17	13 401.7
■2021年（单位：元）	16 039.14	66 351.21	15 316.87	47 013.32	13 351.03

图 6-3　2021—2022 年湖南省与不同区域高职院校生均公共财政预算教育经费水平情况

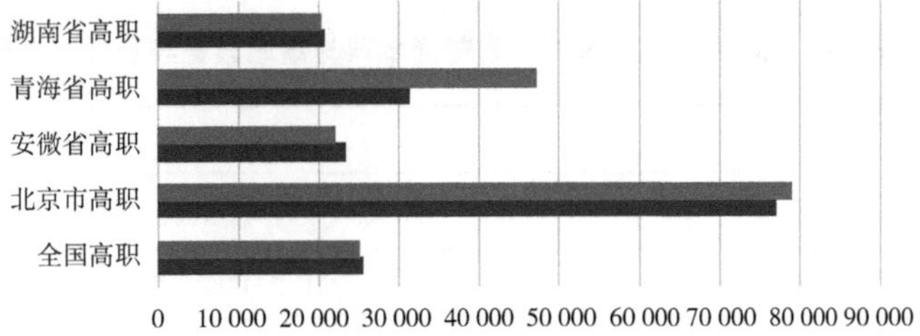

	全国高职	北京市高职	安徽省高职	青海省高职	湖南省高职
■2022年（单位：元）	24 957.67	78 824.89	21 970.5	47 101.9	20 349.38
■2021年（单位：元）	25 381.77	76 965.44	23 331.59	31 384.49	20 670.48

图 6-4　2021—2022 年湖南省与不同区域高职生均教育经费水平情况

从图 6-3、图 6-4 我们可以看到，2021—2022 年，虽然湖南省高职教育生均教育经费水平和生均公共财政预算教育经费水平逐步提升，但是与全国高职和东部的北京市、中部的安徽省、西部的青海省相比较，湖南省的高等职业教育生均经费投入水平偏低，与它们的差距较大。从分析的结果看，一方面，湖南省高职生均财政拨款水平偏低。2022 年，全国高职生均公共财政预算教育经费投入比湖南省高职生均公共财政预算教育经费要高 2 765.47 元，北京市、安徽省、青海省的生均公共财政预算教育经费分别是湖南省的 4.93 倍、1.13 倍与 2.72 倍。另一方面，湖南省高职教育生均教育经费投入不足。2021—2022 年湖南省高职教育生均教育经费也远低于全国高职教育，2022 年全国高职生均教育经费比湖南省高职生均教育经费高 4 711.29 元，同年北京市、安徽省、青海省生均教育经费分别是湖南省的 3.72 倍、1.13 倍与 1.52 倍。

二者的比较足以反映湖南省高等职业教育经费投入在全国的水平，不管是湖南省高职生均公共财政预算教育经费还是生均教育经费都低于全国高职教育平均水平，可见，湖南省的高职教育的经费投入力度有待加强。

2. 湖南省高职教育经费投入与办学规模不匹配

尽管高职院校经费投入总量在逐年增长，但就湖南省目前而言，高职教育规模不断扩张，2022 年湖南省普通本科和高职高专在校生人数分别为 86.76 万人和 81.59 万人，高职教育已和普通本科教育规模相当，但湖南省高职教育经费投入与普通本科教育相比，差距较大，无论是高职教育经费投入总额还是生均投入，都与高职教育规模之间存在严重的不对称。2022 年湖南省普通本科教育经费投入总额为 3 762 753.7 万元，占湖南省普通高等教育经费投入总额的 69.6%；而高等职业教育的经费投入总额为 1 571 301.8 万元，只占到了湖南省普通高等教育经费投入总额的 29.1%（见表 6-3）。2021—2022 年，湖南省普通本科教育获得近 70%的经费投入，而高等职业教育占湖南省高等教育经费投入总额的比例不到 30%，湖南省高职教育以不到三分之一的教育经费，承担着近二分之一的高等人才培养任务，其办学规模与经费投入严重倒挂①，这有悖于高等教育办学发展的规律，将在很大程度上影响高职院校办学质量的提高②。

表 6-3 2021—2022 年湖南省普通本科与高职教育经费投入总额情况

	2021 年	2022 年
高等教育经费投入总额	4 939 330.1 万元	5 408 002.2 万元
普通本科经费投入总额	3 402 976.2 万元	3 762 753.7 万元
普通本科所占高等教育经费比例	68.9%	69.6%

① 刘元. 公共产品理论视角下湖南省高职教育经费投入问题研究 [D]. 长沙：湖南师范大学，2019：40-41.

② 张婧. 我国高等职业院校经费投入比较分析及其优化建议：基于 2010—2017 年年鉴数据分析 [J]. 广东技术师范学院学报，2018，39 (4)：7-12.

续表

	2021 年	2022 年
高职教育经费投入总额	1 448 588.0 万元	1 571 301.8 万元
高职教育所占高等教育经费比例	29.3%	29.1%

数据来源：根据 2022—2023 年《中国教育经费统计年鉴》整理。

此外，湖南省普通本科和高职教育在生均公共财政预算教育经费以及生均教育经费方面，也存在较大的差距。2022 年，湖南省普通本科生均教育经费为 32 339.92 元，而高职生均教育经费为 20 670.48 元，二者相差 11 669.44 元；普通本科生均公共财政预算教育经费为 17 634.71 元，高职生均公共财政预算教育经费为 13 401.70 元，二者相差4 233.01元（见表 6-4）。与 2021 年相比，2022 年湖南省高职教育生均教育经费有所增高，表明湖南省近年来比较重视高职教育的发展，但与普通本科教育相比，其重视程度还有待进一步加强。

表 6-4　2021—2022 年湖南省普通本科与高职教育经费生均投入情况

年份	普通本科生均公共财政预算教育经费/元	高职教育生均公共财政预算教育经费/元	普通本科生均教育经费/元	高职教育生均教育经费/元
2021 年	17 735.21	13 551.03	31 654.20	20 349.38
2022 年	17 634.71	13 401.70	32 339.92	20 670.48

数据来源：根据 2022—2023 年《中国教育经费统计年鉴》整理。

3. 湖南省高职教育经费来源结构失衡

根据 2021—2022 年湖南省高职院校经费来源数额以及各来源所占的比重，可以发现，湖南省高职院校经费来源结构呈现出明显的二元化特征。作为经费主要来源，2022 年国家财政性教育经费和事业收入两项经费比重高达 97.64%，而社会捐赠和其他收入比重较小，分别为 0.07%、2.29%（见表 6-5）。可见，湖南省高职院校经费来源比例结构失衡、经费投入渠道不多，高职院校筹措资金的活力和动力十分有限，多元化经费筹集的体制和机制有待建立①。

表 6-5　2021—2022 年湖南省高职教育经费来源及各来源所占比重

	2021 年	2022 年
总计	1 448 588 万元	1 571 301.8 万元
国家财政性教育经费及占比	926 514.6 万元，63.96%	992 299 万元，63.15%
社会捐赠及占比	1 430 万元，0.10%	1 026.2 万元，0.07%

① 邢晖. 当前高职院校经费问题调查与建议［J］. 中国职业技术教育，2016（3）：58-62.

续表

	2021年	2022年
事业收入及占比	498 021.6万元，34.38%	541 939.3万元，34.49%
其他收入及占比	22 621.8万元，1.56%	36 037.3万元，2.29%

来源：根据2022—2023年《中国教育经费统计年鉴》整理计算而得。

6.2 湖南省高等职业教育生态系统承载力的调控对策

随着高等职业教育的规模扩张，湖南省高等职业教育系统的承载力问题也将日益凸显，从而影响湖南省高等职业教育的可持续发展。因此，必须针对湖南省高等职业教育生态系统承载力存在的问题及时调控，提升系统生态弹性度的同时，强化系统的资源环境供容能力，进而提高系统的生态承载力，才能实现湖南省高等职业教育的生态可持续发展。

6.2.1 提高湖南省高等职业教育系统的生态弹性度

1. 顶层设计、双向对接，促进专业集群建设

（1）进行人才需求预测，做好专业发展科学规划

教育行政部门在推动职业教育与区域经济发展深度融合的过程中，扮演着至关重要的角色。为了有效促进这一融合，教育行政部门首要任务是做好顶层设计，制定全面且具有前瞻性的政策框架，为职业教育发展提供明确的指导和支持。这要求政策设计不仅要紧跟时代步伐，还要充分考虑区域经济的特点和未来发展趋势，从而确保政策的针对性和实效性。

在此基础上，教育行政部门应组织一支专业、高效的团队，定期对区域内产业结构的现状进行深入细致的调查。这项调查不仅要涵盖各行业的发展现状、规模、增速等基本信息，还应深入分析产业结构的变化趋势、新兴产业的崛起以及传统产业的转型升级情况。调查完成后，应及时公布调查结果，增强信息的透明度，为社会各界特别是高职院校提供翔实的数据支持。与此同时，教育行政部门还需高度重视对区域人才需求的调研工作。这包括对当前人才缺口的准确评估，以及对未来一段时间内人才需求趋势的科学预测。通过广泛收集政府、企业、行业协会等多方面的信息，运用大数据分析等现代技术手段，提高人才需求预测的准确性和前瞻性。一旦预测结果出炉，教育行政部门应迅速发布人才需求信息，确保高职院校能够第一时间获取市场动态，为专业调整和优化提供及时有效的信息保障。在人才需求预测的基础上，教育行政部门应牵头组建一个由多方主体共同参与的专业规划建设专家组。这个专家组不仅应包括政府相关部门的代表，以确保政策导向的一致性；还应吸纳高职院校的专家学者，以确保专业设置的科学性和合理性；同时，行业企业和相关领域的专家也是不可或缺

的力量，他们的参与能够确保专业发展规划与产业发展需求的高度契合。通过多方主体的共同努力，专家组将制定出一套既符合人才培养和专业发展规律，又紧密贴合区域产业结构变化的高职专业发展规划。

这一系列举措的实施将有力推动高职院校人才培养质量的提升，实现人才的精准供给和高效配置。这不仅有助于满足湖南区域产业经济发展的迫切需求，还将为区域经济的持续健康发展提供坚实的人才支撑和智力保障。

（2）构建动态调整机制，确保专业产业双向对接

其一，对新设专业的认证和审批程序进行严格把关。首先，教育行政部门应根据区域经济社会发展需求、产业结构特点和高职教育发展趋势，制定高职专业发展规划，明确专业设置的总量、结构和布局。规划应突出服务产业发展、提升学生就业能力的导向，确保专业设置与市场需求紧密对接。其次，制定高职专业设置标准，明确专业设置应具备的基本条件，如师资力量、教学设施、实践教学条件等。对于新设专业，应确保其符合专业设置标准，具备开展教育教学活动的基本条件。再次，教育行政主管部门对区域内各专业布点实行总量控制，根据学校办学规模、师资力量、教学资源等条件，合理确定学校可设置的专业数量。对于超过总量控制数的学校，原则上不得申请设置新专业，除非通过优化专业结构、提升办学质量等方式腾出资源。对布局率在 70％以上专业重复布点进行严格限制，对布局率在 40％至 69％的专业点布局进行调控优化①。同时，严格执行新设专业的审批程序，申报院校需向教育行政部门提交详细的申请材料，包括专业名称、培养目标、课程设置、教学计划、师资力量、教学条件和保障措施等；教育行政部门对申报材料进行审核，确保材料真实、完整、规范，对于不符合要求的申报材料，应要求申报单位进行补正或重新提交。在审批期间，对新设专业的必要性进行充分论证，组织专家对申报专业进行评审，评估专业设置是否符合市场需求、人才培养目标是否明确、课程设置是否科学合理等；对于需要深入了解的申报专业，教育行政部门可组织专家进行实地考察，了解学校的教学设施、实验室条件、师资队伍等实际情况。对新设专业的可行性进行全面分析，防止区域内高职院校随意、盲目新设专业，避免短期行为，从而提高区域内专业的集中度和聚集度，在专业和院校之间形成错位竞争②。

其二，完善专业评估、预警与淘汰机制。一方面，教育行政部门应制定全面、科学、客观的专业评估标准，评估标准应体现高职教育的特点，注重实践技能的培养和就业导向，涵盖专业设置、教学质量、学生就业等多个方面。同时，组建由政府、企业、院校和社会等组成的专业评估主体，定期对专业与产业的协调度、专业与市场需

① 郭广军，赵雄辉，邵瑛，等. 优化湖南高等职业教育结构供给研究与思考 [J]. 中国职业技术教育，2018（3）：21-31.

② 胡拥军. 论高职院校专业结构动态调整机制的建立：基于湖南九所国家示范（骨干）高职院校的研究 [J]. 高教探索，2016（2）：76-80.

求的吻合度、专业对区域经济发展的贡献度等专业质量进行全面的评估，既能形成有效的社会监督，又可以及时地发现高职院校专业建设中存在的问题，从而为高职院校专业的动态调整和政府宏观调整专业结构提供参考依据。另一方面，教育行政部门建立高职专业数据平台，收集和分析专业招生、就业、教学质量等方面的数据。通过数据分析，及时发现专业设置和教学中的问题，为预警机制提供数据支持。同时，根据高职教育的特点和市场需求，设置合理的预警指标，如招生规模、初次就业率、用人单位满意度等，当预警指标达到或超过设定的阈值时，触发预警机制，提醒相关高校和专业进行整改。此外，教育行政部门应及时向相关院校和专业发布预警信息，明确问题所在和整改要求，鼓励高校和专业主动采取措施，改进专业设置和教学质量。

教育行政部门根据招生、就业和办学质量等方面建立专业预警指标和预警系统，对高职院校专业进行诊断、预警和限期整改，引导高职院校主动根据社会需求，及时调整专业结构，提高资源利用效益。

其三，构建专业产业对接协调机制。从顶层设计的角度来看，构建高职专业与产业对接协调机制是一个系统工程，需要政府、学校、企业和社会各方共同努力，以确保高职教育与产业发展紧密相连，培养出符合市场需求的高素质技术技能人才。高职院校应紧跟产业转型升级和技术进步，依据第一、第二、第三产业投资结构和发展趋势，优化院校分布、办学规模、专业布局等结构，实现职业院校专业的空间结构布局与区域产业集群布局、专业规模数量与产业发展规划双向对接。同时，推动学校与企业共建产教融合型生产性实训基地、产业学院等合作平台，实现资源共享、共同建设、共同管理。此外，大力推行现代学徒制和订单培养等校企双元育人模式，实现企业用人需求与学校人才培养的无缝对接。

（3）整合校内校外资源，促进特色专业集群发展

第一，明确规划与目标设定。一方面，教育行政主管部门应深入调研湖南省内各高职院校的专业设置、资源条件、发展潜力以及区域经济和社会发展需求，制定具有前瞻性和可操作性的特色专业集群发展规划。规划应明确发展重点、优先领域、建设目标和实施路径。另一方面，根据湖南省的产业结构和发展趋势，制定特色专业集群的建设标准，包括专业布局、课程体系、师资队伍、实践教学条件等方面的要求，确保特色专业集群的高质量发展。

第二，校内资源整合与优化配置。一方面，推动高职院校内部各专业的交叉融合，构建模块化课程体系，加强通识教育与专业教育的结合，提升学生的综合素质和创新能力。同时，根据行业发展趋势和市场需求，动态调整教学内容，确保教育的时效性和实用性。另一方面，建立校内教师资源共享机制，鼓励不同专业间的教师交流与合作，共同开展科研项目和教学改革。同时，充分利用校内教学资源，如实验室、实训基地等，提高资源利用效率。此外，推动高职院校与企业建立深度合作关系，共建实训基地、研发中心等，为学生提供更多实践机会和就业岗位。同时，鼓励企业参与高职院校的人才培养过程，共同制订人才培养方案和教学计划。

第三，强化校外资源引入与利用。首先，教育行政主管部门应主动对接湖南省内的行业协会、企业和科研机构，推动产教融合和校企合作向纵深发展。通过联合举办技能大赛、创新创业大赛等活动，搭建校企合作平台，促进人才培养与产业发展的深度融合。其次，积极争取湖南省政府的政策和资金支持，为高职院校特色专业集群的发展提供有力保障。同时，加强与政府相关部门的沟通协调，推动出台更多有利于高职院校特色专业集群发展的政策措施。再次，充分利用社会资源，如行业专家、企业家等，为高职院校特色专业集群的发展提供智力支持和人才保障。同时，建立校友网络，加强与校友的联系和合作，为在校学生提供实习、就业和创业等方面的支持和帮助。

此外，教育行政主管部门要立足服务湖南，实施高等职业教育专业集群战略，以推进示范院校和示范性特色专业（群）建设为抓手，引导高职院校根据产业趋势和自身特色对专业结构进行动态调整的同时，打破地域、校际界限，多渠道多形式展开合作，整合职业教育资源，形成资源集聚效应，加大专业资源的共享，使得学校内部、不同学校之间的优势学科和专业强强联合，实现院校重组、优势互补和错位发展，打造特色专业集群和专业链，推动人才培养与产业深度融合，为区域支柱产业、战略性新兴产业和特色产业服务。

2. 完善机制、创新团队，提升社会服务能力

（1）完善服务机制，激发服务动力

一是高职院校应将社会服务纳入学校整体发展规划，明确服务定位与目标，确保服务方向与区域经济社会发展需求相契合；建立专门的社会服务组织机构，配备专门人员，统筹实施社会服务的规划、部署与管理工作。组建专业的社会服务团队，团队成员应具备丰富的专业知识和实践经验，能够为企业提供精准、高效的服务。同时，制定完善的社会服务流程和标准，确保服务过程的规范性和有效性，并加强与地方政府、行业企业、科研机构的沟通与协作，建立紧密的合作关系。通过定期召开座谈会、研讨会等方式，共同研究解决社会服务中的问题和困难。二是建立评价考核机制，加强对社会服务项目的验收和社会服务平台的考核，在建立合理的考核方案的基础上，细化相应的考核标准，确保社会服务的深入性和系统性。三是建立激励机制。教育行政部门和高职院校应共同制定相关政策，对高职院校教师参与社会服务的职责、范围进行明确和认定，鼓励和支持高职院校开展社会服务活动。例如，设立社会服务专项基金，对表现突出的高职院校和团队给予奖励和扶持。同时，建立合理的激励机制，将社会服务成果纳入教师个人考核、职称评聘等指标体系，通过制度导向和激励机制，激发教师开展社会服务的积极性。

（2）推进平台建设，发挥服务效力

首先，构建多元化服务内容，依托高职院校的专业优势，为企业和社会提供人才培养、就业指导、技能鉴定等服务；根据市场需求，开展各类技能培训、继续教育、职业资格认证等，提升社会人员的专业技能和职业素养；利用高职院校的科研力量，为企业提供技术咨询、技术转让、技术开发等服务，助力企业转型升级；积极参与社区建设、支教扶贫、环境保护等公益活动，提升高职院校的社会形象和影响力。其次，深化产教融合，实现校企之间资源利益共享。高职院校根据企业的需要开发新产品，转化新成果，企业的技术得到提升，需求得到满足，激发企业主动参与社会服务平台的动力，使得高职教师开展企业服务的积极性得到提升，从而推动产业升级和经济发展。再次，优化平台功能，提高平台运行效率。建立官方网站、微信公众号等线上服务平台，提供信息发布、在线报名、在线学习等功能，方便师生和社会人员随时随地获取服务信息。同时，建设实训基地、创新创业中心、技能培训中心等线下服务平台，为师生提供实践锻炼、创新创业等实体支持。此外，加强与政府、企业、行业协会等机构的合作，建立信息共享机制，政府、高职院校和企业可以分别将政策、成果和需求进行发布和反馈，实现信息交换、多元互动和资源共享，实现资源互补、优势互补，提高平台的运行效率。最后，建立协调机构，对社会服务平台的部门、机构间的责、权、利关系进行协调，实现各方的通力合作。协调机构应作为社会服务平台的“大脑”，负责整体规划、资源整合、项目管理和监督评估等工作，它应具备高度的权威性和协调能力，以确保各部门、机构间的顺畅沟通与合作。

（3）创新服务团队，提升服务能力

一方面，充分利用高职院校的实训基地、科研设备、师资力量等资源，为社会服务提供有力支持。与企业共建研发中心和生产基地，共同开展技术研发和成果转化，通过校企合作，为教师提供实践机会，提升学生的实践能力和就业竞争力。另一方面，高职院校教师队伍质量的高低，是影响其社会服务质量高低的决定性因素。因此，高职院校要树立全方位为社会发展服务的理念和目标，引导教师树立主动为社会服务的意识，并鼓励和支持教师多方式多渠道参与科学研究和实践锻炼，提高自身的专业理论水平和实践能力，从而更好地胜任社会服务工作。此外，还要创新社会服务团队建设，招聘具备专业技能、服务意识以及良好沟通能力的教师或专业人员，为服务团队注入新鲜血液；优先考虑具有企业实践经验或社会服务经验的候选人，以提升团队的整体实践能力。定期开展专业技能培训和服务意识教育，提升团队成员的专业素养和服务水平；鼓励团队成员参加国内外学术会议和培训，拓宽视野，紧跟行业前沿。设立绩效考核、奖金等激励机制，激发团队成员的积极性和创造性；将社会服务成果纳入教师年度绩效考核指标和职称评定体系，提高教师参与社会服务的驱动力。建立明确的团队协作机制和沟通渠道，确保团队成员之间的信息共享和协作顺畅；定期组织团队建设活动，增强团队凝聚力和协作能力。

3. 强化主体、协同发展，推进产教深度融合

（1）多主体协同发展模式的推进

第一，各级政府要加强研究，提高思想认识，积极发展其统筹规划、协调指导功能，深刻理解产教融合与地方社会经济发展的关系，将产教融合的要求融入区域经济发展、产业转型升级等各类规划之中，创新管理机制，明确各部门之间的权利与责任，引导和协调高等职业院校与企业之间开展有序的合作交流。同时，加强产教融合的法律制度建设，做好顶层设计，出台产教融合规章制度，完善企业参与职教办学的政策措施，不断健全产教融合的指导体系。此外，对政策的有效落实进行监控，及时发现、反馈并整改，为校企合作提供保障。第二，企业要加强责任意识，充分发挥主体作用，采取积极的措施，积极进行产业结构转型，将自身的人力资源规划，技术、产品创新与区域高等职业教育的人才培养、应用技术研发、成果推广应用进行有机衔接，进一步扩大校企合作的经济价值和社会效益。第三，与产业需求对接的专业设置是高职院校和企业之间实现良好合作的重要基础。就高职院校层面而言，应以区域产业行业的人才需求为目标，通过专业的动态调整和结构优化，实现专业设置、课程内容和教学过程与产业需求、岗位标准和生产过程的有机衔接①。此外，高职院校还应重视产学研平台建设，健全和创新科研管理与教师培养机制，提升科技研发和社会服务能力，提升高职院校在校企合作中的影响力和话语权，促进产教深度融合、校企深度合作②。第四，行业协会要深度参与人才培养，在专业建设、院校发展、建设信息资源共享平台、化解校企矛盾纠纷等方面发挥好指导协调作用。

（2）企业主体作用的强化

2017 年，国务院办公厅印发《关于深化产教融合的若干意见》，其中对行业企业的重要主体作用进行了明确。该意见指出，行业企业要参与人才培养全过程，构建校企合作长效机制。一直以来，企业参与人才培养的热情不高，校企合作内在动力不足，其重要原因在于投入成本较高而预期收益较低。因此，强化企业的重要主体地位，是平衡校企之间的利益冲突，实现“共赢”，形成校企合作利益共同体，激发企业参与职业教育积极性的有效途径。

首先，明确企业参与产教融合的价值与意义。企业可以通过与教育机构合作，培养符合自身需求的高素质人才，从而提升企业的核心竞争力。同时，这种合作也有助于塑造企业的正面形象，增强员工对企业的认同感和归属感。

其次，政府应完善相关法律法规与政策支持，明确企业在产教融合中的权利和义务，保障企业的合法权益。同时，政府还应加强政策引导与扶持，出台更多有利于企业参与产教融合的政策措施，如提供资金、技术、场地等方面的支持。各级政府要制定并细化激励政策，鼓励企业参与职教办学。例如通过减税、补贴、减免以及设立校企合作专项资金等方式，对参与职业教育办学和对职业教育做出支持和贡献的企业进行补助、奖励和经费支持，并授予相关荣誉③，保护和激励企业参与职教办学的积极

---

① 李梦卿，刘博. 高职院校深化产教融合的价值诉求、现实困境与路径选择［J］. 现代教育管理，2019（3）：80-85.

② 韩西清. “双高计划”背景下高职学校校企合作的任务与举措：基于契约理论的视角［J］. 现代教育管理，2019（10）：119-123.

③ 杨进，刘立新，李进. 治理理论视域下职业教育校企合作治理结构的构建［J］. 中国职业技术教育，2015（36）：5-9.

性。同时，拓宽企业参与办学的途径，深化“引企入教”改革，支持引导企业通过多种方式参与院校专业规划、教材开发、教学设计、课程设置、实习实训等环节[①]，落实企业在高职人才培养中的重要主体地位。

再次，为了促进产教融合的深度发展，我们需要建立校企合作信息平台，实现学校、企业、政府之间的信息共享和对接。通过这一平台，可以精准匹配学校的人才培养需求与企业的实际需求，提高产教融合的效率和质量。同时，深化校企合作模式的创新，鼓励企业与学校探索多元化的合作模式，如共建实训基地、联合研发项目、开展技能竞赛等，丰富产教融合的内涵和形式。

最后，我们还需要强化企业的主体责任与意识。企业应增强社会责任感，积极参与产教融合，为社会培养更多高素质的技术技能人才。同时，企业也应提升管理水平，优化内部资源配置，为产教融合提供有力的支持和保障。

（3）产教融合运行机制的构建

一是形成良好的信息沟通和资源共享机制。产教深度融合需要校企促进优势资源的整合共享和优化配置，因此，一方面要积极搭建产教融合资源共享平台，让区域经济发展动态、产业布局和专业发展趋势等信息及时、准确在主体之间传达和交流，解决双方共享信息不对称的问题。另一方面，以“产教师资融合”方式加强师资队伍建设[②]，整合优化师资力量，吸引区域行业企业的专家能手入校的同时，落实教师企业实践制度，建设高水平专业教师队伍，实现校企双方利益的最大化。二是构建科学且切实可行的校企合作评价与激励机制。建立多元利益主体参与的校企合作评价机制，针对不同利益主体的利益诉求和发展需求设计科学合理的校企合作评价指标体系，全面客观地评价校企合作的成效，并基于评价结果对在校企合作中表现突出的学校和企业给予奖励，激励企业参与校企合作积极性的同时，为校企合作模式的优化提供依据[③]。

6.2.2 提高湖南省高等职业教育办学资源承载力

1. 优化结构、强化能力，打造一流师资队伍

职业教育师资队伍已然成为当前制约职业教育发展、影响职业教育质量的一个薄弱环节。提高职业教育质量的关键在教师。抓职业教育教师队伍建设，就抓住了职业教育发展的根本环节。没有一支高素质的双师型教师队伍，就不可能有高质量的职业教育，也不可能培养出受社会、企业欢迎的技术技能人才。当前，我国高水平高职院校和专业建设的筹划实施，对高职院校教师队伍建设提出新要求。面对职业教育改革发展的重要战略机遇期，建设一支高素质、专业化、创新型的双师型教师队伍，对于提高技术技能人才培养质量、完善职业教育与培训体系、推进职业教育现代化将具有

① 马树超，郭文富．高职教育深化产教融合的经验、问题与对策［J］．中国高教研究，2018（4）：58-61．

② 胡昌荣．五位对接：高职教育“产教融合”的有效路径［J］．职教论坛，2017（12）：42-45．

③ 万兵．产教融合背景下高职校企合作的问题与路径［J］．教育与职业，2019（15）：32-38．

十分重要的意义。

（1）增加数量，培养高水平高层次人才

湖南省高职教育规模逐渐增大，而高职院校专任教师数量的增长难以跟上学生规模的增长，“小班教学不可能、中班教学较普遍、大班教学都存在”是当前部分高职院校比较常见的情形。按照国家要求的 18∶1 的生师比标准，部分高职院校尚未达标，专任教师缺口较大。此外，高职院校在统计生师比时，往往是把兼职教师计算在内的，有些学校兼职教师数量较多，专兼教师比甚至达到了 1∶1，然而事实上，很多兼职教师承担的课时却相当有限①。有的地区给高职院校核定的教师编制数不足，正高级职称教师岗位比例偏低。由于专任教师数量不足，有些院校教师教学任务繁重，教学工作量偏高，人均年教学课时超过 400，有的甚至超过 500②，教师们身心俱疲，不仅无法开展教学创新，保证教学质量，而且也大大影响了教师专业发展能力的提升。

为此，第一，要畅通渠道，多途径聚集优秀人才，按照“教育高水平，行业有影响，国际能交流”③ 的要求，培养数量相当的高职院校专业带头人和一批具有绝技绝活的“国家工匠之师”，使其成为重要的示范引领力量，同时造就一支业务素质精良、创新能力卓越的骨干教师队伍，带动湖南省高等职业教育整体师资队伍水平的提高。第二，对高职院校教师编制实行动态管理，定期核定与学生数、班级数、专业数相匹配的编制数。第三，重新构建职业教育教师培养体系，完善职业教育师资培养相关政策措施，改革职业教育师资培养模式，探索多元化的教师队伍补充渠道④。

（2）优化结构，加强“双师”教师队伍建设

打造专兼结合的“双师”结构师资队伍，加大“双师”素质的培养力度，使教师既具有扎实的理论教学功底，又具备较强的实践指导能力，是高等职业教育办出特色和水平的保障条件。

第一，多方式提升校内教师“双师”素质。一是完善教师下企业锻炼机制。建设教师企业实践研修基地，落实职业院校教师专业实践要求，通过高职院校专任教师下企业挂职、研修等形式，开展交流与合作。将专业教师定期进入企业实践，作为职称晋升的必要条件，切实提高专任专业课教师的实践能力和水平。二是提高教师社会服务能力。以职教集团为依托，密切产学研合作，高职院校教师通过参与校企合作项目，参与社会服务活动，在提升专业水平和实践能力的同时，促进综合素质的培养。三是加强教师培训学习。首先，开展新入职教师培训和专业培训。可以由省级职教研究中

---

① 邵建东，徐珍珍. 现代职教体系下高职师资队伍建设的诉求、问题与路径 [J]. 中国高教研究，2016 (3)：100-103.

② 上海市教育科学研究院，麦可思研究院. 2019 中国高等职业教育质量年度报告 [M]. 北京：高等教育出版社，2019：26.

③ 周建松. 着力构建“双高计划”与高水平师资队伍的良性互动机制 [J]. 职教发展研究，2020 (2)：33-39.

④ 高鸿. 新时代推进职业教育教师队伍建设的思路与路径 [J]. 中国职业技术教育，2017 (34)：116-120.

心开发新入职教师培训项目，对全省（市）高职院校新入职教师进行系统培训；同时通过专业培训，不断更新高职院校教师专业发展理念，促进教师专业发展。其次，开展国（境）外研修。高职院校还要积极创造条件选派教师到国外研修，加强高职院校教师国际化意识，拓宽师资队伍的国际化视野，为湖南省高职教育走向国际创造更好条件。

第二，多途径挖掘“双师”教师资源。《国家职业教育改革实施方案》指出，今后高职院校专业教师，“原则上从具有 3 年以上企业工作经历并具有高职以上学历的人员中公开招聘”。因此，需要拓宽原有渠道，从政府部门、行业企业、应用型本科院校等，多方位引进具有三年以上实践经验的教师来学校任教。这些教师可以是来自企业的具有丰富实践经验的一线优秀员工，可以是来自应用型本科院校的“双师型”一线教师，可以是来自企事业单位的大国工匠和能工巧匠，还可以是熟悉行业产业动态和相关政策的管理人才①。

高职院校还可以充分挖掘校友资源，聘用行业企业的经营行家、业务能手，政府相关部门管理专家和技术领域的名师名匠，共同推进办学治校，提升专业学科水平，搭建产学合作平台，服务院校师生。同时，从体制机制上形成舆论支持，从薪酬投入上加大吸引力度，打造规模宏大的高素质兼职教师队伍，促进高职教育可持续发展。

（3）健全机制，推动教师专业能力发展

第一，完善教师准入制度，构建教师专业标准。首先，建立完善高职学校“双师型”教师准入制度和资格体系，突出强调具有鲜明特色的“双师”素质，完善教师职业资格准入制度，明确高职院校教师资格的具体条件，探索分级分类认定，并建立相应的教师资格认证机构，严把高职教育师资入口关。其次，凸显专业教学和专业实践能力，开发出体现中国特色、高职教育特征的高等职业教育教师专业标准，为高职院校教师培养、聘用与专业化发展提供依据。

第二，建立多元考核标准，创新教师评价机制。实施教师岗位分类管理，探索教师分层分类考核，按照不同的层次和类别建立考核指标和相应的比重，采用量化打分的方式进行绩效考核，结合了高职院校教师的专业特长，便于人尽其才，才尽其用，为广大教师提供“八仙过海各显神通”的舞台②。创新教师评价，实行专业技术职务分类评聘，引导教师分类专业化发展。

第三，构建职业发展长效机制，促进教师专业发展。首先，统一思想，提高认识。强化教师的学习意识，引导其为自身专业发展进行知识积累。其次，做好校本研修。通过专家引领、同伴互助等形式，从教师教学能力、科研能力、社会服务能力、综合修养等方面，优化培训内容，对教师开展个性化校本培训。此外，定期开展教师专业

① 章金萍. 扩招百万背景下的高职新型师资队伍建设［J］. 教育与职业，2019（21）：13-18.

② 聂小武，蔡明灯. “双一流”战略下高职教师绩效评价体系构建［J］. 上海教育评估研究，2018，7（5）：19-23.

教研活动等校本活动，鼓励教师跨专业合作研究，促进教师之间的交流与合作，形成专业发展力量，提升专业发展能力。

2. 加大投入、平衡比重，实现经费来源多元化

（1）提升高职教育的社会认可度，增加高职经费投入

社会对于高等职业教育的认可度，不仅影响到政府对高职的财政预算，也会影响到社会资本和学生投入、参与高职教育的积极性，进而影响高职教育的健康可持续发展。近年来，尽管高职教育无论是在规模上还是在质量上，都取得了空前发展，但社会民众对高职教育的认可度不高，因而需要加大宣传，让社会民众充分认识到高等职业教育在社会经济发展过程中的重要地位和巨大作用，同时，提升高职教育的质量和特色，引导社会突破对高职教育的认识局限和陈旧观念。此外，规范和调整高等职业教育的财政预算，切实增加高职教育经费投入总量，改善当前湖南省高职教育生均财政拨款水平偏低、生均教育经费标准不高以及高职教育经费投入整体不足的状况。

（2）形成高职与本科教育的合理比重，加强经费督导力度

从发展规模上看，目前湖南省高职教育与普通本科教育规模相当；从培养成本看，高职教育办学成本普遍高于普通本科教育。因此，提高高职教育在湖南省高等教育经费中的比重，提高高职院校生均拨款标准，进而缩小高职教育与普通本科教育在经费投入上的差距，才能在保证效率的同时又兼顾公平。此外，加强高职经费的统筹管理，进一步强化高职教育经费支出的财政监管机制，明确政府的监管责任，加大经费的检查督导力度，扩大社会组织对高等职业教育发展的监督范围，对高职教育经费预算、划拨、使用及验收等各个环节进行监督，做到“督导内容明晰、督导过程公开”①，确保高职教育经费的投入落实及使用效益。

（3）完善多渠道高职经费筹措机制，实现经费来源多元化

教育成本分担理论认为，教育是有投资、有收益的活动，满足了多个主体的需要。在人才培养过程中的开支费用，即教育成本，必须由政府、社会、家庭、个人等获益各方共同分担。立足我国的现实、高职教育的发展速度和规模以及相关获益原则，我国高等职业教育成本分担的承载主体主要包括政府、企业和个人②。

当前，湖南省高职教育经费来源以财政性教育经费投入与事业收入为主，社会力量投入相当有限。从发展的长远来看，必须健全政府、行业、企业及其他社会力量依法筹集经费的多元投入机制。一方面，引导社会力量支持高职教育。政府应引导企业通过合资、独资、合作等不同形式参与职业教育，探索发展股份制、混合所有制等多种办学形式，最大限度地引导、激励民间资本和社会力量举办高职教育机构。另一方面，建立深入的校企合作关系。高职院校要利用职业培训、技能鉴定、技术服务、成

① 陈晨，祝木伟，魏贤运，等. 职业院校生均实际培养成本测算与分析：以江苏省职业院校为例 [J]. 职业教育技术，2015，36 (13)：57-61.

② 马宽斌. 我国高职教育经费短缺的原因与补给路径探析 [J]. 教育理论与实践，2014，34 (12)：23-25.

果转化等多种方式，服务区域经济建设和行业企业，吸引企业与学校建立密切的校企合作关系，以服务求发展，以贡献求支持，增强自我造血功能，提升自我发展的能力。再一方面，有效吸纳社会捐助资金。社会捐赠是分担高职教育成本的重要方式，也是有效缓解湖南省高职教育经费投入不足的方法之一。建立完善高职教育捐赠制度，通过社会捐赠税收政策激励的方式，提升企业、个人对高职教育捐赠的积极性，对高职院校的发展提供支持。

6.2.3 提高湖南省高等职业教育办学环境承载力

湖南高等职业教育要实现可持续发展，除了要提高教育资源的承载力外，还要提高办学环境的承载力。政治、经济、文化的良好发展能够为高等职业教育的发展提供很好的平台，因此，提高湖南省高等职业教育的办学环境承载力可从以下几方面着手。

1. 提高湖南高等职业教育政策制度环境承载力

（1）构建系统化的法律政策体系

构建系统完备、科学高效的法律条例和政策法规，是高等职业教育健康发展的重要支持与保障。推动区域高等职业教育发展的法律政策体系的规范化、系统化，在国家颁布的有关职业教育的法律法规的基础上，适时修订《湖南省职业教育条例》等地方法规。此外，补充配套针对性和操作性都较强的政策法规，这些政策既包括激励指导方面的，也包括强制惩戒方面的，还包括执行监督方面的①。只有落实中央政府的有关政策方针，并结合湖南的社会经济、高职教育、发展状况等特征和需求，建立符合本区域发展的高职教育办学的法规、制度和章程等，以制度和政策的价值取向引导和推进教育供给侧结构性改革，才能加快建设和完善现代职业教育体系，真正发挥出现代职业教育的价值和作用。

（2）健全提升高职内涵发展的相关制度

近年来，湖南在高职教育的办学管理、人才培养、软硬件资源配置等方面已经有了较好的政策积累，但为了在规模持续增长的情况下保障高职教育办学质量，还需进一步健全和完善以下相关制度。其一，企业行业参与高职教育的政策制度。明确赋予行业企业参与高职教育办学的职责与权限，制定相关激励机制，激发行业企业的社会责任，调动各方积极参与，深化产教融合，充分发挥行业的引领指导和企业的核心主体作用。其二，高职教育投入政策。加大全省高职教育财政经费投入，探索多元化经费筹措渠道，优化资源配置，缩小区域之间的差距，提升资源利用效益，从而保证教育公平和高职教育长远发展。其三，高职教育师资队伍建设制度。在教师资格认证、培养、引进等方面加强政策引导，为优化“双师”结构、提高“双师”素质提供良好的制度环境。其四，学生学业考核和评价制度。以就业和社会评价为导向，通过政策引导高职院校采取学校评价和实习单位评价相结合等多元化的方法，对学生的学业进

① 胡丽霞. 区域经济与职业教育发展研究［M］. 北京：中国经济出版社，2016：178.

行考核和评价，强化学生的专业和实践，彰显高职院校人才培养的特色。

（3）创新高职教育的管理机制

一方面，扩大全省高职院校在专业设置、人事管理、收入分配等方面的办学自主权，为高等职业院校营造宽松良好的办学环境。另一方面，建立由多部门共同组成的职业教育联席会议制度。各级人民政府、教育行政部门、劳动保障部门及其他相关部门明确职责、密切配合、形成合力，加强对高职教育工作的统筹管理。此外，各级人民政府的教育督导部门还要建立高等职业教育评估和督导制度，设立或认定专门机构，对高等职业教育法律法规的执行情况、政策规划的落实情况、高职院校办学行为的规范情况、办学条件和人才培养的质量情况等进行评估和督导，推进督导评估常态化、专门化和制度化，确保高等职业教育的质量和效益，促进湖南高等职业教育持续、健康地发展。

2. 提高湖南高等职业教育经济环境承载力

教育的规模和发展速度主要是由经济发展水平决定的，教育的发展水平在一定程度上也是经济发展水平的反映。高等职业教育办学离不开一定的人力、物力、财力，如校舍的建设、仪器设备的完善、教师生活条件的改善、学生活动场地的扩充等都需要经济作后盾。因此，要优化高等职业教育的经济环境，提升高等职业教育经济环境承载力。

（1）大力发展区域经济，优化高职教育资源配置环境。一方面，不断提高生产水平、增加社会的物质财富，是各级政府的中心工作，也是改善办学条件的根本保证。各地要因地制宜，千方百计发展生产力，把经济搞上去。另一方面，优化高职教育的资源配置。目前，湖南省高等职业教育资源主要集中分布在经济实力较强、区位优势明显的长株潭地区，而湘南、洞庭湖、大湘西等地经济实力较弱，区位优势缺乏，因而资源分布相对较少。必须建立健全促进实现高等职业教育公平的体制机制，发挥各级政府调控职能，调控区域与产业间高等职业教育均衡发展，根据各地高等职业教育发展的差异，加大对湘南、洞庭湖、大湘西等非长株潭地区高等职业教育发展的支持力度，对边缘学校、紧缺专业、特殊专业、特殊人群等给予政策和经费倾斜。

（2）构建支撑高职可持续发展的经费保障机制。首先，尽快建立健全职业教育经费稳定增长机制，逐年增加财政高职教育专项经费，建立与高职教育发展相适应的职教发展专项基金①；深化湖南高职教育经费投入保障机制改革，切实增加高等职业教育经费投入总量，加大落实高职教育生均教育经费标准的力度，同时建立高职教育财政拨款监督机制，促进各市州地方政府不折不扣地将国家规定的 12 000 元的高职生均财政拨款水平真正落实到位，保证学校的基本办学投入。其次，积极探索股份制、混合所有制等多元化办学形式，同时采用法律、税收、金融等政策，鼓励和吸引企业、社会对高等职业教育进行投资，形成企业、事业组织、社会团体及公民个人共同参与高

---

① 宫宁. 基于民生改善的中国高等职业教育发展研究［D］. 长春：吉林大学，2016.

职教育捐资助学的经费保障机制。再次，深化校企合作，鼓励高职院校兴办校办企业，切实落实高职院校的办学自主权，提升校企合作的质量和效益。最后，提高高职院校的经费自筹能力，鼓励高职院校依靠自身优势和特色资源进行自我创收和盈利，通过提供培训咨询服务、科技创新及科研成果转化、成立校友基金等形式获取更多办学经费。

3. 提高湖南高等职业教育文化环境承载力

高职院校文化环境创新须以“职业性”为灵魂，以“开放性”为路径，通过理念重塑、制度变革、技术赋能，构建“产教互融、师生共创、服务社会”的新型文化生态。唯有如此，才能培养出既具精湛技艺、又富文化底蕴的新时代“大国工匠”。

（1）培育鲜明创新的理念文化

理念文化环境主要指办学治校的思想信念和价值取向，犹如办学的精神灵魂，是高职院校持续、健康发展的根本，对学校发展起着决定方向、统筹发展和指导实践的作用。创新的理念文化环境能够融入时代精神和职业教育特色价值观，如敬业、精益、专注、创新的“工匠精神”，帮助学生树立正确的价值观和职业观。让学生在校园中就受到良好职业文化的熏陶，培养他们的职业认同感、责任感和使命感，为未来的职业生涯奠定坚实的思想基础。同时，创新的理念文化环境中，教师会受到积极向上的氛围影响，主动参与教学研究、学术交流和企业实践等活动，不断提升自己的专业知识和技能水平。新版《中华人民共和国职业教育法》明确提出培育“劳模精神、劳动精神、工匠精神”，高职院校要坚持以人为本，倡导“技能报国”理念，通过校园文化宣传（如技能大师讲座、优秀毕业生案例展）重塑社会对职业教育的认知，强调“工匠精神”与“职业尊严”，以服务社会产业经济发展为根本宗旨，明确办学特色，创新办学体制机制，改革人才培养模式，提升质量内涵建设，面向生产、管理、服务一线培养一大批高素质高技能型人才，为区域经济发展服务。

（2）搭建和谐共生的文化共同体①

高职院校搭建和谐共生的文化共同体，需以“多元融合、价值共享、协同发展”为核心，通过整合校内外资源、平衡利益诉求、构建共同价值目标，形成多方参与、互利共赢的文化生态。一方面，积极创建校内文化共同体。通过提炼校风、校训，强化教师的文化示范，构建体现高职院校文化理念或特色的校园环境，营造浓厚的学术氛围，丰厚自身的文化底蕴，同时借助课堂、社团、媒体等渠道，传播校园文化精神，营造良好的校园文化氛围，形成高职院校的品牌影响力。另一方面，积极构建校企文化共同体。关注企业文化对校园文化的激励和渗透作用，在校园文化建设中积极渗透企业文化，将“校企共生”融入文化基因，通过“订单班”“产业学院”等模式，让企业文化（如质量意识、团队协作）渗透校园，形成“教学-生产-创新”一体化文化氛围。让师生在进行课堂学习的同时，共同走进行业企业参加实践，共同认知感受企业

① 鲁明川. 文化共同体视域下的高等职业教育内涵发展 [J]. 现代教育管理，2012 (6)：11-15.

精神，构筑共同的价值观念和行为模式，参与建设现代企业文化，实现校园文化和企业文化的互动融通。再者，积极搭建校域文化共同体。开放校园图书馆、实训基地给社区居民使用，同时邀请社区非遗传承人、民间工匠进课堂。此外，结合高职院校的特点和师生特长，开展区域文化和社会文化共建活动，鼓励师生依托各类文化平台载体，积极投身区域文化服务。让学生以群众喜闻乐见的形式，参与到区域文化实践活动中，感受区域文化魅力，培养学生对区域文化的认同感和归属感，助推区域文化高质量发展。

（3）构建彰显个性的品牌文化

高职院校品牌是高职院校核心竞争力的恒久源泉，学生择校和企业用人等方面都体现了学校品牌的影响力。当前，不少高职院校存在急功近利、盲目设置热门专业等现象，从而导致品牌特色不鲜明。新形势下，需要打造特色品牌文化，用品牌吸引学生，用品牌吸引企业，提升高职院校的核心竞争力。具体来说，要以造就职业人才、塑造人文精神和学术文化为目的，构建独具特色、富有生命力的品牌文化。一方面，以专业建设为目标，以学科建设为依托，打造在资源、产业和技术方面具有持续竞争优势，在同类院校和行业产业领域享有影响力和知名度的特色品牌专业，夯实高职院校办学质量的基础。另一方面，要通过增量吸引机制和存量优化机制，优化高等职业院校人力资源结构，培育教学名师、技术大师、能工巧匠等，形成名师大师品牌，提升学校的教育声望和学术影响力，从而增强高职院校的竞争优势与可持续发展能力。

参考文献

一、著作类

[1] 范国睿. 教育生态学 [M]. 北京：人民教育出版社，2000.
[2] 吴林富. 教育生态管理 [M]. 天津：天津教育出版社，2006.
[3] 潘懋元. 潘懋元论高等教育 [M]. 福州：福建教育出版社，2000.
[4] 叶澜. 教育概论 [M]. 北京：人民教育出版社，2006.
[5] 金耀基. 大学之理念 [M]. 北京：生活·读书·新知三联书店，2001.
[6] 刘献君. 大学之思与大学之治 [M]. 武汉：华中理工大学出版社，2000.
[7] 张应强. 高等教育现代化的反思与建构 [M]. 哈尔滨：黑龙江教育出版社，2000.
[8] 阿什比. 科技发达时代的大学教育 [M]. 滕大春，滕大生，译. 北京：人民教育出版社，1983.
[9] 雅斯贝尔斯. 什么是教育 [M]. 邹进，译. 北京：生活·读书·新知三联书店，1991.
[10] 布鲁贝克. 高等教育哲学 [M]. 王承绪，郑继伟，张维平，等译. 杭州：浙江教育出版社，2001.
[11] 刘贵华，王小飞，等. 区域综合改革：中国教育改革的转型与突破 [M]. 北京：教育科学出版社，2015.
[12] 胡丽霞. 区域经济与职业教育发展研究 [M]. 北京：中国经济出版社，2016.
[13] 王明伦. 高等职业教育发展论 [M]. 北京：教育科学出版社，2004.
[14] 张健. 高等职业教育整合论 [M]. 教育科学出版社，2015.
[15] 周建松，唐林伟，等. 高等职业教育校企合作长效机制研究 [M]. 杭州：浙江工商大学出版社，2014.
[16] 匡瑛. 比较高等职业教育：发展与变革 [M]. 上海：上海教育出版社，2006.
[17] 马树超，等. 区域职业教育均衡发展 [M]. 北京：科学出版社，2011.
[18] 贺祖斌. 高等教育生态论 [M]. 桂林：广西师范大学出版社，2005.
[19] 范国睿，等. 共生与和谐：生态学视野下的学校发展 [M]. 北京：教育科学出版社，2011.
[20] 高志强，郭丽君. 学校生态学引论 [M]. 北京：经济管理出版社，2015.
[21] 郭丽君，陈中，刘剑群，等. 高等教育生态学引论 [M]. 北京：社会科学文献出版社，2018.
[22] 黄长平. 生态型学校发展 [M]. 成都：四川教育出版社，2015.

[23] 郭树东. 研究型大学学科生态系统发展模型及仿真研究 [M]. 北京：北京交通大学出版社，2011.
[24] 高吉喜. 可持续发展理论探索：生态承载力理论、方法与应用 [M]. 北京：中国环境科学出版社，2001.
[25] 曹凑贵. 生态学概论 [M]. 2版. 北京：高等教育出版社，2006.
[26] 邹冬生，高志强. 生态学概论 [M]. 长沙：湖南科学技术出版社，2007.
[27] 王开运，等. 生态承载力复合模型系统与应用 [M]. 北京：科学出版社，2007.
[28] 傅桦，吴雁华，曲利娟. 生态学原理与应用 [M]. 北京：中国环境科学出版社，2008.
[29] 蔡晓明，蔡博峰. 生态系统的理论和实践 [M]. 北京：化学工业出版社，2012.
[30] 福特. 生态学研究的科学方法 [M]. 肖显静，林祥磊，译. 北京：中国环境科学出版社，2012.
[31] 戈峰. 现代生态学 [M]. 2版. 北京：科学出版社，2008.
[32] 李博. 生态学 [M]. 北京：高等教育出版社，2000.
[33] 李洪远. 生态学基础 [M]. 北京：化学工业出版社，2006.
[34] 黄鸿鸿. 中国高等职业教育发展道路研究 [M]. 大连：辽宁师范大学出版社，2004.

二、期刊论文类

[1] 潘懋元，朱乐平. 高等职业教育政策变迁逻辑：历史制度主义视角 [J]. 教育研究，2019，40 (3)：117-125.
[2] 潘懋元. 黄炎培职业教育思想对当前高等职业教育的启示 [J]. 教育研究，2007 (1)：45-50+56.
[3] 潘懋元. 建立高等职业教育独立体系刍议 [J]. 教育研究，2005 (5)：26-29.
[4] 杨金土. 20世纪我国高职发展历程回顾 [J]. 中国职业技术教育，2017 (9)：5-17.
[5] 姜大源. 论高等职业教育课程的系统化设计：关于工作过程系统化课程开发的解读 [J]. 中国高教研究，2009 (4)：66-70.
[6] 姜大源. 论中国高等职业教育对世界教育的独特贡献 [J]. 中国职业技术教育，2015 (36)：10-18.
[7] 姜大源. 现代职业教育体系构建的理性追问 [J]. 教育研究，2011，32 (11)：70-75.
[8] 姜大源. 职业教育：类型与层次辨 [J]. 中国职业技术教育，2008 (1)：1+34.
[9] 周建松，陈正江. 新时代中国特色高等职业教育的内涵与发展路径 [J]. 中国高教研究，2019 (4)：98-102+108.
[10] 周建松，吴国平，陈正江. 创新发展高等职业教育：政策变迁与行动方略 [J]. 高等工程教育研究，2016 (6)：158-163.
[11] 周建松. 高等教育发展趋势与我国高等职业教育的对策选择 [J]. 中国大学教学，2017 (4)：39-42.
[12] 马树超，郭文富. 高职院校百万扩招的战略意义与实现路径 [J]. 中国高教研究，2019 (5)：88-91.
[13] 马树超，郭文富. 高职教育深化产教融合的经验、问题与对策 [J]. 中国高教研究，2018 (4)：58-61.
[14] 马树超，范唯. 中国特色高等职业教育再认识 [J]. 中国高等教育，2008 (Z2)：53-55.
[15] 胡秀锦，马树超. 我国高职教育发展的政策环境分析与思考 [J]. 职教论坛，2006 (23)：8-11.
[16] 毕树沙. 高职迅速扩招的现实挑战与应对策略：兼论高等职业教育规模发展 [J]. 中国职业技术

教育，2019（10）：15-20.
[17] 陈衍，郭珊，徐梦佳．高等职业教育也需要加强“双一流”建设［J］．中国高等教育，2017（12）：40-42.
[18] 陈友力．改革开放四十年中国高等职业教育政策的变迁：历史、结构与动力［J］．教育学术月刊，2018（12）：12-21.
[19] 崔延强，吴叶林．我国高等职业教育学位的制度功能及其构建［J］．教育研究，2015，36（9）：84-91.
[20] 杜启平，熊霞．高等职业教育实施现代学徒制的瓶颈与对策［J］．高教探索，2015（3）：74-77.
[21] 杜庆军．新时期“工学结合”人才培养模式的构建［J］．人民论坛，2015（5）：164-166.
[22] 范笑仙，郅庭瑾，卢威．扩招背景下高等职业教育的改革与发展［J］．职教发展研究，2019（1）：2-10.
[23] 房风文，张喜才．我国高等职业教育与经济发展的匹配性分析［J］．江苏高教，2019（6）：99-104.
[24] 付雪凌．变革与创新：扩招背景下高等职业教育的应对［J］．华东师范大学学报（教育科学版），2020，38（1）：23-32.
[25] 郭福春，王忠孝．我国高等职业教育教学创新路径分析［J］．黑龙江高教研究，2015（5）：62-64.
[26] 郝天聪．优质高职院校建设的必要性、价值标准与行动框架［J］．职教论坛，2017（22）：5-11.
[27] 洪贞银．高等职业教育校企深度合作的若干问题及其思考［J］．高等教育研究，2010，31（3）：58-63.
[28] 胡维芳，闫智勇，陆菲菲．高等职业教育教师专业素质影响因素及提升策略［J］．中国职业技术教育，2019（3）：86-89.
[29] 胡艳曦，曹立生，刘永红．我国高等职业教育校企合作的瓶颈及对策研究［J］．高教探索，2009（1）：103-107.
[30] 黄鹤良．现代高等职业教育如何实现可持续发展［J］．中国成人教育，2019（24）：9-11.
[31] 匡瑛．高等职业教育的“高等性”之惑及其当代破解［J］．华东师范大学学报（教育科学版），2020，38（1）：12-22.
[32] 李国栋．高等职业教育培养目标定位研究［J］．江苏理工大学学报（社会科学版），2001（3）：89-92.
[33] 李峻，马树超，乔云霞．高职教育“服务贡献”评价指标体系的构建与反思：基于《中国高等职业教育质量年度报告》的分析［J］．职教发展研究，2020（1）：8-14.
[34] 李梦卿，邢晓．“双高计划”背景下高等职业教育人才培养方案重构研究［J］．现代教育管理，2020（1）：107-114.
[35] 李梦卿，邢晓．区块链视角下高等职业教育产教融合创新模式研究［J］．教育发展研究，2020，40（17）：59-65.
[36] 刘晶晶，和震．“双高计划”背景下高等职业教育的建设预期与推进策略［J］．现代教育管理，2020（1）：115-122.
[37] 刘任熊．高等职业教育高质量发展的区域响应：问题表征及优化策略：基于192份省级《高等职业教育质量年度报告》的文本分析［J］．中国职业技术教育，2019（13）：80-88.

[38] 刘晓. 我国高等职业教育办学改革：历史寻迹与时代特征 [J]. 中国职业技术教育，2015 (3)：60-65.
[39] 陆燕飞，陈嵩. 百万扩招背景下高等职业教育供给侧改革的路径探析 [J]. 职教论坛，2019 (7)：32-36.
[40] 罗先锋，黄芳. 普及化阶段的高等职业教育：美国的经验和中国的展望 [J]. 中国高教研究，2016 (8)：93-100.
[41] 潘海生，王世斌，龙德毅. 中国高职教育校企合作现状及影响因素分析 [J]. 高等工程教育研究，2013 (3)：143-148.
[42] 庞世俊，邓卓. 美国社区学院指导路径项目改革的缘起、实施、挑战及启示 [J]. 教育与职业，2020 (17)：89-96.
[43] 彭召波，王运来，倪娟. 校企合作视角下江苏职业院校校内实训基地建设研究 [J]. 江苏高教，2020 (9)：111-114.
[44] 任聪敏，石伟平. 扩招100万背景下的高职教育应对策略研究 [J]. 中国职业技术教育，2019 (10)：21-24.
[45] 任占营，童卫军. 高等职业教育生均拨款制度实施困境与对策探析 [J]. 中国高教研究，2017 (8)：101-105.
[46] 沈燕. 高等职业教育校企合作人才培养机制的构建：基于"5321"模式的探索 [J]. 教育发展研究，2015，35 (7)：49-55.
[47] 宋乃庆，郑智勇. 新中国成立70年来我国高等职业教育发展探析 [J]. 职业技术教育，2019，40 (36)：7-12.
[48] 宋亚峰，王世斌，潘海生. 高等职业教育资源区域配置效率的空间计量研究 [J]. 高等工程教育研究，2019 (1)：144-151.
[49] 汤杰，石伟平. 高等职业教育内涵建设的政策工具：回顾与展望：基于1995—2019年高职政策文本的分析 [J]. 教育学术月刊，2020 (1)：45-52.
[50] 汤艳，季爱琴. 高等职业教育中工匠精神的培育 [J]. 南通大学学报（社会科学版），2017，33 (1)：142-148.
[51] 唐智彬，石伟平. 论高等职业教育与产业发展协同创新的逻辑与机制 [J]. 教育与经济，2015 (4)：3-7+29.
[52] 童卫军，姜涛. 高等职业教育专业教学资源库平台建设研究 [J]. 中国高教研究，2016 (1)：107-110.
[53] 王博. 以专业建设为抓手提升高职院校核心竞争力：基于《高等职业教育创新发展行动计划（2015—2018年）》的思考与体会 [J]. 中国职业技术教育，2016 (5)：5-9.
[54] 王华. 高等职业教育教学模式改革的研究与实践 [J]. 中国教育学刊，2015 (S2)：252-253.
[55] 王继元. 高等职业教育领域中产教融合研究的元分析 [J]. 职教论坛，2017 (3)：26-31.
[56] 王俊杰. 高等职业教育混合所有制改革的基本定位及其实践路径 [J]. 中国高教研究，2017 (6)：104-110.
[57] 吴一鸣. 我国高等职业教育政策演进、动力与调适（1996—2015年） [J]. 教育发展研究，2015，35 (19)：7-13+20.
[58] 吴益群. 百万扩招背景下高等职业教育的应对策略 [J]. 职业教育研究，2020 (9)：40-43.

[59] 徐国庆. 智能化时代职业教育人才培养模式的根本转型 [J]. 教育研究，2016，37 (3)：72-78.
[60] 徐晔. 供给侧改革视角下高等职业教育深化校企合作的路径探析 [J]. 中国职业技术教育，2017 (27)：73-76.
[61] 杨钋，刘云波. 省级统筹与高等职业教育的均衡发展 [J]. 北京大学教育评论，2016，14 (3)：59-83+190.
[62] 杨振军. 关于优化高等职业教育专业布局的理性思考 [J]. 江苏高教，2015 (2)：143-146.
[63] 于海侠，杨云龙. 对改革开放 40 年来我国高等职业教育政策变迁的认识与思考 [J]. 职业教育研究，2019 (2)：11-16.
[64] 张晓云. 高等职业教育"双一流"建设的思考与建议：以陕西省为例 [J]. 中国职业技术教育，2017 (13)：82-85.
[65] 张学英. 人工智能视阈下基于劳动就业迭代的技能形成问题研究 [J]. 中国职业技术教育，2018 (30)：17-24+56.
[66] 赵惠莉，薛茂云. 新中国成立 70 年高等职业教育的崛起、创新与变革 [J]. 中国职业技术教育，2020 (9)：24-31.

三、学位论文类

[1] 郭辉. 基于生态学视域的青海省高等教育规模适度发展研究 [D]. 西安：陕西师范大学，2017.
[2] 郭达. 产业演进趋势下高等职业教育与产业协调发展研究 [D]. 天津：天津大学，2017.
[3] 宫宁. 基于民生改善的中国高等职业教育发展研究 [D]. 长春：吉林大学，2016.
[4] 胡立. 主体与环境：高等职业教育就业生态系统的平衡 [D]. 长沙：湖南师范大学，2016.
[5] 谭强. 基于现代职业教育体系的中高职课程衔接研究：以四川省德阳市 12 所中高职院校为例 [D]. 重庆：西南大学，2016.
[6] 董凤. 我国高等职业教育筹资多元化研究 [D]. 桂林：广西师范大学，2016.
[7] 唐文忠. 中国高等职业教育发展的经济学研究 [D]. 福州：福建师范大学，2015.
[8] 吴雨倩. 高等职业教育可持续发展对策研究 [D]. 苏州：苏州大学，2015.
[9] 陈蕾磊. 论高等职业教育持续健康发展的政府责任 [D]. 苏州：苏州大学，2015.
[10] 刘晓. 利益相关者参与下的高等职业教育办学模式改革研究 [D]. 上海：华东师范大学，2012.
[11] 易元祥. 中国高等职业教育的发展研究 [D]. 武汉：华中科技大学，2004.
[12] 郭文富. 现代治理视角的高等职业教育质量保障研究 [D]. 上海：上海师范大学，2018.
[13] 张慧青. 基于产业结构演进的高职专业结构调整研究 [D]. 上海：华东师范大学，2017.
[14] 董显辉，中国职业教育层次结构研究 [D]. 天津：天津大学，2013.
[15] 刘元. 公共产品理论视角下湖南省高职教育经费投入问题研究 [D]. 长沙：湖南师范大学，2019.
[16] 张艳超. 生态视角下我国高等学历继续教育可持续发展研究 [D]. 上海：华东师范大学，2019.
[17] 梁晶晶. 人口流动背景下超大城市义务教育资源承载力分析 [D]. 广州：广州大学，2019.
[18] 吕颜君. 教育生态视域下我国高等教育资源浪费研究 [D]. 淮北：淮北师范大学，2019.
[19] 王怡爽. 教育生态学视角下高校可持续发展问题与对策研究 [D]. 锦州：渤海大学，2015.
[20] 成希. 研究型大学创新创业教育生态系统构建研究 [D]. 长沙：湖南师范大学，2018.

四、外文文献类

[1] ODUM, H T. Environment, Power, and Society [M]. New York: John Wiley & Sons., 1971.

[2] KIRST M W, STEVENS M L. Remaking College: The Changing Ecology of Higher Education [M]. Redwood City: Stanford University Press, 2015.

[3] WATT K E F. Systems Analysis in Ecology [M]. New York: Academic Press, 1966.

[4] PFEFFER J, SALANCIK G R. The External Control of Organizations: A Resource Dependence Perspective [M]. New York: Harper & Row, 1978.

[5] PERROUX F. A New Concept of Development [M]. Paris: UNESCO, 1983.

[6] VAN DYNE G M. The Ecosystem Concept in Natural Resource Management [M]. New York: Academic Press, 1969.

[7] JOHNSON O. Ecology in Educational Theory: Thoughts on Stratification, Social Mobility & Proximal Capital [J]. The Urban Review, 2008, 40 (3): 227-246.

[8] MEEK D, LLORO-BIDART T. Introduction: Synthesizing a Political Ecology of Education [J]. Journal of Environmental Education, 2017, 48 (4): 213-225.

[9] ARUM R. Schools and Communities: Ecological and Institutional Dimensions [J]. Annual Review of Sociology, 2000, 26: 395-418.

[10] ANNAMMA S, MORRISON D. DisCrit Classroom Ecology: Using Praxis to Dismantle Dysfunctional Education Ecologies [J]. Teaching and Teacher Education, 2018, 73: 70-80.

[11] HANUSHEK E A, SCHWERDT G, WOESSMANN L, et al. General Education, Vocational Education, and Labor-Market Outcomes over the Lifecycle [J]. The Journal of Human Resources, 2017, 52 (1): 48-87.

[12] BROWN L R, SHAW P. Six Steps to a Sustainable Society [M]. Washington, D. C.: Worldwatch Institute, 1982.

[13] BURNLEY S. Satisfying Sustainability Skills Needs at a Distance [J]. International Journal of Performability Engineering, 2008, 4 (4): 371-384.

[14] CHEN, C. Cite Space II: Detecting and Visualizing Emerging Trends and Transient Patterns in Scientific Literature [J]. Journal of The American Society for Information Science and Technology, 2006, 57 (3): 359-377.

[15] BRUNELLO G, ROCCO L. The Labor Market Effects of Academic and Vocational Education over the Life Cycle: Evidence Based on a British Cohort [J]. Journal of Human Capital, 2017, 11 (1) : 106-166.

[16] HANUSHEK E A. Economic Growth in Developing Countries: The Role of Human Capital [J]. Economics of Education Reviews. 2013, 37: 204-212.

[17] FORSTER A G, BOL T. Vocational Education and Employment Over the Life Course Using a New Measure of Occupational Specificity [J]. Social Science Research, 2018, 70: 176-197.

[18] TAHIR F. Distance Education, Environmental Education and Sustainability-An Overview of Universities in Commonwealth Asia [J]. International Journal of Sustainability in Higher

Education, 2001, 2 (1): 21-37.

[19] HAMPF F, WOESSMANN L. Vocational vs. General Education and Employment over the Life Cycle: New Evidence from PIAAC [J]. CESifo Economic Studies, 2017, 63 (3): 255-269.

[20] FLEISHER B, LI H, ZHAO M Q. Human Capital, Economic Growth, and Regional Inequality in China [J]. JDev Econ. 2010, 92 (2): 215-231.

[21] FORCE J E, MACHLIS G E. The Human Ecosystem Part Ⅱ: Social Indicators in Ecosystem Management [J]. Society and Natural Resources, 1997, 10 (4): 369-382.

[22] LE GRANGE L. Spinoza, Deep Ecology and Education Informed by a (Post) human Sensibility [J]. Educational Philosophy and Theory, 2018, 50 (9): 878-887.

[23] PETERS M, ROMERO M. Lifelong Learning Ecologies in Online Higher Education: Students' Engagement in the Continuum between Formal and Informal Learning [J]. British Journal of Educational Technology, 2019, 50 (4): 1729-1743.

[24] HUDAK A T. Rangeland Mismanagement in South Africa: Failure to Apply Ecological Knowledge [J]. Human Ecology, 1999, 27 (1): 55-78.

[25] PARK H J. Components of Conceptual Ecologies [J]. Res Sci Educ, 2007, 37: 217-237.

[26] KORBER M, OESCH D. Vocational versus General Education: Employment and Earnings over the Life Course in Switzerland [J]. Advances in Life Course Research, 2019, 40: 1-13.

[27] ROBSON J. The Voices of Vocational Teachers in the UK: Their Perceptions of the Nature and Status of the Further Education Teacher's Professional Knowledge [J]. Australian and New Zealand Journal of Vocational Education Research, 2002, 10 (2): 95-113.

[28] MACHLIS G E, FORCE J E, BURCH W R. The Human Ecosystem Part 1: The Human Ecosystem as an Organizing Concept in Ecosystem Management [J]. Society and Natural Resources, 1997, 10 (4): 347-367.

[29] BUSEMEYER M R, GARRITZMANN J L. Academic, Vocational or General? An Analysis of Public Opinion Towards Education Policies with Evidence from a New Comparative Survey [J]. Journal of European Social Policy, 2017, 27 (4): 373-386.

[30] GUSKOVA N D, VDOVIN S M, KRAKOVSKAYA I N, et al. The Quality of Education as a Primary Concern of the Sustainable Development [J]. European Research Studies, 2016, 19 (3B): 239-257.

[31] NORMAN B. An Ecological Metaphysics and Its Implications for Education [J]. Perspectives in Education, 1995, 16 (2): 305-318.

[32] JENNINGS P, LUND C. Renewable Energy Education for Sustainable Development [J]. Renewable Energy, 2001, 22 (1—3): 113-118.

[33] TONER P. The Role of Vocational Education and Training in Attracting Foreign Investment from Multinational Companies [R]. Adelaide: NCVER, 2004.

[34] PIMM S L. The Complexity and Stability of Ecosystems [J]. Nature, 1984, 307: 322-326.

[35] RICE A. The Working Life of a TAFE Institute Manager [J]. Australian and New Zealand

Journal of Vocational Education Research，2002，10（1）：39-67.

［36］GOLSTEYN B H H，STENBERG A. Earnings over the Life Course：General versus Vocational Education［J］. Journal of Human Capital，2017，11（2）：167-212.

［37］SMAAL A C，PRINS T C，DANKERS N，et al. Minimum Requirements for Modelling Bivalve Carrying Capacity［J］. Aquatic Ecology，1997，31（4）：423-428.

［38］PETRINA S. The Political Ecology of Design and Technology Education：An Inquiry into Methods［J］. International Journal of Technology and Design Education，2000，10：207-237.

［39］WEISBERGER R. Community Colleges and Class：A Short History［J］. Teaching English in the Two-Year College，2005，33（2）：127-141.

附　录

区域高等职业教育生态系统承载力调研

姓名：　　　　　　单位：

此调查问卷根据层次分析法（AHP）的形式设计，旨在确定区域高等职业教育生态系统承载力测评指标及其权重。具体方法是在同一个层次对不同指标的重要性进行两两比较。衡量尺度划分为9个等级，其中9，7，5，3，1的数值分别对应绝对重要、十分重要、比较重要、稍微重要、同样重要，8，6，4，2表示重要程度介于相邻的两个等级之间。

（一）生态弹性度

■ 评估“生态弹性度”的相对重要性

办学经费	包括：年生均财政拨款额
院校规模	包括：每十万人口高职教职工人数，每十万人口高职在校生人数
专业（群）建设	包括：专业点布局数，省级高水平专业（群）数
毕业生质量	包括：毕业生就业率，毕业生月收入，毕业生自主创业率
社会服务能力	包括：横向技术服务到款额，纵向科研服务到款额，技术交易到款额
产教融合	包括：企业提供校内实践教学设备值，企业兼职教师年课时总量，校企合作开发课程数，校企合作开发教材数

续表

下列各组两两比较要素，对于“生态弹性度”的相对重要性如何？

A	重要性比较																	B
办学经费	◀9	◀8	◀7	◀6	◀5	◀4	◀3	◀2	1	2▶	3▶	4▶	5▶	6▶	7▶	8▶	9▶	院校规模
办学经费	◀9	◀8	◀7	◀6	◀5	◀4	◀3	◀2	1	2▶	3▶	4▶	5▶	6▶	7▶	8▶	9▶	专业（群）建设
办学经费	◀9	◀8	◀7	◀6	◀5	◀4	◀3	◀2	1	2▶	3▶	4▶	5▶	6▶	7▶	8▶	9▶	毕业生质量
办学经费	◀9	◀8	◀7	◀6	◀5	◀4	◀3	◀2	1	2▶	3▶	4▶	5▶	6▶	7▶	8▶	9▶	社会服务能力
办学经费	◀9	◀8	◀7	◀6	◀5	◀4	◀3	◀2	1	2▶	3▶	4▶	5▶	6▶	7▶	8▶	9▶	产教融合
院校规模	◀9	◀8	◀7	◀6	◀5	◀4	◀3	◀2	1	2▶	3▶	4▶	5▶	6▶	7▶	8▶	9▶	专业建设
院校规模	◀9	◀8	◀7	◀6	◀5	◀4	◀3	◀2	1	2▶	3▶	4▶	5▶	6▶	7▶	8▶	9▶	毕业生质量
院校规模	◀9	◀8	◀7	◀6	◀5	◀4	◀3	◀2	1	2▶	3▶	4▶	5▶	6▶	7▶	8▶	9▶	社会服务能力
院校规模	◀9	◀8	◀7	◀6	◀5	◀4	◀3	◀2	1	2▶	3▶	4▶	5▶	6▶	7▶	8▶	9▶	产教融合
专业（群）建设	◀9	◀8	◀7	◀6	◀5	◀4	◀3	◀2	1	2▶	3▶	4▶	5▶	6▶	7▶	8▶	9▶	毕业生质量
专业（群）建设	◀9	◀8	◀7	◀6	◀5	◀4	◀3	◀2	1	2▶	3▶	4▶	5▶	6▶	7▶	8▶	9▶	社会服务能力
专业（群）建设	◀9	◀8	◀7	◀6	◀5	◀4	◀3	◀2	1	2▶	3▶	4▶	5▶	6▶	7▶	8▶	9▶	产教融合
毕业生质量	◀9	◀8	◀7	◀6	◀5	◀4	◀3	◀2	1	2▶	3▶	4▶	5▶	6▶	7▶	8▶	9▶	社会服务能力
毕业生质量	◀9	◀8	◀7	◀6	◀5	◀4	◀3	◀2	1	2▶	3▶	4▶	5▶	6▶	7▶	8▶	9▶	产教融合
社会服务能力	◀9	◀8	◀7	◀6	◀5	◀4	◀3	◀2	1	2▶	3▶	4▶	5▶	6▶	7▶	8▶	9▶	产教融合

■ 评估“办学经费”的相对重要性

年生均财政拨款额	
办学总经费	

下列各组两两比较要素，对于“办学经费”的相对重要性如何？

A	重要性比较																	B
年生均财政拨款额	◀9	◀8	◀7	◀6	◀5	◀4	◀3	◀2	1	2▶	3▶	4▶	5▶	6▶	7▶	8▶	9▶	办学总经费

■ 评估“院校规模”的相对重要性

每十万人口高职教职工人数	
每十万人口高职在校生人数	

下列各组两两比较要素，对于“院校规模”的相对重要性如何？

A	重要性比较																	B
每十万人口高职教职工人数	◀9	◀8	◀7	◀6	◀5	◀4	◀3	◀2	1	2▶	3▶	4▶	5▶	6▶	7▶	8▶	9▶	每十万人口高职在校生人数

■ 评估“专业（群）建设”的相对重要性

专业点布局数	
省级高水平专业（群）数	

下列各组两两比较要素，对于“专业建设”的相对重要性如何？

A	重要性比较	B

续表

专业点布局数	◀9	◀8	◀7	◀6	◀5	◀4	◀3	◀2	1	2▶	3▶	4▶	5▶	6▶	7▶	8▶	9▶	省级高水平专业（群）数

■ 评估“毕业生质量”的相对重要性

毕业生就业率	
毕业生月收入	
毕业生自主创业率	

下列各组两两比较要素，对于“毕业生质量”的相对重要性如何?

A	重要性比较																	B
毕业生就业率	◀9	◀8	◀7	◀6	◀5	◀4	◀3	◀2	1	2▶	3▶	4▶	5▶	6▶	7▶	8▶	9▶	毕业生月收入
毕业生就业率	◀9	◀8	◀7	◀6	◀5	◀4	◀3	◀2	1	2▶	3▶	4▶	5▶	6▶	7▶	8▶	9▶	毕业生自主创业率
毕业生月收入	◀9	◀8	◀7	◀6	◀5	◀4	◀3	◀2	1	2▶	3▶	4▶	5▶	6▶	7▶	8▶	9▶	毕业生自主创业率

■ 评估“社会服务能力”的相对重要性

横向技术服务到款额	
纵向科研服务到款额	
技术交易到款额	

下列各组两两比较要素，对于“社会服务能力”的相对重要性如何?

A	重要性比较	B

续表

横向技术服务到款额	◀9	◀8	◀7	◀6	◀5	◀4	◀3	◀2	1	2▶	3▶	4▶	5▶	6▶	7▶	8▶	9▶	纵向科研服务到款额
横向技术服务到款额	◀9	◀8	◀7	◀6	◀5	◀4	◀3	◀2	1	2▶	3▶	4▶	5▶	6▶	7▶	8▶	9▶	技术交易到款额
纵向科研服务到款额	◀9	◀8	◀7	◀6	◀5	◀4	◀3	◀2	1	2▶	3▶	4▶	5▶	6▶	7▶	8▶	9▶	技术交易到款额

■ 评估“产教融合”的相对重要性

企业提供校内实践教学设备值	
企业兼职教师年课时总量	
校企合作开发课程数	
校企合作开发教材数	

下列各组两两比较要素，对于“产教融合”的相对重要性如何?

A	重要性比较																	B
企业提供校内实践教学设备值	◀9	◀8	◀7	◀6	◀5	◀4	◀3	◀2	1	2▶	3▶	4▶	5▶	6▶	7▶	8▶	9▶	企业兼职教师年课时总量
企业提供校内实践教学设备值	◀9	◀8	◀7	◀6	◀5	◀4	◀3	◀2	1	2▶	3▶	4▶	5▶	6▶	7▶	8▶	9▶	校企合作开发课程数

续表

企业提供校内实践教学设备值	◀9	◀8	◀7	◀6	◀5	◀4	◀3	◀2	1	2▶	3▶	4▶	5▶	6▶	7▶	8▶	9▶	校企合作开发教材数
企业兼职教师年课时总量	◀9	◀8	◀7	◀6	◀5	◀4	◀3	◀2	1	2▶	3▶	4▶	5▶	6▶	7▶	8▶	9▶	校企合作开发课程数
企业兼职教师年课时总量	◀9	◀8	◀7	◀6	◀5	◀4	◀3	◀2	1	2▶	3▶	4▶	5▶	6▶	7▶	8▶	9▶	校企合作开发教材数
校企合作开发课程数	◀9	◀8	◀7	◀6	◀5	◀4	◀3	◀2	1	2▶	3▶	4▶	5▶	6▶	7▶	8▶	9▶	校企合作开发教材数

■ 评估“年生均财政拨款额”的相对重要性

生态弹性度稳定	
生态弹性度不稳定	

下列各组两两比较要素，对于“年生均财政拨款额”的相对重要性如何？

A	重要性比较																	B
生态弹性度稳定	◀9	◀8	◀7	◀6	◀5	◀4	◀3	◀2	1	2▶	3▶	4▶	5▶	6▶	7▶	8▶	9▶	生态弹性度不稳定

■ 评估“每十万人口高职教职工人数”的相对重要性

生态弹性度稳定	
生态弹性度不稳定	

下列各组两两比较要素，对于“每十万人口高职教职工人数”的相对重要性如何？

A	重要性比较	B

续表

生态弹性度稳定	◀9	◀8	◀7	◀6	◀5	◀4	◀3	◀2	1	2▶	3▶	4▶	5▶	6▶	7▶	8▶	9▶	生态弹性度不稳定

■ 评估“每十万人口高职在校生人数”的相对重要性

生态弹性度稳定	
生态弹性度不稳定	

下列各组两两比较要素，对于“每十万人口高职在校生人数”的相对重要性如何？

A	重要性比较																	B
生态弹性度稳定	◀9	◀8	◀7	◀6	◀5	◀4	◀3	◀2	1	2▶	3▶	4▶	5▶	6▶	7▶	8▶	9▶	生态弹性度不稳定

■ 评估“专业点布局数”的相对重要性

生态弹性度稳定	
生态弹性度不稳定	

下列各组两两比较要素，对于“专业点布局数”的相对重要性如何？

A	重要性比较																	B
生态弹性度稳定	◀9	◀8	◀7	◀6	◀5	◀4	◀3	◀2	1	2▶	3▶	4▶	5▶	6▶	7▶	8▶	9▶	生态弹性度不稳定

■ 评估“省级高水平专业（群）数”的相对重要性

生态弹性度稳定	
生态弹性度不稳定	

下列各组两两比较要素，对于“省级高水平专业（群）数”的相对重要性如何？

A	重要性比较	B

续表

生态弹性度稳定	◀9	◀8	◀7	◀6	◀5	◀4	◀3	◀2	1	2▶	3▶	4▶	5▶	6▶	7▶	8▶	9▶	生态弹性度不稳定

■ 评估“毕业生就业率”的相对重要性

生态弹性度稳定	
生态弹性度不稳定	

下列各组两两比较要素，对于“毕业生就业率”的相对重要性如何？

A	重要性比较																	B
生态弹性度稳定	◀9	◀8	◀7	◀6	◀5	◀4	◀3	◀2	1	2▶	3▶	4▶	5▶	6▶	7▶	8▶	9▶	生态弹性度不稳定

■ 评估“毕业生月收入”的相对重要性

生态弹性度稳定	
生态弹性度不稳定	

下列各组两两比较要素，对于“毕业生月收入”的相对重要性如何？

A	重要性比较																	B
生态弹性度稳定	◀9	◀8	◀7	◀6	◀5	◀4	◀3	◀2	1	2▶	3▶	4▶	5▶	6▶	7▶	8▶	9▶	生态弹性度不稳定

■ 评估“毕业生自主创业率”的相对重要性

生态弹性度稳定	
生态弹性度不稳定	

下列各组两两比较要素，对于“毕业生自主创业率”的相对重要性如何？

A	重要性比较	B

续表

生态弹性度稳定	◀9	◀8	◀7	◀6	◀5	◀4	◀3	◀2	1	2▶	3▶	4▶	5▶	6▶	7▶	8▶	9▶	生态弹性度不稳定

■ 评估“横向技术服务到款额”的相对重要性

生态弹性度稳定	
生态弹性度不稳定	

下列各组两两比较要素，对于“横向技术服务到款额”的相对重要性如何？

A	重要性比较																	B
生态弹性度稳定	◀9	◀8	◀7	◀6	◀5	◀4	◀3	◀2	1	2▶	3▶	4▶	5▶	6▶	7▶	8▶	9▶	生态弹性度不稳定

■ 评估“纵向科研服务到款额”的相对重要性

生态弹性度稳定	
生态弹性度不稳定	

下列各组两两比较要素，对于“纵向科研服务到款额”的相对重要性如何？

A	重要性比较																	B
生态弹性度稳定	◀9	◀8	◀7	◀6	◀5	◀4	◀3	◀2	1	2▶	3▶	4▶	5▶	6▶	7▶	8▶	9▶	生态弹性度不稳定

■ 评估“技术交易到款额”的相对重要性

生态弹性度稳定	
生态弹性度不稳定	

下列各组两两比较要素，对于“技术交易到款额”的相对重要性如何？

A	重要性比较	B

续表

生态弹性度稳定	◀9	◀8	◀7	◀6	◀5	◀4	◀3	◀2	1	2▶	3▶	4▶	5▶	6▶	7▶	8▶	9▶	生态弹性度不稳定

■ 评估“企业提供校内实践教学设备值”的相对重要性

生态弹性度稳定	
生态弹性度不稳定	

下列各组两两比较要素，对于“企业提供校内实践教学设备值”的相对重要性如何?

A	重要性比较																	B
生态弹性度稳定	◀9	◀8	◀7	◀6	◀5	◀4	◀3	◀2	1	2▶	3▶	4▶	5▶	6▶	7▶	8▶	9▶	生态弹性度不稳定

■ 评估“企业兼职教师年课时总量”的相对重要性

生态弹性度稳定	
生态弹性度不稳定	

下列各组两两比较要素，对于“企业兼职教师年课时总量”的相对重要性如何?

A	重要性比较																	B
生态弹性度稳定	◀9	◀8	◀7	◀6	◀5	◀4	◀3	◀2	1	2▶	3▶	4▶	5▶	6▶	7▶	8▶	9▶	生态弹性度不稳定

■ 评估“校企合作开发课程数”的相对重要性

生态弹性度稳定	
生态弹性度不稳定	

下列各组两两比较要素，对于“校企合作开发课程数”的相对重要性如何?

A	重要性比较	B

续表

生态弹性度稳定	◀9	◀8	◀7	◀6	◀5	◀4	◀3	◀2	1	2▶	3▶	4▶	5▶	6▶	7▶	8▶	9▶	生态弹性度不稳定

■ 评估“校企合作开发教材数”的相对重要性

生态弹性度稳定	
生态弹性度不稳定	

下列各组两两比较要素，对于“校企合作开发教材数”的相对重要性如何?

A	重要性比较																	B
生态弹性度稳定	◀9	◀8	◀7	◀6	◀5	◀4	◀3	◀2	1	2▶	3▶	4▶	5▶	6▶	7▶	8▶	9▶	生态弹性度不稳定

问卷结束，谢谢合作!

（二）资源-环境承载力

■ 评估“资源-环境承载力”的相对重要性

资源承载力	包括：校舍状况，师资队伍状况，教学条件设施
环境承载力	包括：政策制度环境，经济环境，文化环境

下列各组两两比较要素，对于“资源-环境承载力”的相对重要性如何?

A	重要性比较																	B
资源承载力	◀9	◀8	◀7	◀6	◀5	◀4	◀3	◀2	1	2▶	3▶	4▶	5▶	6▶	7▶	8▶	9▶	环境承载力

■ 评估“资源承载力”的相对重要性

校舍状况	包括：生均教学及辅助或行政用房面积
师资队伍	包括：双师素质专任教师比例，硕士及以上学位教师比例，高级职称教师比例
教学条件设施	包括：生均教学科研仪器设备值，生均图书

续表

下列各组两两比较要素，对于“资源承载力”的相对重要性如何？																		
A	重要性比较																	B
校舍状况	◀9	◀8	◀7	◀6	◀5	◀4	◀3	◀2	1	2▶	3▶	4▶	5▶	6▶	7▶	8▶	9▶	师资队伍
校舍状况	◀9	◀8	◀7	◀6	◀5	◀4	◀3	◀2	1	2▶	3▶	4▶	5▶	6▶	7▶	8▶	9▶	教学条件设施
师资队伍	◀9	◀8	◀7	◀6	◀5	◀4	◀3	◀2	1	2▶	3▶	4▶	5▶	6▶	7▶	8▶	9▶	教学条件设施

■ 评估“环境承载力”的相对重要性

政策制度环境	包括：政策法规，管理机制
经济环境	包括：区域经济发展水平，高等职业教育投入
文化环境	包括：区域文化，校企文化

下列各组两两比较要素，对于“环境承载力”的相对重要性如何？																		
A	重要性比较																	B
政策制度环境	◀9	◀8	◀7	◀6	◀5	◀4	◀3	◀2	1	2▶	3▶	4▶	5▶	6▶	7▶	8▶	9▶	经济环境
政策制度环境	◀9	◀8	◀7	◀6	◀5	◀4	◀3	◀2	1	2▶	3▶	4▶	5▶	6▶	7▶	8▶	9▶	文化环境
经济环境	◀9	◀8	◀7	◀6	◀5	◀4	◀3	◀2	1	2▶	3▶	4▶	5▶	6▶	7▶	8▶	9▶	文化环境

■ 评估“校舍状况”的相对重要性

生均教学及辅助或行政办公用房面积	
教学及辅助或行政办公用房总面积	

下列各组两两比较要素，对于“校舍状况”的相对重要性如何？

续表

A	重要性比较																	B
生均教学及辅助或行政办公用房面积	◀9	◀8	◀7	◀6	◀5	◀4	◀3	◀2	1	2▶	3▶	4▶	5▶	6▶	7▶	8▶	9▶	教学及辅助或行政办公用房总面积

■　评估“师资队伍状况”的相对重要性

双师素质专任教师比例
硕士及以上学位教师比例
高级职称教师比例

下列各组两两比较要素，对于“师资队伍状况”的相对重要性如何？

A	重要性比较																	B
双师素质专任教师比例	◀9	◀8	◀7	◀6	◀5	◀4	◀3	◀2	1	2▶	3▶	4▶	5▶	6▶	7▶	8▶	9▶	硕士及以上学位教师比例
双师素质专任教师比例	◀9	◀8	◀7	◀6	◀5	◀4	◀3	◀2	1	2▶	3▶	4▶	5▶	6▶	7▶	8▶	9▶	高级职称教师比例
硕士及以上学位教师比例	◀9	◀8	◀7	◀6	◀5	◀4	◀3	◀2	1	2▶	3▶	4▶	5▶	6▶	7▶	8▶	9▶	高级职称教师比例

■　评估“教学条件设施”的相对重要性

生均教学科研仪器设备值

续表

生均图书	

下列各组两两比较要素，对于“教学条件设施”的相对重要性如何？

A	重要性比较																		B
生均教学科研仪器设备值	◀9	◀8	◀7	◀6	◀5	◀4	◀3	◀2	1	2▶	3▶	4▶	5▶	6▶	7▶	8▶	9▶		生均图书

■ 评估“政策制度环境”的相对重要性

政策法规	
管理机制	

下列各组两两比较要素，对于“政策制度环境”的相对重要性如何？

A	重要性比较																		B
政策法规	◀9	◀8	◀7	◀6	◀5	◀4	◀3	◀2	1	2▶	3▶	4▶	5▶	6▶	7▶	8▶	9▶		管理机制

■ 评估“经济环境”的相对重要性

区域经济发展水平	
高等职业教育投入	

下列各组两两比较要素，对于“经济环境”的相对重要性如何？

A	重要性比较																		B
区域经济发展水平	◀9	◀8	◀7	◀6	◀5	◀4	◀3	◀2	1	2▶	3▶	4▶	5▶	6▶	7▶	8▶	9▶		高等职业教育投入

■ 评估“文化环境”的相对重要性

区域文化	
校企文化	

续表

下列各组两两比较要素，对于“文化环境”的相对重要性如何？

A	重要性比较																	B
区域文化	◀9	◀8	◀7	◀6	◀5	◀4	◀3	◀2	1	2▶	3▶	4▶	5▶	6▶	7▶	8▶	9▶	校企文化

■　评估“生均教学及辅助或行政用房面积”的相对重要性

承载力高	
承载力低	

下列各组两两比较要素，对于“生均教学及辅助或行政用房面积”的相对重要性如何？

A	重要性比较																	B
承载力高	◀9	◀8	◀7	◀6	◀5	◀4	◀3	◀2	1	2▶	3▶	4▶	5▶	6▶	7▶	8▶	9▶	承载力低

■　评估“双师素质专任教师比例”的相对重要性

承载力高	
承载力低	

下列各组两两比较要素，对于“双师素质专任教师比例”的相对重要性如何？

A	重要性比较																	B
承载力高	◀9	◀8	◀7	◀6	◀5	◀4	◀3	◀2	1	2▶	3▶	4▶	5▶	6▶	7▶	8▶	9▶	承载力低

■　评估“硕士及以上学位教师比例”的相对重要性

承载力高	
承载力低	

下列各组两两比较要素，对于“硕士及以上学位教师比例”的相对重要性如何？

A	重要性比较																	B
承载力高	◀9	◀8	◀7	◀6	◀5	◀4	◀3	◀2	1	2▶	3▶	4▶	5▶	6▶	7▶	8▶	9▶	承载力低

■　评估“高级职称教师比例”的相对重要性

续表

承载力高	
承载力低	

下列各组两两比较要素，对于“高级职称教师比例”的相对重要性如何？

A	重要性比较																	B
承载力高	◀9	◀8	◀7	◀6	◀5	◀4	◀3	◀2	1	2▶	3▶	4▶	5▶	6▶	7▶	8▶	9▶	承载力低

■ 评估“生均教学科研仪器设备值”的相对重要性

承载力高	
承载力低	

下列各组两两比较要素，对于“生均教学科研仪器设备值”的相对重要性如何？

A	重要性比较																	B
承载力高	◀9	◀8	◀7	◀6	◀5	◀4	◀3	◀2	1	2▶	3▶	4▶	5▶	6▶	7▶	8▶	9▶	承载力低

■ 评估“生均图书”的相对重要性

承载力高	
承载力低	

下列各组两两比较要素，对于“生均图书”的相对重要性如何？

A	重要性比较																	B
承载力高	◀9	◀8	◀7	◀6	◀5	◀4	◀3	◀2	1	2▶	3▶	4▶	5▶	6▶	7▶	8▶	9▶	承载力低

■ 评估“政策法规”的相对重要性

承载力高	
承载力低	

下列各组两两比较要素，对于“政策法规”的相对重要性如何？

A	重要性比较	B

续表

承载力高	◀9	◀8	◀7	◀6	◀5	◀4	◀3	◀2	1	2▶	3▶	4▶	5▶	6▶	7▶	8▶	9▶	承载力低

■ 评估“管理机制”的相对重要性

承载力高	
承载力低	

下列各组两两比较要素，对于“管理机制”的相对重要性如何？

A	重要性比较																	B
承载力高	◀9	◀8	◀7	◀6	◀5	◀4	◀3	◀2	1	2▶	3▶	4▶	5▶	6▶	7▶	8▶	9▶	承载力低

■ 评估“区域经济发展水平”的相对重要性

承载力高	
承载力低	

下列各组两两比较要素，对于“区域经济发展水平”的相对重要性如何？

A	重要性比较																	B
承载力高	◀9	◀8	◀7	◀6	◀5	◀4	◀3	◀2	1	2▶	3▶	4▶	5▶	6▶	7▶	8▶	9▶	承载力低

■ 评估“高等职业教育投入”的相对重要性

承载力高	
承载力低	

下列各组两两比较要素，对于“高等职业教育投入”的相对重要性如何？

A	重要性比较																	B
承载力高	◀9	◀8	◀7	◀6	◀5	◀4	◀3	◀2	1	2▶	3▶	4▶	5▶	6▶	7▶	8▶	9▶	承载力低

■ 评估“区域文化”的相对重要性

承载力高	

续表

承载力低	

下列各组两两比较要素，对于“区域文化”的相对重要性如何？

A	重要性比较																	B
承载力高	◀9	◀8	◀7	◀6	◀5	◀4	◀3	◀2	1	2▶	3▶	4▶	5▶	6▶	7▶	8▶	9▶	承载力低

■ 评估“校企文化”的相对重要性

承载力高	
承载力低	

下列各组两两比较要素，对于“校企文化”的相对重要性如何？

A	重要性比较																	B
承载力高	◀9	◀8	◀7	◀6	◀5	◀4	◀3	◀2	1	2▶	3▶	4▶	5▶	6▶	7▶	8▶	9▶	承载力低

问卷结束，谢谢合作！

（三）承载压力度

● 第 2 层要素

■ 评估“承载压力度”的相对重要性

资源压力度	包括：校舍压力度（生均教学及辅助或行政用房面积），教师压力度（生师比），教学条件设施压力度（生均教学科研仪器设备值）
环境压力度	包括：经济压力度（人均 GDP）

下列各组两两比较要素，对于“承载压力度”的相对重要性如何？

A	重要性比较																	B
资源压力度	◀9	◀8	◀7	◀6	◀5	◀4	◀3	◀2	1	2▶	3▶	4▶	5▶	6▶	7▶	8▶	9▶	环境压力度

● 第 3 层要素

■ 评估“资源压力度”的相对重要性

校舍压力度（生均教学及辅助或行政用房面积）	
教师压力度（生师比）	
教学条件设施压力度（生均教学科研仪器设备值）	

下列各组两两比较要素，对于“资源压力度”的相对重要性如何？

A	重要性比较																	B
校舍压力度（生均教学及辅助或行政用房面积）	◀9	◀8	◀7	◀6	◀5	◀4	◀3	◀2	1	2▶	3▶	4▶	5▶	6▶	7▶	8▶	9▶	教师压力度（生师比）
校舍压力度（生均教学及辅助或行政用房面积）	◀9	◀8	◀7	◀6	◀5	◀4	◀3	◀2	1	2▶	3▶	4▶	5▶	6▶	7▶	8▶	9▶	教学条件设施压力度（生均教学科研仪器设备值）
教师压力度（生师比）	◀9	◀8	◀7	◀6	◀5	◀4	◀3	◀2	1	2▶	3▶	4▶	5▶	6▶	7▶	8▶	9▶	教学条件设施压力度（生均教学科研仪器设备值）

■ 评估“环境压力度”的相对重要性

经济压力度（人均GDP）	

续表

校舍压力度（生均教学及辅助或行政用房面积）	
经济压力度（区域GDP）	

下列各组两两比较要素，对于“环境压力度”的相对重要性如何？

A	重要性比较																	B
经济压力度（人均GDP）	◀9	◀8	◀7	◀6	◀5	◀4	◀3	◀2	1	2▶	3▶	4▶	5▶	6▶	7▶	8▶	9▶	经济压力度（区域GDP）

● 第 4 层要素

■ 评估“校舍压力度（生均教学及辅助或行政用房面积）”的相对重要性

承载压力度高	
承载压力度低	

下列各组两两比较要素，对于“校舍压力度（生均教学及辅助或行政用房面积）”的相对重要性如何？

A	重要性比较																	B
承载压力度高	◀9	◀8	◀7	◀6	◀5	◀4	◀3	◀2	1	2▶	3▶	4▶	5▶	6▶	7▶	8▶	9▶	承载压力度低

■ 评估“教师压力度（生师比）”的相对重要性

承载压力度高	
承载压力度低	

下列各组两两比较要素，对于“教师压力度（生师比）”的相对重要性如何？

A	重要性比较																	B
承载压力度高	◀9	◀8	◀7	◀6	◀5	◀4	◀3	◀2	1	2▶	3▶	4▶	5▶	6▶	7▶	8▶	9▶	承载压力度低

■ 评估“教学条件设施压力度（生均教学科研仪器设备值）”的相对重要性

承载压力度高	

续表

校舍压力度（生均教学及辅助或行政用房面积）	
承载压力度低	

下列各组两两比较要素，对于“教学条件设施压力度（生均教学科研仪器设备值）”的相对重要性如何？

A	重要性比较																	B
承载压力度高	◀9	◀8	◀7	◀6	◀5	◀4	◀3	◀2	1	2▶	3▶	4▶	5▶	6▶	7▶	8▶	9▶	承载压力度低

■ 评估“经济压力度（人均 GDP）”的相对重要性

承载压力度高	
承载压力度低	

下列各组两两比较要素，对于“经济压力度（人均 GDP）”的相对重要性如何？

A	重要性比较																	B
承载压力度高	◀9	◀8	◀7	◀6	◀5	◀4	◀3	◀2	1	2▶	3▶	4▶	5▶	6▶	7▶	8▶	9▶	承载压力度低

问卷结束，谢谢合作！